OEUVRES
DE
J. F. REGNARD.
TOME IV.

A PARIS,

DE L'IMPRIMERIE DE CRAPELET.

1823.

OEUVRES

COMPLÈTES

DE J. F. REGNARD.

NOUVELLE ÉDITION

AVEC DES VARIANTES ET DES NOTES.

TOME QUATRIÈME.

A PARIS,

CHEZ J. L. J. BRIÈRE, LIBRAIRE,

RUE SAINT-ANDRÉ-DES-ARTS, N° 68.

M. DCCC. XXIII.

LE LÉGATAIRE

UNIVERSEL,

COMÉDIE EN CINQ ACTES,

Représentée pour la première fois le lundi
9 janvier 1708.

AVERTISSEMENT

SUR

LE LÉGATAIRE UNIVERSEL.

Cette comédie a été représentée pour la première fois le lundi 9 janvier 1708. Elle eut un succès complet; et vingt représentations que l'on en donna de suite dans sa nouveauté suffirent à peine pour satisfaire l'empressement du public.

M. de Voltaire a dit que celui qui ne se plaisoit point avec Regnard n'étoit pas digne d'admirer Molière; c'est surtout au *Légataire* que nous paroît devoir s'appliquer ce mot : il n'est point de comédie d'un comique plus gai, et qui justifie mieux ce que disoit de notre auteur le législateur du Parnasse. Quelqu'un, croyant lui faire sa cour, traitoit Regnard de poète médiocre : Despréaux répondit qu'il n'étoit pas médiocrement plaisant.

Cependant la comédie du *Légataire*, malgré son succès, a été vivement critiquée. On a reproché au poète d'avoir sacrifié la décence et les bonnes mœurs à son goût pour la plaisanterie, de n'avoir introduit sur la scène que des personnages vicieux, et d'avoir voulu faire rire le public, en mettant sous ses yeux des friponneries faites pour mériter le dernier supplice.

La meilleure de ces critiques est une lettre insérée dans le nouveau *Mercure* imprimé à Trévoux, en février 1708, page 110. Comme cette lettre contient quelques observations justes, quoique trop sévères, nous en rapporterons ici quelques traits.

Après avoir rendu justice en général au mérite de la pièce et à son effet théâtral, l'anonyme passe en revue les principaux personnages. Voici ce qu'il dit de Lisette : « C'est une fille d'humeur « assez gaie, et qui s'est mise depuis long-temps « en possession de dire au vieux Géronte toutes « ses vérités, ou une bonne partie; et cela, avec « une liberté qu'elle peut avoir héritée de la Toi-« nette du *Malade imaginaire*, ou de la Dorine « du *Tartufe*, mais non pas tout-à-fait avec les « mêmes grâces. »

On convient avec l'anonyme qu'il y a beaucoup de ressemblance entre Lisette et les deux suivantes de Molière; mais on ajoute qu'elle n'est pas tant au-dessous de ses modèles qu'on voudroit le faire croire; que la liberté qu'elle prend de donner son avis sur tout, et le ton de maîtresse qu'elle s'arroge, convient parfaitement à la gouvernante d'un vieux goutteux, dont elle compose tout le domestique, et avec qui elle vivoit depuis long-temps avec beaucoup de familiarité.

« Pour Crispin (continue le critique anonyme),
« valet du neveu, et amant déclaré de la servante
« de Géronte, c'est un valet à qui l'on veut donner
« de l'esprit, et dont on fait le principal intrigant
« de toute la pièce. Il est déjà veuf, et emploie,
« le mieux qu'il peut, ses talents et l'expérience
« que l'âge lui donne, à seconder l'inclination
« qu'il a d'être fripon; il jase beaucoup, promet
« merveilles, se met à tout, et tient le dé dans les
« grands desseins et les coups d'importance. »

C'est effectivement cet intrigant qui est le principal personnage de la pièce, et c'est à lui qu'on reproche aussi d'être un fripon et un homme sans mœurs. Ce reproche ne devroit pas s'adresser particulièrement à Regnard. De tout temps les poètes dramatiques ont mis des intrigants sur la scène, et ces intrigants sont toujours des fripons.

Si Molière emploie le secours d'un intrigant pour tromper Pourceaugnac et le contraindre de retourner dans sa province, c'est dans la dernière classe des fripons qu'il choisit son Sbrigani. Voici comme il le peint lui-même : « C'est un homme
« qui, vingt fois en sa vie, pour servir ses amis,
« a généreusement affronté les galères; qui, au
« péril de ses bras et de ses épaules, sait mettre
« noblement à fin les aventures les plus difficiles,

« et qui est exilé de son pays pour je ne sais com-
« bien d'actions honorables qu'il a généreusement
« entreprises. » Nérine, qui seconde Sbrigani, est
digne d'un pareil collègue. Sbrigani, en répondant
au portrait que nous venons de citer, la loue de
la gloire qu'elle s'est acquise. « Lorsque avec tant
« d'honnêteté, lui dit-il, vous pipâtes au jeu,
« pour douze mille écus, ce jeune seigneur étran-
« ger que l'on mena chez vous; lorsque vous fîtes
« galamment ce faux contrat qui ruina toute une
« famille; lorsque, avec tant de grandeur d'âme,
« vous sûtes nier le dépôt qu'on vous avoit confié,
« et que si généreusement on vous vit prêter votre
« témoignage à faire pendre ces deux personnes
« qui ne l'avoient pas mérité. » Lisette et Crispin
ne sont pas plus vicieux que Sbrigani et Nérine.

Regnard a fait d'ailleurs tout ce qu'il a pu pour
rendre ces deux personnages odieux; il vouloit
qu'ils fussent plaisants, mais il n'a pas voulu
qu'ils pussent intéresser. Lisette, gouvernante
du vieux Géronte, est une fille de mœurs sus-
pectes. Crispin n'ignore pas qu'elle a vécu scan-
daleusement avec son maître. Voici l'aveu qu'il
en fait; il dit à Éraste, acte IV, scène VII :

    Elle est un peu de la famille.
Votre oncle, si l'on croit le lardon scandaleux,
N'a pas été toujours impotent et goutteux;
Et j'ai dû lui laisser un peu de subsistance
Pour l'acquit de son âme et de ma conscience.

Quant à Crispin, qui est sur le point d'épouser Lisette, malgré la connoissance qu'il a de sa mauvaise conduite, c'est un homme vil, sans délicatesse, et qui compte pour rien les mœurs et la probité.

Bien loin de savoir mauvais gré à Regnard d'avoir ainsi caractérisé ces deux fourbes, nous croyons qu'il y a de l'art d'avoir rassemblé sur ces deux personnages tout ce qui pouvoit les rendre méprisables; c'est le seul moyen qui puisse excuser l'amusement que donnent leurs friponneries, et qui puisse empêcher que leur exemple ne séduise.

On ne doit jamais se permettre, dans un drame, de faire faire à un personnage vertueux et intéressant une action honteuse qui démente ses principes, et affoiblisse l'intérêt qu'il avoit commencé d'inspirer. On n'a pu souffrir dans un drame moderne l'image d'un fils volant son père; tandis que, dans la comédie de *l'Avare,* Cléanthe traverse le théâtre, suivi de son valet qui emporte le trésor de son père Harpagon. Ces deux actions, qui sont exactement les mêmes, ont néanmoins produit des effets bien différents. La dernière fait rire aux dépens du vieil avare, qui reçoit la juste punition de sa sordide avarice, et l'autre a généralement révolté.

En voilà assez pour justifier Regnard, et pour

répondre à la critique des auteurs de *l'Histoire du Théâtre françois*. Lisette, disent-ils, est une soubrette d'assez mauvais exemple; ils lui passent les bouillons de bouche et postérieurs qu'elle prend soin de donner à Géronte, mais il leur semble qu'une honnête fille n'auroit pas dû ajouter :

> De ma main il les trouve meilleurs :
> Aussi, sans me targuer d'une vaine science,
> J'entends ce métier-là mieux que fille de France.

Une fille honnête sans doute ne se seroit pas permis un pareil propos. Mais Lisette n'est pas et ne devoit pas être une personne honnête : amante et complice de Crispin, elle devoit être peinte des mêmes couleurs.

Par une suite de leur premier raisonnement, les mêmes auteurs trouvent mauvais que Crispin soit instruit du lardon scandaleux qui attaque la réputation de la soubrette qu'il est sur le point d'épouser. C'est, disent-ils, le propre d'un homme dépourvu de délicatesse.

Nous répétons encore que le poète auroit manqué son but, s'il eût rendu Crispin susceptible de quelque espèce d'honneur que ce soit. Aussi, non content de lui faire épouser de sang-froid une coquette, il le peint encore comme un homme accoutumé à supporter de pareils affronts, et qui les compte même pour si peu, qu'il se permet d'en railler. Voici comment il parle de sa première femme; et ce qui met le comble à son effronterie, c'est à Lisette, qu'il doit épouser, qu'il tient ce discours :

> Ma première femme étoit assez gentille ;
> Une Bretonne vive, et coquette surtout,
> Qu'Éraste, que je sers, trouvoit fort de son goût.
> Je crois, comme toujours il fut aimé des dames,
> Que nous pourrions bien être alliés par les femmes ;
> Et de monsieur Géronte il s'en faudroit bien peu
> Que par là je ne fusse un arrière-neveu.

Un troisième personnage, sur lequel s'exerce la critique de l'anonyme, est l'apothicaire Clistorel. « Le dernier de tous les personnages, dit-il, « ou du moins celui que je mets le dernier, parce « qu'il est le plus inutile.... est un M. Clistorel, « dont le nom seul vous fera aisément deviner la « profession. C'est un apothicaire, révérencé par- « ler, mais un apothicaire renforcé, qui est tout « à la fois et l'apothicaire, et le médecin, et le « chirurgien du vieillard. Quoiqu'il renferme en « lui seul tous ces trois degrés de la Faculté, il « n'en est pas pour cela d'un plus grand volume, « et on en fait un petit homme contrefait, à peu « près de la taille et de la figure du Diable boi- « teux : je ne sais pourquoi ; car je ne vois pas que « les apothicaires soient faits autrement que les « autres hommes : mais il ne faut pas chicaner là- « dessus. Comme c'est une espèce de personne « épisodique, et qui sert si peu à la pièce, que

« quand elle n'y seroit pas, elle n'en seroit pas
« moins complète, on a pu, en cette qualité, le
« bâtir comme on a voulu. On prétend qu'il faut
« de ces sortes d'objets au parterre.... Pour vous
« dire vrai, j'aurois mauvaise idée de son goût,
« si un nom tiré de la seringue, et autres gen-
« tillesses de cette nature, lui faisoient grand
« plaisir à entendre. Molière a mis en jeu les
« apothicaires, mais il l'a fait à propos, et par
« là il a plu. C'est une chose à quoi ceux qui tra-
« vaillent pour le théâtre ne font pas assez d'at-
« tention : parce qu'un médecin, un apothicaire,
« ont réussi sur le théâtre, ils croient qu'il n'y
« a qu'à y mettre des médecins et des apothi-
« caires ; et ils ne songent pas que ces person-
« nages ont réussi, non pas parce que c'étoient
« des médecins et des apothicaires, mais parce
« que ces médecins et apothicaires étoient dans
« leur place, et parloient à propos. »

Voilà une sortie bien longue contre une caricature épisodique que le poëte a insérée dans sa pièce, sans autre dessein que celui de faire rire, dessein qui lui a parfaitement réussi. On ne peut disconvenir que ce personnage ne soit inutile ; on avoue avec les critiques que son rôle a beaucoup de ressemblance avec celui de Purgon dans le *Malade imaginaire ;* mais il n'est nullement vrai que ce personnage soit déplacé et qu'il fasse tort à la pièce.

La petitesse de sa taille n'est pas aussi indifférente qu'on se l'imagine; elle donne à sa mutinerie, à sa colère, à son orgueil, un caractère de ridicule original et des plus plaisants : c'est le Ragotin du *Roman comique,* qui vaudroit beaucoup moins, s'il étoit d'une taille et d'une structure ordinaires. Quant à son nom, il est tiré de sa profession, ainsi que ceux des Purgon et des Diafoirus.

Non que nous approuvions l'usage où sont les comédiens de jouer ce rôle en marchant sur les genoux, ou de le faire jouer par un enfant : ces charges trop outrées ne sont dignes que des tréteaux des foires; la vraisemblance et le bon goût en sont également choqués.

Nous n'entendons pas ce que l'anonyme veut dire en reprochant à ce personnage de n'être point placé à propos. S'il entend qu'il est purement épisodique, et que la pièce pouvoit se passer de sa présence, nous sommes de son avis. S'il prétend que c'est un personnage déplacé, dont rien ne motive l'apparition, et qui choque la vraisemblance, nous croyons qu'il se trompe.

Clistorel est le médecin et l'apothicaire de Géronte; en ces qualités il lui donne ses soins. Il apprend que ce vieux goutteux songe à se marier, et qu'il a pris ce parti sans le consulter : la bile du petit Esculape s'échauffe; il court chez son malade le quereller comme il convient, et le punir de sa folie en lui annonçant qu'il l'abandonne. Cette scène, calquée peut-être sur celle de Purgon du *Malade imaginaire,* n'est ni plus déplacée, ni plus dénuée de vraisemblance que son modèle.

Les deux scènes épisodiques, dans lesquelles Crispin prend les noms et les ajustements du neveu Normand et de la nièce du Maine, pour indisposer le vieillard contre ces deux parents, et l'empêcher de leur laisser à chacun une somme de vingt mille livres, sont, comme l'observe l'anonyme, imitées des anciennes scènes italiennes. On doit convenir avec les critiques que cette ruse est d'une invention ancienne, et que c'est un stratagème usé au théâtre. Mais si Regnard n'a pas le foible mérite d'avoir imaginé ces scènes, il a celui de les avoir supérieurement traitées, d'y avoir répandu ce comique, cette gaîté, qui lui étoient propres, et qui en ont fait tout le succès.

Le succès de ces sortes de scènes, dont l'effet est toujours sûr au théâtre, dépend absolument de la manière dont elles sont mises en œuvre. C'est ainsi que, postérieurement à Regnard, Le Sage a su plaire dans *Crispin rival de son maître,* en employant une scène imitée d'un ancien canevas italien, mais à laquelle il a su donner tout le charme de la nouveauté.

On a prétendu que le sujet du *Légataire universel* étoit tiré d'un fait arrivé du temps de Regnard. Nous n'avons pas de connoissance de ce fait. Quoi qu'il en soit, l'auteur en a tiré le plus grand parti, et en a composé une pièce qui mérite une place distinguée dans notre théâtre.

L'auteur de la lettre critique dont nous avons cité plusieurs traits a prétendu que le jeu des acteurs avoit beaucoup contribué au succès de la pièce, et qu'elle perdroit à la lecture. Sa prédiction ne s'est pas vérifiée; et c'est à ce critique que Palaprat adressa le rondeau suivant :

RONDEAU

SUR LE LÉGATAIRE UNIVERSEL.

Il est aisé de dire avec hauteur
Fi d'une pièce, en faisant le docteur
Qui, pour arrêt, nous donne sa grimace.
Contre Regnard la grenouille croasse; [1]
En est-il moins au goût du spectateur?
Je le soutiens, et ne suis point flatteur,
De notre scène il sait l'art enchanteur.
Il y fait rire, il badine avec grâce,
  Il est aisé.

Sans le secours des charmes de l'acteur,

---

[1] *Croasser* exprime le cri du corbeau; et *coasser*, celui de la grenouille. Il faudroit donc ici la grenouille *coasse*. On trouve la même faute dans *les Folies amoureuses*, acte II, scène VII.

Le Légataire aura chez le lecteur
Le même sort. Malgré toi, vile race,
Bas envieux, chose rare au Parnasse,
Outre qu'en tout Regnard est bon auteur,
Il est aisé.

AVERTISSEMENT

DE L'ÉDITION STÉRÉOTYPE DE 1801.

On sait qu'un fait véritable a donné l'idée de la pièce du *Légataire*. La scène du testament fut en effet jouée long-temps avant que Regnard imaginât d'en faire une comédie : mais ce que tout le monde ne sait pas, c'est que ce furent les jésuites de Rome qui l'exécutèrent. Cette anecdote est assez curieuse pour que nous nous empressions de la mettre sous les yeux de nos lecteurs. Les détails que nous publions sont extraits des notes qui suivent la tragédie des *Jammabos*. L'auteur assure qu'ils n'ont jamais été imprimés, et croit pouvoir en garantir l'authenticité. Voici cette anecdote :

EXTRAIT DES NOTES

QUI SUIVENT LA TRAGÉDIE DES JAMMABOS.

Antoine-François Gauthiot, seigneur d'Ancier, étoit d'une famille noble de Franche-Comté, et y possédoit de grands biens. Riche, et vieux garçon, c'étoit un titre pour mériter l'attention des jésuites : aussi ceux de la ville de Besançon, où il faisoit sa demeure, n'oublièrent rien pour gagner son amitié et sa succession. Ils écrivirent à leurs confrères de Rome, quand M. d'Ancier y alla, en 1626, et ils recommandèrent beaucoup cet intéressant voyageur, en les informant des vues qu'ils avoient sur lui. Notre Franc-Comtois en reçut donc le plus grand accueil. Il tomba malade, et ne put alors refuser à leurs instances d'aller prendre un logement chez eux, c'est-à-dire dans la maison du grand Jésus, habitée par le général même de la société. Cependant la maladie empira; M. d'Ancier mourut; et, ce qui étoit le plus fâcheux pour ses hôtes, il mourut *ab intestat*.

Grande désolation parmi les compagnons de Jésus. Heureusement pour eux, ils avoient alors un frère qui étoit resté long-temps à leur maison de Besançon. Ce modèle des Crispins, voyant la douleur générale, entreprend de la calmer. Son esprit inventif lui fait apercevoir du remède à un malheur qui n'en paroît pas susceptible; et le digne serviteur apprend à ses maîtres qu'il connoît en Franche-Comté un paysan dont la voix ressemble tellement à celle du défunt, que tout le monde s'y trompoit. A ce coup de lumière, l'espérance des pères se ranime : ils conviennent de cacher la mort de l'ingrat qui est parti sans payer son gîte, et de faire venir l'homme que la Providence a mis en état de les servir dans cette importante occasion.

C'étoit un nommé Denis Euvrard, fermier d'une grange appartenante à M. d'Ancier lui-même, et située au village de Montferrand, près de Besançon. Mais comment le déterminer à entreprendre ce voyage? Le frère jésuite avoit donné l'idée du projet; on le charge de l'exécution. Le voilà parti pour la Franche-Comté. Il arrive, et va trouver Denis Euvrard. Il ne l'aborde qu'en secret, et commence par le faire jurer de ne rien révéler, même à sa femme, de ce qu'il lui vient apprendre. Alors il lui dit que M. d'Ancier est malade à Rome, et veut faire son testament; mais qu'ayant auparavant des choses essentielles à lui communiquer, il l'envoie chercher, et promet de le récompenser généreusement. Le fermier ne balance pas : sans parler de son voyage à personne, il se met en route avec le frère, et tous deux se rendent à Rome dans la maison du grand Jésus.

Dès que Denis Euvrard y est entré, deux jésuites viennent à sa rencontre : « Ah, mon pauvre ami ! lui disent-ils avec « l'air et le ton de la douleur, vous arrivez trop tard ; « M. d'Ancier est mort : c'est une grande perte pour nous et « pour vous. Son intention étoit de vous donner sa grange « de Montferrand, et de léguer le reste de ses biens à nos « pères de Besançon : mais il n'y faut plus songer. » Alors ils le conduisent dans une chambre ; on l'y laisse se reposer ; et il demeure seul, abandonné à ses tristes réflexions.

Le lendemain, un des mêmes pères qui l'avoient entretenu la veille revient le voir, et la conversation retombe sur le même sujet. « Mon cher Euvrard, lui dit le jésuite, « il me vient une idée. C'étoit l'intention de M. d'Ancier de « faire son testament : il vouloit vous donner sa grange de « Montferrand, et nous laisser le surplus de ce qu'il possé- « doit. Vous avouerez qu'il étoit maître de ses biens ; il « pouvoit en disposer comme il le jugeoit convenable : ainsi « l'on peut regarder ces biens comme nous étant déjà donnés « devant Dieu. Il ne manque donc que la formalité du tes- « tament ; mais c'est un petit défaut de forme qu'il est pos- « sible de réparer. Je me suis aperçu que vous avez la voix « entièrement semblable à celle de M. d'Ancier : vous pour- « riez facilement le représenter dans un lit, et dicter un « testament conforme à ses intentions. Surtout vous n'ou- « blierez pas de vous donner la grange de Montferrand. »

Le bon fermier se rendit sans peine à l'avis du casuiste. Le père jésuite, que le frère avoit parfaitement instruit des biens du défunt, fit faire à Denis Euvrard plusieurs répétitions du rôle qu'il devoit jouer. Enfin, lorsque celui-ci parut assez exercé, il fut mis dans un lit ; on manda le notaire ; et deux hommes distingués de la Franche-Comté, l'un conseiller au parlement, l'autre chanoine de la métropole, qui se trouvoient alors à Rome, furent invités de la part de

M. d'Ancier à venir assister à son testament. Il faut observer que, depuis quelque temps, ces deux personnes s'étoient souvent présentées pour voir M. d'Ancier, et qu'on leur avoit toujours répondu qu'il n'étoit pas en état de les recevoir.

Quand le notaire et tous les témoins furent arrivés, le soi-disant moribond, bien enfoncé dans le lit, son bonnet sur les yeux, le visage tourné contre le mur, et ses rideaux à peine entr'ouverts, dit quelques mots à ses deux compatriotes; puis on s'occupa de l'acte pour lequel on étoit assemblé.

Après le préambule ordinaire, le testateur révoque tout testament qu'il pourroit avoir fait précédemment, et tout autre qu'il pourroit faire par la suite, à moins qu'il ne commence par ces mots, *Ave, Maria, gratiâ plena*. Il élit sa sépulture dans l'église des révérends pères jésuites de Rome, sous le bon plaisir et vouloir du révérend père général. Il donne et lègue une somme de cinquante francs à chacune des pauvres communautés religieuses de Besançon, et une autre somme aussi très modique, avec un tableau, à l'un de ses parents.

« *Item*, continue-t-il, je donne et lègue à Denis Euvrard,
« mon fermier, ma grange de Montferrand et toutes ses dé-
« pendances. » — A ces derniers mots, le jésuite, qui étoit assis auprès du lit, parut fort étonné. L'acteur ajoutoit à son rôle, et ce n'étoit point ainsi qu'on l'avoit fait répéter. L'enfant d'Ignace observa donc au testateur que ces *dépendances* étoient considérables, puisqu'elles comprenoient *un moulin, un petit bois, et des cens*; mais l'homme qui étoit dans le lit ne voulut en rien rabattre, et soutint qu'il avoit les plus grandes obligations à ce fermier.

« *Item*, je donne et lègue audit Denis Euvrard ma vigne
« située à la côte des Maçons, et de la contenance de quatre-

« vingts ouvrées. » — Nouvelle observation de la part du révérend père ; même réponse de la part du testateur.

« *Item*, je donne et lègue audit Denis Euvrard mille écus « à choisir dans mes meilleures constitutions de rente, et « tout ce qu'il peut me redevoir de termes arriérés pour son « bail de la grange de Montferrand. »

Ici le jésuite, outré de dépit, voulut encore faire des remontrances ; mais il n'en eut pas le temps, et la parole lui fut coupée par le malade.

« *Item*, je donne et lègue une somme de cinq cents francs « à l'enfant de la nièce dudit Denis Euvrard : sans doute que « cet enfant est de mes œuvres. »

Le révérend père étoit resté sans voix ; mais il étouffoit de colère. Enfin le testateur déclara que, « quant au surplus « de ses biens, il nommoit, instituoit ses héritiers seuls et « universels pour le tout les pères jésuites de la maison de « Besançon, à la charge par eux de bâtir leur église suivant « le plan projeté, d'y ériger une chapelle sous l'invocation « de saint Antoine et de saint François, ses bons patrons, « et de célébrer dans ladite chapelle une messe quotidienne « pour le repos de son âme. »

Tel est ce testament singulier qui a servi de modèle à celui de Crispin, et qui n'est certainement pas moins plaisant. Mais M. d'Ancier ne fit point comme Géronte, il ne revint pas. Sa mort fut annoncée le lendemain ; on publia le testament à l'officialité de Besançon ; et les jésuites furent mis en possession de cet héritage.

Quelques années après, Denis Euvrard se trouva véritablement dans l'état qu'il avoit si bien joué à Rome. Voyant qu'il touchoit à la fin de sa vie, il sentit des remords, et fit à son curé l'aveu de tout ce qui s'étoit passé. Celui-ci, qui n'avoit point étudié la morale dans les casuistes de la

Société de Jésus, représenta au moribond l'énormité de son crime. Ce pasteur éclairé lui dit que, devant un notaire, assisté du juge du lieu et de plusieurs témoins, il falloit déclarer dans le plus grand détail la manœuvre à laquelle il s'étoit prêté, et faire en même temps aux héritiers de M. d'Ancier un abandon, non seulement des biens qu'il s'étoit donnés, mais encore de tout ce qu'il possédoit. La déclaration et l'abandon furent faits dans toutes les formes, et suivis de la mort de Denis Euvrard.

Dès que les héritiers naturels de M. d'Ancier eurent en main des pièces si fortes, ils se pourvurent contre le testament. Ils gagnèrent d'abord à Besançon, dans le premier degré de juridiction. On en appela au parlement de Dôle ; ils gagnèrent encore. Une dernière ressource restoit à la Société, et le procès fut porté au conseil suprême de Bruxelles (car la Franche-Comté, soumise à l'Espagne, dépendoit alors du gouvernement de Flandre). Dans ce dernier tribunal le crédit et les intrigues des jésuites prévalurent enfin ; les deux premiers jugements furent cassés ; les pères furent maintenus dans la possession des biens dont ils jouissoient, et on lit encore sur le frontispice de leur église, possédée à présent par le collége de Besançon : *Ex munificentiâ domini d'Ancier.*

On ne peut douter que Regnard, qui voyagea beaucoup dans sa jeunesse, n'ait eu connoissance de cette anecdote. Il en fut vraisemblablement instruit à Bruxelles, où il alla en 1681, c'est-à-dire dans un temps où l'on devoit y conserver encore la mémoire de ce singulier procès, puisqu'il avoit eu pour témoins tous ceux des habitants de cette ville qui se trouvoient alors âgés de cinquante à soixante ans. Quand le poète composa dans la suite sa comédie du *Légataire*, il se garda bien de citer la source qui lui en avoit fourni l'idée ; c'étoit l'époque de la plus grande puissance des jésuites : il eut donc la prudence de cacher ce que sa pièce leur devoit, et ces pères eurent la modestie de ne pas le réclamer.

Il paroît cependant que Regnard ne s'attribua point la gloire de l'invention, ou du moins qu'elle lui fut contestée. C'est ce que semble indiquer un passage du *Dictionnaire portatif des Théâtres.* « On prétend, y est-il dit à l'article « du *Légataire*, qu'un fait véritable a donné l'idée de cette « pièce. » Mais ce fait n'étoit guère connu que dans la Franche-Comté, où il a toujours été de notoriété publique.

PERSONNAGES.

GÉRONTE, oncle d'Éraste.
ÉRASTE, amant d'Isabelle.
Mme ARGANTE, mère d'Isabelle.
ISABELLE, fille de Mme Argante.
LISETTE, servante de Géronte.
CRISPIN, valet d'Éraste.
M. CLISTOREL, apothicaire.
M. SCRUPULE, } notaires.
M. GASPARD,
Un Laquais.

La scène est à Paris, chez M. Géronte.

LE LÉGATAIRE
UNIVERSEL,
COMÉDIE.

ACTE PREMIER.

SCÈNE I.
LISETTE, CRISPIN.

LISETTE.

Bonjour, Crispin, bonjour.

CRISPIN.

Bonjour, belle Lisette.
Mon maître, toujours plein du soin qui l'inquiète,
M'envoie, à ton lever, zélé collatéral,
Savoir comment son oncle a passé la nuit.

LISETTE.

Mal.

CRISPIN.

Le bon homme, chargé de fluxions, d'années,
Lutte depuis long-temps contre les destinées,
Et pare de la mort le trait fatal en vain;
Il n'évitera pas celui du médecin.

Il garde le dernier; et ce corps cacochyme
Est à son art fatal dévoué pour victime.
Nous prévoyons dans peu qu'un petit ou grand deuil
Étendra de son long Géronte en un cercueil.
Si mon maître pouvoit être fait légataire,
Je ferois de bon cœur les frais du luminaire.

LISETTE.

Un remède par moi lui vient d'être donné,
Tel que l'apothicaire en avoit ordonné.
J'ai cru que ce seroit le dernier de sa vie;
Il est tombé sur moi deux fois en léthargie.

CRISPIN.

De ses bouillons de bouche, et des postérieurs,
Tu prends soin?

LISETTE.

De ma main il les trouve meilleurs:
Aussi, sans me targuer d'une vaine science,
J'entends ce métier-là mieux que fille de France.

CRISPIN.

Peste, le beau talent! Tu te fais bien payer,
Je crois, de tous les soins qu'il te fait employer.

LISETTE.

Il ne me donne rien; mais j'ai, pour récompense,
Le droit de lui parler avec toute licence.
Je lui dis, à son nez, des mots assez piquants :
Voilà tous les profits que j'ai depuis cinq ans.
C'est le plus ladre vert qu'on ait vu de la vie.
Je ne puis t'exprimer où va sa vilenie.
Il trouve tous les jours, dans son fécond cerveau,

Quelque trait d'avarice admirable et nouveau.
Il a pour médecin pris un apothicaire
Pas plus haut que ma jambe, et de taille sommaire :
Il croit qu'étant petit, il lui faut moins d'argent ;
Et qu'attendu sa taille, il ne paîra pas tant.

CRISPIN.

S'il est court, il fera de très longues parties.

LISETTE.

Mais dans son testament ses grâces départies
Doivent me racquitter de son avare humeur :
Ainsi je renouvelle avec soin mon ardeur.

CRISPIN.

Il fait son testament ?

LISETTE.

         Dans peu de temps, j'espère
Y voir coucher mon nom en riche caractère.

CRISPIN.

C'est très bien espérer : j'espère bien encor
Y voir aussi coucher le mien en lettres d'or.

LISETTE.

Tout beau, l'ami, tout beau ! L'on diroit, à t'entendre,
Qu'à la succession tu peux aussi prétendre.
Déjà ne sont-ils pas assez de concurrents,
Sans t'aller mettre encore au rang des aspirants ?
Il a tant d'héritiers, le bon seigneur Géronte,
Il en a tant et tant, que parfois j'en ai honte :
Des oncles, des neveux, des nièces, des cousins,
Des arrière-cousins remués de germains ;
J'en comptai l'autre jour, en lignes paternelles,

Cent sept mâles vivants : juge encor des femelles.

CRISPIN.

Oui ! mais mon maître aspire à la plus grosse part :
J'en pourrois bien aussi tirer ma quote-part ;
Je suis un peu parent, et tiens à la famille.

LISETTE.

Toi ?

CRISPIN.

Ma première femme étoit assez gentille,
Une Bretonne vive, et coquette surtout,
Qu'Éraste, que je sers, trouvoit fort à son goût :
Je crois, comme toujours il fut aimé des dames,
Que nous pourrions bien être alliés par les femmes ;
Et de monsieur Géronte il s'en faudroit bien peu
Que par là je ne fusse un arrière-neveu.

LISETTE.

Oui-dà ; tu peux passer pour parent de campagne,
Ou pour neveu, suivant la mode de Bretagne.

CRISPIN.

Mais, raillerie à part, nous avons grand besoin
Qu'à faire un testament Géronte prenne soin.
Si mon maître, *primò*, n'est nommé légataire,
Le reste de ses jours il fera maigre chère.
Secundò, quoiqu'il soit diablement amoureux,
Madame Argante, avant de couronner ses feux,
Et de le marier à sa fille Isabelle,
Veut qu'un bon testament, bien sûr et bien fidèle,
Fasse ledit neveu légataire de tout.
Mais ce qui doit le plus être de notre goût,

C'est qu'Éraste nous fait trois cents livres de rente,
Si nous réussissons au gré de son attente :
Ce don, de notre hymen formera les liens.
Ainsi tant de raisons sont autant de moyens
Que j'emploie à prouver qu'il est très nécessaire
Que le susdit neveu soit nommé légataire ;
Et je conclus enfin qu'il faut conjointement
Agir pour arriver au susdit testament.

LISETTE.

Comment diable! Crispin, tu plaides comme un ange!

CRISPIN.

Je le crois. Mon talent te paroît-il étrange?
J'ai brillé dans l'étude avec assez d'honneur,
Et l'on m'a vu trois ans clerc chez un procureur.
Sa femme étoit jolie ; et, dans quelques affaires,
Nous jugions à huis clos de petits commissaires.

LISETTE.

La boutique étoit bonne. Eh! pourquoi la quitter?

CRISPIN.

L'époux un peu jaloux m'en a fait déserter.
Un procureur n'est pas un homme fort traitable :
Sur sa femme il m'a fait des chicanes de diable.
J'ai bataillé, ma foi, deux ans sans en sortir ;
Mais je fus à la fin contraint de déguerpir.

SCÈNE II.

ÉRASTE, CRISPIN, LISETTE.

CRISPIN.
Mais mon maître paroît.
ÉRASTE.
Ah! te voilà, Lisette!
Guéris-moi, si tu peux, du soin qui m'inquiète.
Hé bien! mon oncle est-il en état d'être vu?
LISETTE.
Ah, monsieur! depuis hier il est encor déchu;
J'ai cru que cette nuit seroit sa nuit dernière,
Et que je fermerois pour jamais sa paupière.
Les lettres de répit qu'il prend contre la mort
Ne lui serviront guère, ou je me trompe fort.
ÉRASTE.
Ah, ciel! que dis-tu là?
LISETTE.
C'est la vérité pure.
ÉRASTE.
Quel que soit mon espoir, je sens que la nature
Excite dans mon cœur de tristes sentiments.
CRISPIN.
Je sentis autrefois les mêmes mouvements,
Quand ma femme passa les rives du Cocyte
Pour aller en bateau rendre aux défunts visite.
J'en avois dans le cœur un plaisir plein d'appas,

Comme tant de maris l'auroient en pareil cas;
Cependant la nature, excitant la tristesse,
Faisoit quelque conflit avecque l'allégresse,
Qui par certains ressorts et mélanges confus,
Combattoient tour à tour, et prenoient le dessus;
En sorte que l'espoir.... la douleur légitime....
L'amour.... On sent cela bien mieux qu'on ne l'exprime.
Mais ce que je puis dire, en vous accusant vrai,
C'est que, tout à la fois, j'étois et triste et gai.

ÉRASTE.

Je ressens pour mon oncle une amitié sincère;
Je donne dans son sens en tout pour lui complaire;
Quoi qu'il dise ou qu'il fasse, ayant le droit ou non,
Je conviens avec lui qu'il a toujours raison.

LISETTE.

Il faut que le vieillard soit mal dans ses affaires,
Puisqu'il m'a commandé d'aller chez deux notaires.

CRISPIN.

Deux notaires, hélas! Cela me fend le cœur.

LISETTE.

C'est pour instrumenter avecque plus d'honneur.

ÉRASTE.

Hé! dis-moi, mon enfant, en pleine confidence,
Puis-je, sans me flatter, former quelque espérance?

LISETTE.

Elle est très bien fondée; et, depuis quelques jours,
Avec madame Argante il tient certains discours
Où l'on parle tout bas de legs, de mariage:
Je n'ai de leur dessein rien appris davantage.

Votre maîtresse est mise aussi dans l'entretien.
Pour moi, je crois qu'il veut vous laisser tout son bien,
Et vous faire épouser Isabelle.

ÉRASTE.

Ah! Lisette,
Que tu flattes mes sens! que ma joie est parfaite!
Ce n'est point l'intérêt qui m'anime aujourd'hui;
Un dieu beaucoup plus fort et plus puissant que lui,
L'Amour, parle en mon cœur : la charmante Isabelle
Est de tous mes désirs une cause plus belle,
Et pour le testament me fait faire des vœux....

LISETTE.

L'Amour et l'intérêt seront contents tous deux.
Seroit-il juste aussi qu'un si bel héritage
De cent cohéritiers devînt le sot partage?
Verrois-je d'un œil sec déchirer par lambeaux,
Par tant de campagnards, de pieds-plats, de nigauds,
Une succession qui doit, par parenthèse,
Vous rendre un jour heureux, et nous mettre à notre aise?
Car vous savez, monsieur....

ÉRASTE.

Va, tranquillise-toi;
Ce que j'ai dit est dit; repose-toi sur moi.

LISETTE.

Si votre oncle vous fait le bien qu'il se propose,
Sans trop vanter mes soins, j'en suis un peu la cause:
Je lui dis tous les jours qu'il n'a point de neveux
Plus doux, plus complaisants, ni plus respectueux;
Non par l'espoir du bien que vous pouvez attendre,

ACTE I, SCENE II.

Mais par un naturel et délicat et tendre.
CRISPIN.
Que cette fille-là connoît bien votre cœur !
Vous ne sauriez, ma foi, trop payer son ardeur.
Je dois, dans peu de temps, contracter avec elle.
Regardez-la, monsieur ; elle est et jeune et belle :
N'allez pas en user comme de l'autre, non !
LISETTE.
Monsieur Géronte vient, il faut changer de ton.
Je n'ai point eu le temps d'aller chez les notaires.
Toi, qui m'as trop long-temps parlé de tes affaires,
Va vite, cours, dis-leur qu'ils soient prêts au besoin.
L'un s'appelle Gaspard, et demeure à ce coin ;
Et l'autre un peu plus bas, et se nomme Scrupule.
CRISPIN.
Voilà pour un notaire un nom bien ridicule.

SCÈNE III.

GÉRONTE, ÉRASTE, LISETTE, un LAQUAIS.

GÉRONTE.
Ah ! bonjour, mon neveu.
ÉRASTE.
               Je suis, en vérité,
Charmé de vous revoir en meilleure santé.
(Le Laquais apporte une chaise.)
De grâce, asseyez-vous. Ote donc cette chaise ;
Mon oncle en ce fauteuil sera plus à son aise.
(Le Laquais ôte la chaise, apporte un fauteuil, et sort.)

SCÈNE IV.

GÉRONTE, ÉRASTE, LISETTE.

GÉRONTE.

J'ai, cette nuit, été secoué comme il faut,
Et je viens d'essuyer un dangereux assaut :
Un pareil, à coup sûr, emporteroit la place.

ÉRASTE.

Vous voilà beaucoup mieux ; et le ciel, par sa grâce,
Pour vos jours en péril nous permet d'espérer.
Il faut présentement songer à réparer
Les désordres qu'a pu causer la maladie,
Vous faire désormais un régime de vie,
Prendre de bons bouillons, de sûrs confortatifs,
Nettoyer l'estomac par de bons purgatifs,
Enfin ne vous laisser manquer de nulles choses.

GÉRONTE.

Oui, j'aimerois assez ce que tu me proposes ;
Mais il faut tant d'argent pour se faire soigner,
Que, puisqu'il faut mourir, autant vaut l'épargner.
Ces porteurs de seringue ont pris des airs si rogues !...
Ce n'est qu'au poids de l'or qu'on achète leurs drogues.
Qui pourroit s'en passer et mourir tout d'un coup,
De son vivant, sans doute, épargneroit beaucoup.

ÉRASTE.

Oui, vous avez raison ; c'est une tyrannie :
Mais je ferai les frais de votre maladie.

La santé dans le monde étant le premier bien,
Un homme de bon sens n'y doit ménager rien.
De vos maux négligés vous guérirez sans doute.
Tâchons à réparer vos forces, quoi qu'il coûte.

GÉRONTE.

C'est tout argent perdu dans cette occasion;
La maison ne vaut pas la réparation.
Je veux, mon cher neveu, mettre ordre à mes affaires.
(à Lisette.)
As-tu dit qu'on allât me chercher deux notaires?

LISETTE.

Oui, monsieur, et dans peu vous les verrez ici.

GÉRONTE.

Et dans peu vous saurez mes sentiments aussi;
Je veux, en bon parent, vous les faire connoître.

ÉRASTE.

Je me doute à peu près de ce que ce peut être.

GÉRONTE.

J'ai des collatéraux....

LISETTE.

Oui vraiment, et beaucoup.

GÉRONTE.

Qui, d'un regard avide, et d'une dent de loup,
Dans le fond de leur cœur dévorent par avance
Une succession qui fait leur espérance.

ÉRASTE.

Ne me confondez pas, mon oncle, s'il vous plaît,
Avec de tels parents.

GÉRONTE.
Je sais ce qu'il en est.
ÉRASTE.
Votre santé me touche, et me plaît davantage
Que tout l'or qui pourroit me tomber en partage.
GÉRONTE.
J'en suis persuadé. Je voudrois me venger
D'un vain tas d'héritiers, et les faire enrager;
Choisir une personne honnête et qui me plaise,
Pour lui laisser mon bien et la mettre à son aise.
ÉRASTE.
Vous devez là-dessus suivre votre désir.
LISETTE.
Non, je ne comprends pas de plus charmant plaisir
Que de voir d'héritiers une troupe affligée,
Le maintien interdit, et la mine allongée,
Lire un long testament où, pâles, étonnés,
On leur laisse un bonsoir avec un pied de nez.
Pour voir au naturel leur tristesse profonde,
Je reviendrois, je crois, exprès de l'autre monde.
GÉRONTE.
Quoique déjà je sois atteint et convaincu,
Par les maux que je sens, d'avoir long-temps vécu;
Quoiqu'un sable brûlant cause ma néphrétique,
Que j'endure les maux d'une âcre sciatique,
Qui, malgré le bâton que je porte en tout lieu,
Fait souvent qu'en marchant je dissimule un peu;
Je suis plus vigoureux que l'on ne s'imagine,
Et je vois bien des gens se tromper à ma mine.

LISETTE.
Il est de certains jours de barbe, où, sur ma foi,
Vous ne paroissez pas plus malade que moi.
GÉRONTE.
Est-il vrai?
LISETTE.
Dans vos yeux un certain éclat brille.
GÉRONTE.
J'ai toujours reconnu du bon dans cette fille.
Je veux pourtant songer à mettre ordre à mon bien,
Avant qu'un prompt trépas m'en ôte le moyen.
Tu connois et tu vois parfois madame Argante?
ÉRASTE.
Oui : dans ses procédés elle est toute charmante.
GÉRONTE.
Et sa fille Isabelle, euh, la connois-tu?
ÉRASTE.
Fort.
C'est une fille sage, et qui charme d'abord.
GÉRONTE.
Tu conviens que le ciel a versé dans son âme
Les qualités qu'on doit chercher en une femme?
ÉRASTE.
Je ne vois point d'objet plus digne d'aucuns vœux,
Ni de fille plus propre à rendre un homme heureux.
GÉRONTE.
Je m'en vas l'épouser.
ÉRASTE.
Vous, mon oncle?

GÉRONTE.

Moi-même.

ÉRASTE.

J'en ai, je vous l'avoue, une allégresse extrême.

LISETTE.

Miséricorde ! hélas ! ah ciel ! assiste-nous.
De quelle malheureuse allez-vous être époux ?

GÉRONTE.

D'Isabelle, en ce jour ; et, par ce mariage,
Je lui donne, à ma mort, tout mon bien en partage.

ÉRASTE.

Vous ne pouvez mieux faire, et j'en suis très content :
Je voudrois, comme vous, en pouvoir faire autant.

LISETTE.

Quoi ! vous, vieux et cassé, fiévreux, épileptique,
Paralytique, étique, asthmatique, hydropique,
Vous voulez de l'hymen allumer le flambeau,
Et ne faire qu'un saut de la noce au tombeau !

GÉRONTE.

Je sais ce qu'il me faut : apprenez, je vous prie,
Que même ma santé veut que je me marie.
Je prends une compagne, et de qui tous les jours
Je pourrai, dans mes maux, tirer de grands secours.
Que me sert-il d'avoir une avide cohorte
D'héritiers, qui toujours veille et dort à ma porte ;
De gens qui, furetant les clefs du coffre-fort,
Me détendront mon lit peut-être avant ma mort ?
Une femme, au contraire, à son devoir fidèle,
Par des soins conjugaux me marquera son zèle ;

Et de son chaste amour recueillant tout le fruit,
Je me verrai mourir en repos et sans bruit.

ÉRASTE.

Mon oncle parle juste, et ne sauroit mieux faire
Que de se ménager un secours nécessaire.
Une femme économe et pleine de raison,
Prendra seule le soin de toute la maison.

GÉRONTE, l'embrassant.

Ah! le joli garçon! Aurois-je dû m'attendre
Qu'il eût pris cette affaire ainsi qu'on lui voit prendre?

ÉRASTE.

Votre bien seul m'est cher.

GÉRONTE.

    Va, tu n'y perdras rien;
Quoi qu'il puisse arriver, je te ferai du bien,
Et tu ne seras pas frustré de ton attente.

SCÈNE V.

GÉRONTE, ÉRASTE, LISETTE, un Laquais.

GÉRONTE.

Mais quelqu'un vient ici.

UN LAQUAIS.

    Monsieur, madame Argante
Et sa fille sont là.

ÉRASTE.

Je vais les amener.

(Il sort.)

SCÈNE VI.

GÉRONTE, LISETTE, LE LAQUAIS.

GÉRONTE, à Lisette.

Mon chapeau, ma perruque.

LISETTE.

On va vous les donner.
Les voilà.

GÉRONTE.

Ne va pas leur parler, je te prie,
Ni de mon lavement, ni de ma léthargie.

LISETTE.

Elles ont toutes deux bon nez ; dans un moment
Elles le sentiront de reste assurément.

SCÈNE VII.

Mme ARGANTE, ISABELLE, GÉRONTE, ÉRASTE,
LISETTE, LE LAQUAIS.

Mme ARGANTE.

Nous avons, ce matin, appris de vos nouvelles,
Qui nous ont mis pour vous en des peines mortelles.
Vous avez, ce dit-on, très mal passé la nuit.

GÉRONTE.

Ce sont mes héritiers qui font courir ce bruit ;
Ils me voudroient déjà voir dans la sépulture :
Je ne me suis jamais mieux porté, je vous jure.

ÉRASTE.

Mon oncle a le visage, ou du moins peu s'en faut,
D'un galant de trente ans.

LISETTE, à part.

     Oui, qui mourra bientôt.

GÉRONTE.

Je serois bien malade, et plus qu'à l'agonie,
Si des yeux aussi beaux ne me rendoient la vie.

Mme ARGANTE.

Ma fille, en ce moment vous voyez devant vous
Celui que je vous ai destiné pour époux.

GÉRONTE.

Oui, madame, c'est vous (pour le moins je m'en flatte)
Qui guérirez mes maux mieux qu'un autre Hippocrate.
Vous êtes pour mon cœur comme un julep futur,
Qui doit le nettoyer de ce qu'il a d'impur :
Mon hymen avec vous est un sûr émétique ;
Et je vous prends enfin pour mon dernier topique.

ISABELLE.

Je ne sais pas, monsieur, pour quoi vous me prenez ;
Mais ce choix m'interdit, et vous me surprenez.

Mme ARGANTE.

Monsieur, vous épousant, vous fait un avantage
Qui doit faire oublier et ses maux et son âge ;
Et vous n'aurez pas lieu de vous en repentir.

ISABELLE.

Madame, le devoir m'y fera consentir ;
Mais peut-être monsieur, par cette loi sévère,
Ne trouvera-t-il pas en moi ce qu'il espère.

Je sais ce que je suis, et le peu que je vaux,
Pour être, comme il dit, un remède à ses maux;
Il se trompe bien fort, s'il prétend, sur ma mine,
Devoir trouver en moi toute la médecine :
Je connois bien mes yeux; ils ne feront jamais
Une si belle cure et de si grands effets.

ÉRASTE.

Au pouvoir de ces yeux je rends plus de justice.

GÉRONTE.

Au feu que je ressens si l'amour est propice,
Avant qu'il soit neuf mois, sans trop me signaler,
Tous mes collatéraux auront à qui parler :
Dans le monde on saura, dans peu, de mes nouvelles.

LISETTE, à part.

Ah! par ma foi, je crois qu'il en fera de belles.
(haut.)
Si le diable vous tente et vous veut marier,
Qu'il cherche un autre objet pour vous apparier.
Je m'en rapporte à vous : madame est vive et belle;
Il lui faut un époux qui soit aussi vif qu'elle,
Bien fait, et de bon air, qui n'ait pas vingt-cinq ans;
Vous, vous êtes majeur, et depuis très long-temps.
A votre âge, doit-on parler de mariages?
Employez le notaire à de meilleurs usages :
C'est un bon testament, un testament, morbleu,
Bien fait, bien cimenté, qui doit vous tenir lieu
De tendresse, d'amour, de désir, de ménage,
De femme, de contrats, d'enfants, de mariage.
J'ai parlé, je me tais.

GÉRONTE.
Vraiment, c'est fort bien fait.
Qui vous a donc si bien affilé le caquet?
LISETTE.
La raison.
GÉRONTE, à madame Argante et à Isabelle.
De ses airs ne soyez point blessées :
Elle me dit parfois librement ses pensées ;
Je le souffre en faveur de quelques bons talents.
LISETTE.
Je ne sais ce que c'est que de flatter les gens.
ÉRASTE.
Vous avez très grand tort de parler de la sorte;
Je voudrois me porter comme monsieur se porte.
Il veut se marier ; et n'a-t-il pas raison
D'avoir un héritier, s'il peut, de sa façon?
Quoi! refusera-t-il une aimable personne
Que son heureux destin lui réserve et lui donne?
Ah! le ciel m'est témoin si je voudrois jamais
De sort plus glorieux pour combler mes souhaits!
ISABELLE.
Vous me conseillez donc de conclure l'affaire?
ÉRASTE.
Je crois qu'en vérité vous ne sauriez mieux faire.
ISABELLE.
Vos conseils amoureux et vos rares avis,
Puisque vous le voulez, monsieur, seront suivis.
Mme ARGANTE.
Ma fille sait toujours obéir quand j'ordonne.

ÉRASTE.

Oui, je vous soutiens, moi, qu'une jeune personne,
Malgré sa répugnance et l'orgueil de ses sens,
Doit suivre aveuglément le choix de ses parents;
Et mon oncle, après tout, n'a pas un si grand âge,
A devoir renoncer encore au mariage;
Et soixante et huit ans, est-ce un si grand déclin,
Pour....

GÉRONTE.

Je ne les aurai qu'à la Saint-Jean prochain.

LISETTE.

Il a souffert le choc de deux apoplexies,
Qui ne sont, par bonheur, que deux paralysies;
Et tous les médecins qui connoissent ses maux
Ont juré Galien, qu'à son retour des eaux,
Il n'auroit sûrement ni goutte sciatique,
Ni gravelle, ni point, ni toux, ni néphrétique.

GÉRONTE.

Ils m'ont même assuré que, dans fort peu de temps,
Je pourrois de mon chef avoir quelques enfants.

LISETTE.

Je ne suis médecin non plus qu'apothicaire,
Et je jurerois, moi, cependant du contraire.

GÉRONTE, bas, à Lisette.

Lisette, le remède agit à certain point....

LISETTE.

Et dussiez-vous crever, ne le témoignez point.

ÉRASTE.

Mon oncle, qu'avez-vous ? vous changez de visage.

ACTE I, SCENE VII.

GÉRONTE.

Mon neveu, je n'y puis résister davantage.
Ah! ah!... madame, il faut que je vous dise adieu;
Certain devoir pressant m'appelle en certain lieu.

Mme ARGANTE.

De peur d'incommoder, nous vous cédons la place.

GÉRONTE.

Éraste, conduis-les. Excusez-moi, de grâce,
Si je ne puis rester plus long-temps avec vous.

(Il s'en va avec son laquais.)

SCÈNE VIII.

Mme ARGANTE, ISABELLE, ÉRASTE, LISETTE.

LISETTE, à Isabelle.

Madame, vous voyez le pouvoir de vos coups:
Un seul de vos regards, d'un mouvement facile,
Agite plus d'humeurs, détache plus de bile,
Opère plus en lui, dès la première fois,
Que les médicaments qu'il prend depuis six mois.
O pouvoir de l'amour!

Mme ARGANTE.

Adieu, je me retire.

ÉRASTE.

Madame, accordez-moi l'honneur de vous conduire.

SCÈNE IX.

LISETTE, seule.

Moi, je vais là-dedans vaquer à mon emploi ;
Le bon homme m'attend, et ne fait rien sans moi.
Pour le premier début d'une noce conclue,
Voilà, je vous l'avoue, une belle entrevue !

FIN DU PREMIER ACTE.

ACTE SECOND.

SCÈNE I.

Mme ARGANTE, ISABELLE, ÉRASTE.

Mme ARGANTE.

C'est trop nous retenir, laissez-nous donc partir.

ÉRASTE.

Je ne puis vous quitter ni vous laisser sortir
Que vous ne me flattiez d'un rayon d'espérance.

Mme ARGANTE.

Je voudrois vous pouvoir donner la préférence.

ÉRASTE.

Quoi ! vous aurez, madame, assez de cruauté
Pour conclure à mes yeux cet hymen projeté,
Après m'avoir promis la charmante Isabelle ?
Pourrai-je, sans mourir, me voir séparé d'elle ?

Mme ARGANTE.

Quand je vous la promis, vous me fîtes serment
Que votre oncle, en faveur de cet engagement,
Vous feroit de ses biens donation entière.
En épousant ma fille, il offre de le faire :
Ai-je tort ?

ÉRASTE, à Isabelle.

Vous, madame, y consentiriez-vous ?

ISABELLE.

Assurément, monsieur, il sera mon époux.
Et ne venez-vous pas de me dire vous-même
Qu'une fille, malgré la répugnance extrême
Qu'elle trouvoit à prendre un parti présenté,
Devoit de ses parents suivre la volonté ?

ÉRASTE.

Et ne voyez-vous pas que, par cet artifice,
Pour rompre ses projets, je flattois son caprice ?
Il est certains esprits qu'il faut prendre de biais,
Et que, heurtant de front, vous ne gagnez jamais.

(à madame Argante.)

Mon oncle est ainsi fait. L'intérêt peut-il faire
Que vous sacrifiiez une fille si chère ?

Mme ARGANTE.

Mais le bien qu'il lui fait....

ÉRASTE.

Donnez-moi votre foi
De rompre cet hymen ; et je vous promets, moi,
De tourner aujourd'hui son esprit de manière
Que les choses iront ainsi que je l'espère,
Et qu'il fera pour moi quelque heureux testament.

Mme ARGANTE.

S'il le fait, ma fille est à vous absolument.
Je vais d'un mot d'écrit lui mander que son âge,
Que sa frêle santé répugne au mariage ;
Que je serois bientôt cause de son trépas ;

ACTE II, SCENE I.

Que l'affaire est rompue, et qu'il n'y pense pas.

ISABELLE.

Je me fais d'obéir une joie infinie.

ÉRASTE.

Que mon sort est heureux! qu'il est digne d'envie!
Mais Lisette s'avance, et j'entends quelque bruit.

SCÈNE II.

LISETTE, Mme ARGANTE, ISABELLE, ÉRASTE.

ÉRASTE, à Lisette.

Comment mon oncle est-il?

LISETTE.

Le voilà qui me suit.

Mme ARGANTE, à Eraste.

Je vous laisse avec lui; pour moi, je me retire.
Mais, avant de partir, je vais là-bas écrire.
Vous, de votre côté, secondez mon ardeur.

ÉRASTE.

Le prix que j'en attends vous répond de mon cœur.

SCÈNE III.

ÉRASTE, LISETTE.

LISETTE.

Eh bien! vous souffrirez que votre oncle, à son âge,
Fasse, devant vos yeux, un si sot mariage;
Qu'il vous frustre d'un bien que vous devez avoir!

ÉRASTE.

Hélas ! ma pauvre enfant, j'en suis au désespoir.
Mais l'affaire n'est pas encore consommée,
Et son feu pourroit bien s'en aller en fumée.
La mère, en ma faveur, change de volonté,
Et va, d'un mot d'écrit entre nous concerté,
Remercier mon oncle, et lui faire comprendre
Qu'il est un peu trop vieux pour en faire son gendre.

LISETTE.

Je veux dans le complot entrer conjointement.
Et que deviendroit donc enfin le testament
Sur lequel nous fondons toutes nos espérances,
Et qui doit cimenter un jour nos alliances,
Et faire le bonheur d'Éraste et de Crispin ?
Il faut, par notre esprit, faire notre destin,
Et rompre absolument l'hymen qu'il prétend faire.
J'en ai fait dire un mot à son apothicaire ;
C'est un petit mutin, qui doit venir tantôt,
Et qui lui lavera la tête comme il faut.
Je ne veux pas rester dans une nonchalance
Qu'il faut laisser aux sots. Mais Géronte s'avance.

SCÈNE IV.

GÉRONTE, ÉRASTE, LISETTE, LE LAQUAIS.

GÉRONTE.

MA colique m'a pris assez mal à propos ;
Je n'ai senti jamais à la fois tant de maux.

ACTE II, SCENE IV.

N'ont-elles point été justement irritées
De ce que je les ai si brusquement quittées?

ÉRASTE.

On sait que d'un malade on doit excuser tout.

LISETTE.

Monsieur a fait pour vous les honneurs jusqu'au bout :
Je dirai cependant qu'en entrant en matière,
Vous n'avez pas là fait un beau préliminaire.

ÉRASTE.

Mon oncle fera mieux une seconde fois :
Suffit qu'en épousant il ait fait un bon choix.

GÉRONTE.

Il est vrai. Cependant j'ai quelque répugnance
De songer, à mon âge, à faire une alliance :
Mais, puisque j'ai promis....

LISETTE.

Ne vous contraignez point;
On n'est pas aujourd'hui scrupuleux sur ce point.
Monsieur acquittera la parole donnée.

GÉRONTE.

Le sort en est jeté, suivons ma destinée.
Je voudrois inventer quelque petit cadeau
Qui coûtât peu d'argent, et qui parût nouveau.

ÉRASTE.

Reposez-vous sur moi des soins de cette fête,
Des habits, du repas qu'il faut que l'on apprête :
J'ordonne sur ce point bien mieux qu'un médecin.

GÉRONTE.

Ne va pas m'embarquer dans un si grand festin.

LISETTE.

Il faut que l'abondance, avec soin répandue,
Puisse nous racquitter de votre triste vue :
Il faut entendre aussi ronfler les violons ;
Et je veux avec vous danser les cotillons.

GÉRONTE.

Je valois, dans mon temps, mon prix tout comme un autre.

LISETTE, à part.

Cela fait que bien peu vous valez dans le nôtre.

SCÈNE V.

UN LAQUAIS de madame Argante, GÉRONTE, ÉRASTE, LISETTE, LE LAQUAIS de Géronte.

LE LAQUAIS de madame Argante.

MA maîtresse, qui sort dans ce moment d'ici,
M'a dit de vous donner le billet que voici.

GÉRONTE, prenant le billet.

Pour ma santé, sans doute, elles sont inquiètes.
Lisons. Va me chercher, Lisette, mes lunettes.

LISETTE.

Cela vaut-il le soin de vous tant préparer ?
Donnez-moi le billet, je vais le déchiffrer.

(Elle lit.)

« Depuis notre entrevue, monsieur, j'ai fait ré-
« flexion sur le mariage proposé, et je trouve qu'il
« ne convient ni à l'un ni à l'autre ; ainsi vous trou-
« verez bon, s'il vous plaît, qu'en vous rendant votre

ACTE II, SCENE V.

« parole, je retire la mienne, et que je sois votre
« très humble et très obéissante servante,

« ARGANTE.

« Et plus bas,

« ISABELLE. »

Vous pouvez maintenant, sans que l'on vous punisse,
Vous retirer chez vous, et quitter le service;
Voilà votre congé bien signé.

GÉRONTE.

Mon neveu,
Que dis-tu de cela?

ÉRASTE.

Je m'en étonne peu.
Mais, sans vous arrêter à cet écrit frivole,
Il faut les obliger à tenir leur parole.

GÉRONTE.

Je me garderai bien de suivre ton avis,
Et d'un plaisir soudain tous mes sens sont ravis.
Je ne sais pas comment, ennemi de moi-même,
Je me précipitois dans ce péril extrême:
Un sort à cet hymen m'entraînoit malgré moi,
Et point du tout l'amour.

LISETTE.

Sans jurer, je le croi.
Que diantre voulez-vous que l'amour aille faire
Dans un corps moribond, à ses feux si contraire?
Ira-t-il se loger avec des fluxions,
Des catarrhes, des toux, et des obstructions?

GÉRONTE, au laquais de madame Argante.

Attends un peu là-bas, et que rien ne te presse ;
Je vais faire, à l'instant, réponse à ta maîtresse.

(Le laquais de madame Argante sort.)

SCÈNE VI.

GÉRONTE, ÉRASTE, LISETTE, LE LAQUAIS de Géronte.

GÉRONTE.

Voyez comme je prends promptement mon parti !
De l'hymen tout d'un coup me voilà départi.

LISETTE.

Il faut chanter, monsieur, votre nom par la ville.
Voilà ce qui s'appelle une action virile.

ÉRASTE.

C'étoit témérité, dans l'âge où vous voilà,
Malsain, fiévreux, goutteux, et pis que tout cela,
De prendre femme, et faire, en un jour si célèbre,
Du flambeau de l'hymen une torche funèbre.

GÉRONTE.

Mais tu louois tantôt mon dessein et mes feux.

ÉRASTE.

Tantôt vous faisiez bien, et maintenant bien mieux.

GÉRONTE.

Puisque je suis tranquille, et qu'un conseil plus sage
Me guérit des vapeurs d'amour, de mariage,
Je veux mettre ordre au bien que j'ai reçu du ciel,

Et faire en ta faveur un legs universel
Par un bon testament.

ÉRASTE.

Ah, monsieur! je vous prie,
Épargnez cette idée à mon âme attendrie :
Je ne puis, sans soupir, vous ouïr prononcer
Le mot de testament ; il semble m'annoncer,
Avant qu'il soit long-temps, le sort qui doit le suivre,
Et le malheur auquel je ne pourrai survivre :
Je frémis, quand je pense à ce moment cruel.

GÉRONTE.

Tant mieux ; c'est un effet de ton bon naturel.
Je veux donc te nommer mon légataire unique.
J'ai deux parents encor pour qui le sang s'explique :
L'un est fils de mon frère [1], et tu sais bien son nom,
Gentilhomme normand, assez gueux, ce dit-on ;
Et l'autre est une veuve avec peu de richesse,
La fille de ma sœur, par conséquent ma nièce,
Qui jadis dans le Maine épousa, quoique vieux,
Certain baron qui n'eut pour bien que ses aïeux.
Je veux donc, en faveur de l'amitié sincère
Qu'autrefois je portois à leur père, à leur mère,

[1] Cette leçon est conforme à toutes les anciennes éditions que j'ai consultées. Plusieurs autres éditions modernes offrent la variante suivante :

L'un est fils de *ma sœur*....

La comédie du *Légataire* est une de celles dont le texte original a éprouvé le plus d'altérations. J'ai rétabli ce texte dans son exactitude primitive, sans mentionner les variantes des différents éditeurs. (G. A. C.)

Leur laisser à chacun vingt mille écus comptant.

LISETTE.

Vingt mille écus ! Le legs seroit exorbitant.
Un neveu bas-normand, une nièce du Maine,
Pour acheter chez eux des procès par douzaine,
Jouiront, pour plaider, d'un bien comme cela !
Fi ! c'est trop des trois quarts pour ces deux cancres-là.

GÉRONTE.

Je ne les vis jamais; ce que je puis vous dire,
C'est qu'ils se sont tous deux avisés de m'écrire
Qu'ils vouloient à Paris venir dans peu de temps,
Pour me voir, m'embrasser, et retourner contents.
Je crois que tu n'es pas fâché que je leur laisse
De quoi vivre à leur aise, et soutenir noblesse.

ÉRASTE.

N'êtes-vous pas, monsieur, maître de votre bien ?
Tout ce que vous ferez, je le trouverai bien.

LISETTE.

Et moi, je trouve mal cette dernière clause;
Et de tout mon pouvoir à ce legs je m'oppose.
Mais vous ne songez pas que le laquais attend.

GÉRONTE.

Je vais l'expédier, et reviens à l'instant.

LISETTE.

Avez-vous oublié qu'une paralysie
S'est de votre bras droit depuis un mois saisie,
Et que vous ne sauriez écrire ni signer ?

GÉRONTE.

Il est vrai : mon neveu viendra m'accompagner;

ACTE II, SCENE VI.

Et je vais lui dicter une lettre d'un style
Qui de madame Argante émouvra[1] la bile;
J'en suis bien assuré. Viens, Éraste; suis-moi.
####### ÉRASTE.
Vous obéir, monsieur, est ma suprême loi.

SCÈNE VII.

LISETTE, seule.

Nos affaires vont prendre une face nouvelle,
Et la fortune enfin nous rit et nous appelle.

SCÈNE VIII.

CRISPIN, LISETTE.

####### LISETTE.
Ah! te voilà, Crispin! et d'où diantre viens-tu?
####### CRISPIN.
Ma foi, pour te servir j'ai diablement couru;
Ces notaires sont gens d'approche difficile.
L'un n'étoit pas chez lui, l'autre étoit par la ville.

---

[1] Il manque une syllabe à ce vers, parce que, dans l'édition originale, on a imprimé *émouvera* pour rendre le vers complet. L'édition de 1731, comme toutes celles qui l'ont suivie, porte *échauffera*, qui remplit la mesure, sans exprimer tout-à-fait la même idée. Regnard se montre assez souvent indépendant des règles grammaticales pour que j'aie cru devoir laisser incorrect, dans le texte, ce mot qui appartient à l'auteur. (G. A. C.)

Je les ai déterrés où l'on m'avoit instruit,
Dans un jardin, à table, en un petit réduit,
Avec dames qui m'ont paru de bonne mine.
Je crois qu'ils passoient là quelque acte à la sourdine.
Mais dans une heure au plus ils seront ici.

LISETTE.

Bon.
Sais-tu pourquoi Géronte ici les mandoit?

CRISPIN.

Non.

LISETTE.

Pour faire son contrat de mariage.

CRISPIN.

Oh, diable!
A son âge, il voudroit nous faire un tour semblable!

LISETTE.

Pour Isabelle, un trait décoché par l'Amour
Avoit, ma foi, percé son pauvre cœur à jour;
Et, frustrant des neveux l'espérance uniforme,
Lui-même il vouloit faire un héritier en forme :
Mais le ciel, par bonheur, en ordonne autrement;
Il pense maintenant à faire un testament
Où ton maître sera nommé son légataire.

CRISPIN.

Pour lui, comme pour nous, il ne pouvoit mieux faire.
La nouvelle est trop bonne; il faut qu'en sa faveur
Je t'embrasse et rembrasse, et, ma foi, de bon cœur;
Et qu'un épanchement de joie et de tendresse,
En te congratulant.... L'amour qui m'intéresse....

ACTE II, SCENE VIII.

La nouvelle est charmante, et vaut seule un trésor.
Il faut, ma chère enfant, que je t'embrasse encor.

LISETTE.

Dans tes emportements sois sage et plus modeste.

CRISPIN.

Excuse si la joie emporte un peu le geste.

LISETTE.

Mais, comme en ce bas monde il n'est nuls biens parfaits,
Et que tout ne va pas au gré de nos souhaits,
Il met au testament une fâcheuse clause.

CRISPIN.

Hé, dis-moi, mon enfant, quelle est-elle?

LISETTE.

Il dispose
De son argent comptant quarante mille écus
Pour deux parents lointains, et qu'il n'a jamais vus.

CRISPIN.

Quarante mille écus d'argent sec et liquide!
De la succession voilà le plus solide.
C'est de l'argent comptant dont je fais plus de cas.
Vous en aurez menti, cela ne sera pas,
C'est moi qui vous le dis, mon cher monsieur Géronte;
Vous avez fait sans moi trop vite votre compte.
Et qui sont ces parents?

LISETTE.

L'un est un Bas-Normand
Gentilhomme, natif d'entre Falaise et Caen:
L'autre est une baronne et veuve sans douaire,
Qui dans le Maine fait sa demeure ordinaire,

Plaideuse s'il en fut, comme on m'a dit souvent,
Qui, de vingt-cinq procès, en perd trente par an.

CRISPIN.

C'est tirer du métier toute la quintessence.
Puisque pour les procès elle a si bonne chance,
Il faut lui faire perdre encore celui-ci.

LISETTE.

L'un et l'autre bientôt arriveront ici.
Il faut, mon cher Crispin, tirer de ta cervelle,
Comme d'un arsenal, quelque ruse nouvelle
Qui déporte Géronte à leur faire ce legs.

CRISPIN.

A-t-il vu quelquefois ces deux parents?

LISETTE.

Jamais.
Il a su seulement, par une lettre écrite,
Qu'ils viendroient à Paris pour lui rendre visite.

CRISPIN.

Mon visage chez vous n'est-il point trop connu?

LISETTE.

Géronte, tu le sais, ne t'a presque point vu :
Et, pour te dire vrai, je suis persuadée
Qu'il n'a de ta figure encore nulle idée.

CRISPIN.

Bon. Mon maître sait-il ce dangereux projet,
L'intention de l'oncle, et le tort qu'on lui fait?

LISETTE.

Il ne le sait que trop : dans son cœur il enrage,
Et voudroit que quelqu'un détournât cet orage.

ACTE II, SCENE VIII.

CRISPIN.

Je serai ce quelqu'un, je te le promets bien.
De la succession les parents n'auront rien;
Et je veux que Géronte à tel point les haïsse,
Qu'ils soient déshérités; de plus, qu'il les maudisse,
Eux et leurs descendants à perpétuité,
Et tous les rejetons de leur postérité.

LISETTE.

Quoi ! tu pourrois, Crispin....

CRISPIN.

Va, demeure tranquille;
Le prix qui m'est promis me rendra tout facile :
Car je dois t'épouser, si....

LISETTE.

D'accord.... mais enfin....

CRISPIN.

Comment donc !

LISETTE.

Tu m'as l'air d'être un peu libertin.

CRISPIN.

Ne nous reprochons rien.

LISETTE.

On sait de tes fredaines.

CRISPIN.

Nous sommes but à but, ne sais-je point des tiennes ?

LISETTE.

Tu dois de tous côtés, et tu devras long-temps.

CRISPIN.

J'ai cela de commun avec d'honnêtes gens.

Mais enfin sur ce point à tort tu t'inquiètes ;
Le testament de l'oncle acquittera mes dettes ;
Et tel n'y pense pas qui doit payer pour moi.
Mais on vient.

LISETTE.

C'est Géronte. Adieu ; sauve-toi.
Va m'attendre là-bas : dans peu j'irai t'instruire
De ce que pour ton rôle il faudra faire et dire.

CRISPIN.

Va, va, je sais déjà tout mon rôle par cœur ;
Les gens d'esprit n'ont point besoin de précepteur.

SCÈNE IX.

GÉRONTE, ÉRASTE, LISETTE.

GÉRONTE, tenant une lettre.

Je parle en cet écrit comme il faut à la mère :
Je voudrois que quelqu'un me contât la manière
Dont elle recevra mon petit compliment ;
Je crois qu'elle sera surprise assurément.

ÉRASTE.

Si vous voulez, monsieur, me charger de la lettre,
Moi-même entre ses mains je promets de la mettre,
Et de vous rapporter ce qu'elle m'aura dit,
Et ce qu'elle aura fait en lisant votre écrit.

GÉRONTE.

Cela sera-t-il bien que toi-même on te voie ?

ÉRASTE.

Vous ne sauriez, monsieur, me donner plus de joie.

ACTE II, SCENE IX.

GÉRONTE.

Dis-leur de bouche encor qu'elles ne pensent pas
A renouer l'hymen dont je fais peu de cas....

ÉRASTE.

De vos intentions je sais tout le mystère.

GÉRONTE.

Que je vais à l'instant te nommer légataire.
Te donner tout mon bien.

ÉRASTE.

     Je connois leur esprit,
Elles en crèveront toutes deux de dépit.
Demeurez en repos; je sais ce qu'il faut dire,
Et de notre entretien je reviens vous instruire.

SCÈNE X.

GÉRONTE, LISETTE.

GÉRONTE.

Oui, depuis que j'ai pris ce généreux dessein,
Je me sens de moitié plus léger et plus sain.

LISETTE.

Vous avez fait, monsieur, ce que vous deviez faire.
Mais j'aperçois quelqu'un.

SCÈNE XI.

M. CLISTOREL, GÉRONTE, LISETTE.

LISETTE.

C'est votre apothicaire, Monsieur Clistorel.

GÉRONTE, à Clistorel.

Ah! Dieu vous garde en ces lieux!
Je suis, quand je vous vois, plus vif et plus joyeux.

CLISTOREL, fâché.

Bonjour, monsieur, bonjour.

GÉRONTE.

Si je m'y puis connoître, Vous paroissez fâché. Quoi!

CLISTOREL.

J'ai raison de l'être.

GÉRONTE.

Qui vous a mis si fort la bile en mouvement?

CLISTOREL.

Qui me l'a mise?

GÉRONTE.

Oui.

CLISTOREL.

Vos sottises.

GÉRONTE.

Comment?

CLISTOREL.

Je viens, vraiment, d'apprendre une belle nouvelle,

Qui me réjouit fort.
GÉRONTE.
Eh! monsieur, quelle est-elle?
CLISTOREL.
N'avez-vous point de honte, à l'âge où vous voilà,
De faire extravagance égale à celle-là?
GÉRONTE.
De quoi s'agit-il donc?
CLISTOREL.
Il vous faudroit encore,
Malgré vos cheveux gris, quelques grains d'ellébore.
On m'a dit par la ville, et c'est un fait certain,
Que de vous marier vous formez le dessein.
LISETTE.
Quoi! ce n'est que cela?
CLISTOREL.
Comment donc! dans la vie,
Peut-on faire jamais de plus haute folie?
GÉRONTE.
Et quand cela seroit : pourquoi vous récrier,
Vous que depuis un mois on vit remarier?
CLISTOREL.
Vraiment, c'est bien de même! Avez-vous le courage
Et la mâle vigueur requise en mariage?
Je vous trouve plaisant! et vous avez raison
De faire avecque moi quelque comparaison!
J'ai fait quatorze enfants à ma première femme,
Madame Clistorel (Dieu veuille avoir son âme!);
Et, si dans mes travaux la mort ne me surprend,

J'espère à la seconde en faire encore autant.
LISETTE.
Ce sera très bien fait.
CLISTOREL.
Votre corps cacochyme
N'est point fait, croyez-moi, pour ce genre d'escrime.
J'ai lu dans Hippocrate, il n'importe en quel lieu,
Un aphorisme sûr ; il n'est point de milieu :
« Tout vieillard qui prend fille alerte et trop fringante,
« De son propre couteau sur ses jours il attente. »
Virgo libidinosa senem jugulat.
LISETTE.
Quoi ! monsieur Clistorel, vous savez du latin !
Vous pourriez, dans un jour, vous faire médecin.
CLISTOREL.
Moi ! le ciel m'en préserve ! et ce sont tous des ânes,
Ou du moins les trois quarts : ils m'ont fait cent chicanes
Au procès qu'ils nous ont sottement intenté ;
Moi seul j'ai fait bouquer toute la Faculté.
Ils vouloient obliger tous les apothicaires
A faire et mettre en place eux-mêmes leurs clystères,
Et que tous nos garçons ne fussent qu'assistants.
LISETTE.
Fi donc ! ces médecins sont de plaisantes gens !
CLISTOREL.
Il m'auroit fait beau voir, avecque des lunettes,
Faire, en jeune apprenti, ces fonctions secrètes !
C'étoit, à soixante ans, nous mettre à l'ABC.
Voyez, pour tout un corps quel affront c'eût été !

ACTE II, SCENE XI.

GÉRONTE.

Vous avez fort bien fait, dans cette procédure,
D'avoir jusques au bout soutenu la gageure.

CLISTOREL.

J'étois bien résolu, plutôt que de plier,
D'y manger ma boutique, et jusqu'à mon mortier.

LISETTE.

Leur dessein, en effet, étoit bien ridicule.

CLISTOREL.

Je suis, quand je m'y mets, plus têtu qu'une mule.

GÉRONTE.

C'est bien fait. Ces messieurs vouloient vous offenser :
Mais que vous ai-je fait, moi, pour vous courroucer ?

CLISTOREL.

Ce que vous m'avez fait ? Vous voulez prendre femme,
Pour crever ; et moi seul j'en aurai tout le blâme.
Prendre une femme, vous ! Allez, vous êtes fou.

GÉRONTE.

Monsieur....

CLISTOREL.

Il vaudroit mieux qu'on vous tordît le cou.

GÉRONTE.

Mais, monsieur....

CLISTOREL.

Prenez-moi de bonnes médecines,
Avec de bons sirops et drogues anodines ;
De bon catholicon....

GÉRONTE.

Monsieur....

CLISTOREL.

De bon séné,
De bon sel polychreste extrait et raffiné....

GÉRONTE.

Monsieur, un petit mot.

CLISTOREL.

De bon tartre émétique,
Quelque bon lavement fort et diurétique :
Voilà ce qu'il vous faut : mais une femme !...

GÉRONTE.

Mais....

CLISTOREL.

Ma boutique pour vous est fermée à jamais....
S'il lui falloit....

LISETTE.

Monsieur....

CLISTOREL.

Dans un péril extrême,
Le moindre lénitif, ou le moindre apozème,
Une goutte de miel, ou de décoction....
Je le verrois crever comme un vieux mousqueton.
O le beau jouvenceau, pour entrer en ménage !

LISETTE.

Mais, monsieur Clistorel....

CLISTOREL.

Le plaisant mariage !
Le beau petit mignon !

LISETTE.

Monsieur, écoutez-nous !

CLISTOREL.

Non, non, je ne veux plus de commerce avec vous.
Serviteur, serviteur.

SCÈNE XII.

GÉRONTE, LISETTE.

LISETTE.

Que le diable t'emporte!
Non, je ne vis jamais animal de la sorte :
A le bien mesurer, il n'est pas, que je crois,
Plus haut que sa seringue, et glapit comme trois.
Ces petits avortons ont tous l'humeur mutine.

GÉRONTE.

Il ne reviendra plus ; son départ me chagrine.

LISETTE.

Pour un, vous en aurez mille tout à la fois.
Un de mes bons amis, dont il faut faire choix,
Qui s'est fait, depuis peu, passer apothicaire,
M'a promis qu'à bon prix il feroit votre affaire ;
Et qu'il auroit pour vous quelque sirop à part,
Casse, séné, rhubarbe, et le tout de hasard,
Qui fera plus d'effet et de meilleur ouvrage,
Que ce qu'on vous vendoit quatre fois davantage.

GÉRONTE.

Fais-le-moi donc venir.

LISETTE.

Je n'y manquerai pas.

GÉRONTE.

Allons nous reposer. Lisette, suis mes pas.
Ce monsieur Clistorel m'a tout ému la bile.

LISETTE.

Souvenez-vous toujours, quand vous serez tranquille,
Dans votre testament de me faire du bien.

GÉRONTE.

(bas, à part.)

Je t'en ferai, pourvu qu'il ne m'en coûte rien.

FIN DU SECOND ACTE.

ACTE TROISIÈME.

SCÈNE I.

GÉRONTE, LISETTE.

GÉRONTE.

Éraste ne vient point me rendre de réponse.
Qu'est-ce que ce délai me prédit et m'annonce?

LISETTE.

Et pourquoi, s'il vous plaît, vous inquiéter tant?
Suffit que vous devez être de vous content:
Vous n'avez jamais fait rien de plus héroïque
Que de rompre un hymen aussi tragi-comique.

GÉRONTE.

Je suis content de moi dans cette occasion,
Et monsieur Clistorel a fort bonne raison.
C'étoit, la pierre au cou, la tête la première,
M'aller précipiter au fond de la rivière.

LISETTE.

Bon! c'étoit cent fois pis encor que tout cela.
Mais enfin tout va bien.

SCÈNE II.

CRISPIN, en gentilhomme campagnard, GÉRONTE, LISETTE.

CRISPIN, dehors, heurtant.

Hola, quelqu'un, holà !
Tout est-il mort ici, laquais, valet, servante ?
J'ai beau heurter, crier, aucun ne se présente.
Le diable puisse-t-il emporter la maison !

LISETTE.

Eh ! qui diantre chez nous heurte de la façon ?
(Elle ouvre.)
Que voulez-vous, monsieur ? quel démon vous agite ?
Vient-on chez un malade ainsi rendre visite ?
(à part.)
Dieu me pardonne ! c'est Crispin ; c'est lui, ma foi !

CRISPIN, bas, à Lisette.

Tu ne te trompes pas, ma chère enfant ; c'est moi.
(haut.)
Bonjour, bonjour, la fille. On m'a dit par la ville
Qu'un Géronte en ce lieu tenoit son domicile ;
Pourroit-on lui parler ?

LISETTE.

Pourquoi non ? Le voilà.

CRISPIN, lui secouant le bras.

Parbleu, j'en suis bien aise. Ah, monsieur ! touchez là.
Je suis votre valet, ou le diable m'emporte.
Touchez là derechef. Le plaisir me transporte

ACTE III, SCENE II.

Au point que je ne puis assez vous le montrer.
GÉRONTE.
Cet homme assurément prétend me démembrer.
CRISPIN.
Vous paroissez surpris autant qu'on le peut être.
Je vois que vous avez peine à me reconnoître ;
Mes traits vous sont nouveaux : savez-vous bien pourquoi ?
C'est que vous ne m'avez jamais vu.
GÉRONTE.
                            Je le croi.
CRISPIN.
Mais feu monsieur mon père, Alexandre Choupille,
Gentilhomme normand, prit pour femme une fille
Qui fut, à ce qu'on dit, votre sœur autrefois,
Et qui me mit au jour au bout de quatre mois.
Mon père se fâcha de cette diligence ;
Mais un ami sensé lui dit, en confidence,
Qu'il est vrai que ma mère, en faisant ses enfants,
N'observoit pas encore assez l'ordre des temps ;
Mais qu'aux femmes l'erreur n'étoit pas inouïe,
Et qu'elle ne manquoit qu'à la chronologie.
GÉRONTE.
A la chronologie !
LISETTE.
                Une femme, en effet,
Ne peut pas calculer comme un homme auroit fait.
CRISPIN.
Or donc cette femelle, à concevoir si prompte,
Qu'à tout considérer quelquefois j'en ai honte,

En me mettant au jour, soit disgrâce ou faveur,
M'a fait votre neveu, puisqu'elle est votre sœur.

GÉRONTE.

Apprenez, mon neveu, si par hasard vous l'êtes,
Que vous êtes un sot, aux discours que vous faites.
Ma sœur fut sage; et nul ne peut lui reprocher
Que jamais sur l'honneur on l'ait pu voir broncher.

CRISPIN.

Je le crois : cependant, tant qu'elle fut vivante,
On tient que sa vertu fut un peu chancelante.
Quoi qu'il en soit enfin, légitime ou bâtard,
Soit qu'on m'ait mis au monde ou trop tôt ou trop tard,
Je suis votre neveu, quoi qu'en dise l'envie;
De plus, votre héritier, venant de Normandie
Exprès pour recueillir votre succession.

GÉRONTE.

C'est bien fait; et je loue assez l'intention.
Quand vous en allez-vous?

CRISPIN.

                Voudriez-vous me suivre?
Cela dépend du temps que vous avez à vivre.
Mon oncle, soyez sûr que je ne partirai
Qu'après vous avoir vu, bien cloué, bien muré,
Dans quatre ais de sapin reposer à votre aise.

LISETTE, bas, à Géronte.

Vous avez un neveu, monsieur, ne vous déplaise,
Qui dit ses sentiments en pleine liberté.

GÉRONTE, bas, à Lisette.

A te dire le vrai, j'en suis épouvanté.

CRISPIN.

Je suis persuadé, de l'humeur dont vous êtes,
Que la succession sera des plus complètes,
Que je vais manier de l'or à pleine main;
Car vous êtes, dit-on, un avare, un vilain.
Je sais que, pour un sou, d'une ardeur héroïque
Vous vous feriez fesser dans la place publique.
Vous avez, dit-on même, acquis, en plus d'un lieu,
Le titre d'usurier et de fesse-mathieu.

GÉRONTE.

Savez-vous, mon neveu, qui tenez ce langage,
Que, si de mes deux bras j'avois encor l'usage,
Je vous ferois sortir par la fenêtre.

CRISPIN.

Moi?

GÉRONTE.

Oui, vous; et, dans l'instant, sortez.

CRISPIN.

Ah! par ma foi,
Je vous trouve plaisant de parler de la sorte!
C'est à vous de sortir et de passer la porte.
La maison m'appartient : ce que je puis souffrir,
C'est de vous y laisser encor vivre et mourir.

LISETTE.

Ah, ciel! quel garnement!

GÉRONTE, bas.

Où suis-je?

CRISPIN.

Allons, ma mie,

Au bel appartement mène-moi, je te prie.
Est-il voisin du tien ? Je te trouve à mon gré ;
Et nous pourrons, la nuit, converser de plain-pied.
Bonne chère, grand feu : que la cave enfoncée
Nous fournisse, à pleins brocs, une liqueur aisée :
Fais main-basse sur tout ; le bon homme a bon dos,
Et l'on peut hardiment le ronger jusqu'aux os.
Mon oncle, pour ce soir il me faut, je vous prie,
Cent louis neufs comptant, en avance d'hoirie ;
Sinon, demain matin, si vous le trouvez bon,
Je mettrai, de ma main, le feu dans la maison.

GÉRONTE, à part.

Grands dieux ! vit-on jamais insolence semblable ?

LISETTE, bas, à Géronte.

Ce n'est pas un neveu, monsieur ; mais c'est un diable.
Pour le faire sortir employez la douceur.

GÉRONTE.

Mon neveu, c'est à tort qu'avec tant de hauteur
Vous venez tourmenter un oncle à l'agonie ;
En repos laissez-moi finir ma triste vie,
Et vous hériterez au jour de mon trépas.

CRISPIN.

D'accord. Mais quand viendra ce jour ?

GÉRONTE.

A chaque pas
L'impitoyable mort s'obstine à me poursuivre ;
Et je n'ai, tout au plus, que quatre jours à vivre.

CRISPIN.

Je vous en donne six ; mais après, ventrebleu,

ACTE III, SCENE II.

N'allez pas me manquer de parole, ou dans peu
Je vous fais enterrer mort ou vif. Je vous laisse.
Mon oncle, encore un coup, tenez votre promesse,
Ou je tiendrai la mienne.

SCÈNE III.

GÉRONTE, LISETTE.

LISETTE.

     Ah! quel homme voilà!
Quel neveu vos parents vous ont-ils donné là?

GÉRONTE.

Ce n'est point mon neveu; ma sœur étoit trop sage
Pour élever son fils dans un air si sauvage :
C'est un fieffé brutal, un homme des plus fous.

LISETTE.

Cependant, à le voir, il a quelque air de vous :
Dans ses yeux, dans ses traits, un je ne sais quoi brille;
Enfin, on s'aperçoit qu'il tient de la famille.

GÉRONTE.

Par ma foi, s'il en tient, il lui fait peu d'honneur.
Ah! le vilain parent!

LISETTE.

    Et vous auriez le cœur
De laisser votre bien, une si belle somme,
Vingt mille écus comptant, à ce beau gentilhomme?

GÉRONTE.

Moi, lui laisser mon bien! J'aimerois mieux cent fois

L'enterrer pour jamais.

LISETTE.

Ma foi, je m'aperçois
Que monsieur le neveu, si j'en crois mon présage,
N'aura pas trop gagné d'avoir fait son voyage,
Et que le pauvre diable, arrivé d'aujourd'hui,
Auroit aussi bien fait de demeurer chez lui.

GÉRONTE.

Si c'est sur mon bien seul qu'il fonde sa cuisine,
Je t'assure déjà qu'il mourra de famine,
Et qu'il n'aura pas lieu de rire à mes dépens.

LISETTE.

C'est fort bien fait : il faut apprendre à vivre aux gens.
Voilà comme sont faits tous ces neveux avides,
Qui ne peuvent cacher leurs naturels perfides :
Quand ils n'assomment pas un oncle assez âgé,
Ils prétendent encor qu'il leur est obligé.
Mais Éraste revient, et nous allons apprendre
Comment tout s'est passé.

SCÈNE IV.

ÉRASTE, GÉRONTE, LISETTE.

GÉRONTE.

Tu te fais bien attendre !
Tu m'as abandonné dans un grand embarras.
Un malheureux neveu m'est tombé sur les bras.

ÉRASTE.

Il vient de m'accoster là-bas tout hors d'haleine,

Et m'a dit en deux mots le sujet qui l'amène.
GÉRONTE.
Que dis-tu de ses airs?
ÉRASTE.
Je les trouve étonnants.
Il peste, il jure, il veut mettre le feu céans.
GÉRONTE.
J'aurois bien eu besoin ici de ta présence
Pour réprimer l'excès de son impertinence ;
Lisette en est témoin.
LISETTE.
Ah! le mauvais pendard,
A qui monsieur vouloit de son bien faire part !
GÉRONTE.
J'ai bien changé d'avis : je te donne parole
Qu'il n'aura de mon bien jamais la moindre obole.
ÉRASTE.
Je me suis acquitté de ma commission,
Et tout s'est fait au gré de notre intention.
Votre lettre a produit un effet qui m'enchante.
On a montré d'abord une âme indifférente ;
D'un faux air de mépris voulant couvrir leur jeu,
Elles me paroissoient s'en soucier fort peu :
Mais quand je leur ai dit que vous vouliez me faire
Aujourd'hui de vos biens unique légataire,
(Car vous m'avez prescrit de parler sur ce ton....)
GÉRONTE.
Oui, je te l'ai promis ; c'est mon intention.
ÉRASTE.
Elles ont toutes deux témoigné des surprises

Dont elles ne seront de six mois bien remises.

GÉRONTE.
J'en suis persuadé.

ÉRASTE.
Mais écoutez ceci,
Qui doit bien vous surprendre, et m'a surpris aussi ;
C'est que madame Argante, aimant votre famille,
M'a proposé, tout franc, de me donner sa fille,
Et d'acquitter ainsi, par un commun égard,
La parole donnée et d'une et d'autre part.

GÉRONTE.
Et qu'as-tu su répondre à ces belles pensées ?

ÉRASTE.
Que je ne voulois point aller sur vos brisées,
Sans avoir, sur ce point, su votre sentiment,
Et de plus, obtenu votre consentement.

GÉRONTE.
Ne t'embarrasse point encor de mariage.
Que mon exemple ici serve à te rendre sage.

LISETTE.
Moi, j'approuverois fort cet hymen et ce choix :
Il est tel qu'il le faut, et j'y donne ma voix.
Il convient à monsieur de suivre cette envie,
Non à vous, qui devez renoncer à la vie.

GÉRONTE.
A la vie ! Et pourquoi ? Suis-je mort, s'il vous plaît ?

LISETTE.
Je ne sais pas, monsieur, au vrai ce qu'il en est ;
Mais tout le monde croit, à votre air triste et sombre,
Qu'errant près du tombeau, vous n'êtes plus qu'une ombre,

Et que, pour des raisons qui vous font différer,
Vous ne vous êtes pas encor fait enterrer.

GÉRONTE.

Avec de tels discours et ton air d'insolence,
Tu pourrois, à la fin, lasser ma patience.

LISETTE.

Je ne sais point, monsieur, farder la vérité,
Et dis ce que je pense avecque liberté.

SCÈNE V.

Le Laquais, GÉRONTE, ÉRASTE, LISETTE.

LE LAQUAIS.

Une dame, là-bas, monsieur, avec sa suite,
Qui porte le grand deuil, vient vous rendre visite,
Et se dit votre nièce.

GÉRONTE.

Encore des parents!

LE LAQUAIS.

La ferai-je monter?

GÉRONTE.

Non, je te le défends.

LISETTE.

Gardez-vous bien, monsieur, d'en user de la sorte;
Et vous ne devez pas lui refuser la porte.

(au Laquais.)

Va-t'en la faire entrer.

SCÈNE VI.

GÉRONTE, ÉRASTE, LISETTE.

LISETTE, à Géronte.

Contraignez-vous un peu :
La nièce aura l'esprit mieux fait que le neveu.
Entre tant de parents, ce seroit bien le diable
S'il ne s'en trouvoit pas quelqu'un de raisonnable.

SCÈNE VII.

CRISPIN en veuve, un petit dragon lui portant la queue; GÉRONTE, ÉRASTE, LISETTE, LE LAQUAIS de Géronte.

CRISPIN fait des révérences au Laquais de Géronte qui lui ouvre la porte. Le petit dragon sort.

(à Géronte.)
Permettez, s'il vous plaît, que cet embrassement
Vous témoigne ma joie et mon ravissement :
Je vois un oncle enfin, mais un oncle que j'aime,
Et que j'honore aussi cent fois plus que moi-même.

LISETTE, bas, à Éraste.
Monsieur, c'est là Crispin.

ÉRASTE, bas, à Lisette.

C'est lui, je le sais bien;
Nous avons eu là-bas un moment d'entretien.

GÉRONTE, à Éraste.
Elle a de la douceur et de la politesse.

Qu'on donne promptement un fauteuil à ma nièce.

CRISPIN, au Laquais de Géronte.

Ne bougez, s'il vous plaît; le respect m'interdit.

(à Géronte, avec le ton du respect.)

Un fauteuil près mon oncle! Un tabouret suffit.

(Le Laquais donne un tabouret à Crispin.)

GÉRONTE.

Je suis assez content déjà de la parente.

ÉRASTE.

Elle sait vraiment vivre, et sa taille est charmante.

(Le Laquais donne un fauteuil à Géronte, une chaise à Éraste, un tabouret à Lisette, et sort.)

SCÈNE VIII.

GÉRONTE, CRISPIN, en veuve, ÉRASTE, LISETTE.

CRISPIN.

Fi donc! vous vous moquez, je suis à faire peur.
Je n'avois autrefois que cela de grosseur;
Mais vous savez l'effet d'un fécond [1] mariage,
Et ce que c'est d'avoir des enfants en bas âge:
Cela gâte la taille, et furieusement.

---

[1] On lit dans plusieurs éditions *second mariage*. Dans l'édition des OEuvres de Destouches, j'ai déjà cité l'exemple d'un mot *fou* qui a été pris pour celui de *fou*, à cause de l'*ſ* long des anciens types. Le mot *fécond* a donné lieu ici à la même méprise.

(G. A. C.)

LISETTE.
Vous passeriez encor pour fille assurément.
CRISPIN.
J'ai fait du mariage une assez triste épreuve.
A vingt ans mon mari m'a laissé mère et veuve.
Vous vous doutez assez qu'après ce prompt trépas,
Et faite comme on est, ayant quelques appas,
On auroit pu trouver à convoler de reste;
Mais du pauvre défunt la mémoire funeste
M'oblige à dévorer en secret mes ennuis.
J'ai bien de fâcheux jours, et de plus dures nuits :
Mais d'un veuvage affreux les tristes insomnies
Ne m'arracheront point de noires perfidies;
Et je veux chez les morts emporter, si je peux,
Un cœur qui ne brûla que de ses premiers feux.
ÉRASTE.
On ne poussa jamais plus loin la foi promise.
Voilà des sentiments dignes d'une Artémise.
GÉRONTE, à Crispin.
Votre époux, vous laissant mère et veuve à vingt ans,
Ne vous a pas laissé, je crois, beaucoup d'enfants.
CRISPIN.
Rien que neuf; mais, le cœur tout gonflé d'amertume,
Deux ans encore après j'accouchai d'un posthume.
LISETTE.
Deux ans après! voyez quelle fidélité!
On ne le croira pas dans la postérité.
GÉRONTE, à Crispin.
Peut-on vous demander, sans vous faire de peine,

ACTE III, SCENE VIII.

Quel sujet si pressant vous fait quitter le Maine?

CRISPIN.

Le désir de vous voir est mon premier objet;
De plus, certain procès qu'on m'a sottement fait,
Pour certain four banal sis en mon territoire.
Je propose d'abord un bon déclinatoire;
On passe outre : je forme empêchement formel;
Et, sans nuire à mon droit, j'anticipe l'appel.
La cause est au bailliage ainsi revendiquée :
On plaide, et je me trouve enfin interloquée!

LISETTE.

Interloquée! Ah, ciel! quel affront est-ce là!
Et vous avez souffert qu'on vous interloquât!
Une femme d'honneur se voir interloquée!

ÉRASTE.

Pourquoi donc de ce terme être si fort piquée?
C'est un mot du barreau.

LISETTE.

     C'est ce qu'il vous plaira;
Mais juge, de ses jours, ne m'interloquera :
Le mot est immodeste, et le terme m'en choque;
Et je ne veux jamais souffrir qu'on m'interloque.

GÉRONTE, à Crispin.

Elle est folle, et souvent il lui prend des accès....
Elle ne parle pas si bien que vous procès.

CRISPIN.

Ce procès n'est pas seul le sujet qui m'amène,
Et qui m'a fait quitter si brusquement le Maine.
Ayant appris, monsieur, par gens dignes de foi,

Qui m'ont fait un récit de vous, et que je croi,
Que vous étiez un homme atteint de plus d'un vice,
Un ivrogne, un joueur....

ÉRASTE.

Comment donc? Quel caprice!

CRISPIN.

Qui hantiez certains lieux et le jour et la nuit,
Où l'honnêteté souffre et la pudeur gémit....

GÉRONTE.

Est-ce à moi, s'il vous plaît, que ce discours s'adresse?

CRISPIN.

Oui, mon oncle, à vous-même. A-t-il rien qui vous blesse,
Puisqu'il est copié d'après la vérité?

GÉRONTE, à part.

Je ne sais où j'en suis.

CRISPIN.

On m'a même ajouté
Que, depuis très long-temps, avec mademoiselle,
Vous meniez une vie indigne et criminelle,
Et que vous en aviez déjà plusieurs enfants.

LISETTE.

Avec moi! juste ciel! voyez les médisants!
De quoi se mêlent-ils? Est-ce là leur affaire?

GÉRONTE.

Je ne sais qui retient l'effet de ma colère.

CRISPIN.

Ainsi, sur le rapport de mille honnêtes gens,
Nous avons fait, monsieur, assembler vos parents;
Et pour vous empêcher, dans ce désordre extrême,

ACTE III, SCENE VIII.

De manger notre bien et vous perdre vous-même,
Nous avons résolu, d'une commune voix,
De vous faire interdire, en observant les lois.

GÉRONTE.

Moi, me faire interdire!

LISETTE.

              Ah ciel! quelle famille!

CRISPIN.

Nous savons votre vie avecque cette fille,
Et voulons empêcher qu'il ne vous soit permis
De faire un mariage un jour *in extremis*.

GÉRONTE, se levant.

Sortez d'ici, madame, et que de votre vie
D'y remettre le pied il ne vous prenne envie;
Sortez d'ici, vous dis-je, et sans vous arrêter....

CRISPIN.

Comment! battre une veuve et la violenter!
Au secours! aux voisins! au meurtre! on m'assassine.

GÉRONTE.

Voilà, je vous avoue, une grande coquine.

CRISPIN.

Quoi! contre votre sang vous osez blasphémer!
Cela peut bien aller à vous faire enfermer.

LISETTE.

Faire enfermer monsieur!

CRISPIN.

              Ne faites point la fière;
On peut aussi vous mettre à la Salpétrière.

LISETTE.

A la Salpétrière !

CRISPIN.

Oui ma mie, et sans bruit.
De vos déportements on n'est que trop instruit.

ÉRASTE.

Il faut développer le fond de ce mystère.
Que l'on m'aille à l'instant chercher un commissaire.

CRISPIN.

Un commissaire à moi ! Suis-je donc, s'il vous plaît,
Gibier à commissaire ?

ÉRASTE.

On verra ce que c'est ;
Et dans peu nous saurons, avec un tel tumulte,
Si l'on vient chez les gens ainsi leur faire insulte.
Vous, mon oncle, rentrez dans votre appartement ;
Je vous rendrai raison de tout dans un moment.

GÉRONTE.

Ouf ! ce jour-ci sera le dernier de ma vie.

LISETTE, à Crispin.

Misérable ! tu mets un oncle à l'agonie !
La mauvaise famille et du Maine et de Caen !
Oui, tous ces parents-là méritent le carcan.

SCÈNE IX.

ÉRASTE, CRISPIN.

ÉRASTE.
Est-il bien vrai, Crispin? et ton ardeur sincère....
CRISPIN.
Envoyez donc, monsieur, chercher un commissaire:
Je l'attends de pied ferme.
ÉRASTE.
Ah! juste ciel! c'est toi.
Je ne me trompe point.
CRISPIN.
Oui, ventrebleu, c'est moi.
Vous venez de me faire une rude algarade.
ÉRASTE.
Ta pudeur a souffert d'une telle incartade.
CRISPIN.
L'ardeur de vous servir m'a donné cet habit;
Et, comme vous voyez, mon projet réussit.
Avec de certains mots j'ai conjuré l'orage:
Ici de deux parents j'ai fait le personnage;
Et j'ai dit, en leur nom, de telles duretés,
Qu'ils seront, par ma foi, tous deux déshérités.
ÉRASTE.
Quoi!
CRISPIN.
Si vous m'aviez vu tantôt faire merveille,

En noble campagnard, le plumet sur l'oreille,
Avec un feutre gris, longue brette au côté,
Mon air de Bas-Normand vous auroit enchanté.
Mais il faut dire vrai, cette coiffe m'inspire
Plus d'intrépidité que je ne puis vous dire :
Avec cet attirail, j'ai vingt fois moins de peur;
L'adresse et l'artifice ont passé dans mon cœur.
Qu'on a, sous cet habit, et d'esprit et de ruse!

ÉRASTE.

Enfin de ses neveux l'oncle se désabuse ;
Il fait un testament qui doit combler mes vœux.
Est-il dans l'univers un mortel plus heureux ?

SCÈNE X.

ÉRASTE, CRISPIN, LISETTE.

LISETTE.

Ah, monsieur! apprenez un accident terrible ;
Monsieur Géronte est mort.

ÉRASTE.

      Ah ciel! est-il possible ?

CRISPIN.

Quoi! l'oncle de monsieur seroit défunt ?

LISETTE.

        Hélas!
Il ne vaut guère mieux, tant le pauvre homme est bas.
Arrivant dans sa chambre et se traînant à peine,
Il s'est mis sur son lit sans force et sans haleine ;
Et, roidissant les bras, la suffocation

ACTE III, SCENE X.

A tout d'un coup coupé la respiration;
Enfin il est tombé, malgré mon assistance,
Sans voix, sans sentiment, sans pouls, sans connoissance.

ÉRASTE.

Je suis au désespoir. C'est ce dernier transport
Où tu l'as mis, Crispin, qui causera sa mort.

CRISPIN.

Moi, monsieur! de sa mort je ne suis point la cause;
Et le défunt, tout franc, a fort mal pris la chose.
Pourquoi se saisit-il si fort pour des discours?
J'en voulois à son bien, et non pas à ses jours.

ÉRASTE.

Ne désespérons point encore de sa vie;
Il tombe assez souvent dans une léthargie
Qui ressemble au trépas, et nous alarme fort.

LISETTE.

Ah, monsieur! pour le coup, il est à moitié mort;
Et moi, qui m'y connois, je dis qu'il faut qu'il meure,
Et qu'il ne peut jamais aller encore une heure.

ÉRASTE.

Ah! juste ciel! Crispin, quel triste événement!
Mon oncle mourra donc sans faire un testament;
Et je serai frustré, par cette mort cruelle,
De l'espoir d'obtenir la charmante Isabelle!
Fortune, je sens bien l'effet de ton courroux!

LISETTE.

C'est à moi de pleurer, et je perds plus que vous.

CRISPIN.

Allons, mes chers enfants, il faut agir de tête,

Et présenter un front digne de la tempête :
Il n'est pas temps ici de répandre des pleurs ;
Faisons voir un courage au-dessus des malheurs.

ÉRASTE.

Que nous sert le courage, et que pouvons-nous faire ?

CRISPIN.

Il faut premièrement, d'une ardeur salutaire,
Courir au coffre-fort, sonder les cabinets,
Démeubler la maison, s'emparer des effets.
Lisette, quelque temps tiens la bouche cousue,
Si tu peux : va fermer la porte de la rue ;
Empare-toi des clefs, de peur d'invasion.

LISETTE.

Personne n'entrera sans ma permission.

CRISPIN.

Que l'ardeur du butin et d'un riche pillage
N'emporte pas trop loin votre bouillant courage ;
Surtout, dans l'action, gardons le jugement.
Le sort conspire en vain contre le testament :
Plutôt que tant de bien passe en des mains profanes,
De Géronte défunt j'évoquerai les mânes ;
Et vous aurez pour vous, malgré les envieux,
Et Lisette, et Crispin, et l'enfer, et les dieux.

FIN DU TROISIÈME ACTE.

ACTE QUATRIÈME.

SCÈNE I.

ÉRASTE, CRISPIN.

ÉRASTE, *tenant le portefeuille de Géronte.*

Ah! mon pauvre Crispin, je perds toute espérance.
Mon oncle ne sauroit reprendre connoissance :
L'art et les médecins sont ici superflus ;
Le pauvre homme n'a pas à vivre une heure au plus.
Le legs universel qu'il prétendoit me faire,
Comme tu vois, Crispin, ne m'enrichira guère.

CRISPIN.

Lisette et moi, monsieur, pour finir nos projets,
Nous comptions bien aussi sur quelque petit legs.

ÉRASTE.

Quoiqu'un cruel destin, à nos désirs contraire,
Épuise contre nous les traits de sa colère,
Nos soins ne seront pas infructueux et vains ;
Quarante mille écus que je tiens dans mes mains,
Triste et fatal débris d'un malheureux naufrage,
Seront mis, si je veux, à l'abri de l'orage.
Voilà tous bons billets que j'ai trouvés sur lui.

CRISPIN, *voulant prendre les billets.*

Souffrez que je partage avec vous votre ennui.

Ce petit lénitif, en attendant le reste,
Pourra nous consoler d'un coup aussi funeste.

ÉRASTE.

Il est vrai, cher Crispin; mais enfin tu sais bien.
Que cela ne fait pas presque le quart du bien
Qu'en la succession mes soins pouvoient prétendre,
Et que le testament me donnoit lieu d'attendre :
Des maisons à Paris, des terres, des contrats,
Offroient bien à mon cœur de plus charmants appas.
Non que l'ardeur du gain et la soif des richesses
Me fissent ressentir leurs indignes foiblesses;
C'est d'un plus noble feu dont mon cœur est épris.
Je devois épouser Isabelle à ce prix :
Ce n'est qu'avec ce bien, qu'avec ces avantages,
Que je puis de sa mère obtenir les suffrages;
Faute de testament, je perds, et pour toujours,
Un bien dont dépendoit le bonheur de mes jours.

CRISPIN.

J'entre dans vos raisons; elles sont très plausibles :
Mais ce sont de ces coups imprévus et terribles,
Dont tout l'esprit humain demeure confondu,
Et qui mettent à bout la plus mâle vertu.
Pour marquer au vieillard sa dernière demeure,
O mort! tu devois bien attendre encore une heure ;
Tu nous aurois tous mis dans un parfait repos,
Et le tout se seroit passé bien à propos.

ÉRASTE.

Faudra-t-il qu'un espoir fondé sur la justice,
En stériles regrets passe et s'évanouisse ?

ACTE IV, SCENE I.

Ne saurois-tu, Crispin, parer ce coup fatal,
Et trouver promptement un remède à mon mal?
Tantôt tu méditois un héroïque ouvrage :
C'est dans les grands dangers qu'on voit un grand courage.

CRISPIN.

Oui, je croyois tantôt réparer cet échec ;
Mais à présent j'échoue, et je demeure à sec.
Un autre, en pareil cas, seroit aussi stérile.
S'il falloit, par hasard, d'un coup de main habile,
Soustraire, escamoter sans bruit un testament
Où vous seriez traité peu favorablement,
Peut-être je pourrois, par quelque coup d'adresse,
Exercer mon talent et montrer ma prouesse :
Mais en faire trouver alors qu'il n'en est point,
Le diable avec sa clique, et réduit à ce point,
Fort inutilement s'y casseroit la tête ;
Et cependant, monsieur, le diable n'est pas bête.

ÉRASTE.

Tu veux donc me confondre et me désespérer ?

SCÈNE II.

LISETTE, ÉRASTE, CRISPIN.

LISETTE, à Éraste.

Les Notaires, monsieur, viennent là-bas d'entrer ;
Je les ai mis tous deux dans cette salle basse.
Voyez; que voulez-vous, s'il vous plaît, qu'on en fasse?

ÉRASTE.

Je vois à tous moments croître mon embarras.

Fais-en, ma pauvre enfant, tout ce que tu voudras.
Savent-ils que mon oncle a perdu connoissance,
Et qu'il ne peut parler?

LISETTE.

Non, pas encor, je pense.

ÉRASTE.

Crispin....

CRISPIN.

Monsieur!

ÉRASTE.

Hélas!

CRISPIN.

Hélas!

ÉRASTE.

Juste ciel!

CRISPIN.

Ha!

ÉRASTE.

Que ferons-nous, dis-moi?

CRISPIN.

Tout ce qu'il vous plaira.

ÉRASTE.

Quoi! les renverrons-nous?

CRISPIN.

Eh! qu'en voulez-vous faire?
Qu'en pouvons-nous tirer qui nous soit salutaire?

LISETTE.

Je vais donc leur marquer qu'ils n'ont qu'à s'en aller.

ÉRASTE, arrêtant Lisette.

Attends encore un peu. Je me sens accabler.
Crispin, tu vas me voir expirer à ta vue.

CRISPIN.

Je vous suivrai de près, et la douleur me tue.

LISETTE.

Moi! je n'irai pas loin. Faut-il nous voir, tous trois,
Comme d'un coup de foudre, écraser à la fois?

CRISPIN.

Attendez.... Il me vient.... Le dessein est bizarre;
Il pourroit par hasard.... J'entrevois.... Je m'égare,
Et je ne vois plus rien que par confusion.

LISETTE.

Peste soit l'animal, avec sa vision!

ÉRASTE.

Fais-nous part du dessein que ton cœur se propose.

LISETTE.

Allons, mon cher Crispin, tâche à voir quelque chose.

CRISPIN.

Laisse-moi donc rêver.... Oui-dà.... Non.... Si, pourtant....
Pourquoi non?... On pourroit....

LISETTE.

     Ne rêve donc point tant;
Les Notaires là-bas sont dans l'impatience:
Tout ici ne dépend que de la diligence.

CRISPIN.

Il est vrai; mais enfin j'accouche d'un dessein
Qui passera l'effort de tout esprit humain.
Toi, qui parois dans tout si légère et si vive,

Exerce à ce sujet ton imaginative;
Voyons ton bel esprit.
LISETTE.
Je t'en laisse l'emploi.
Qui peut en fourberie être si fort que toi?
L'amour doit ranimer ton adresse passée.
CRISPIN.
Paix.... Silence.... Il me vient un surcroît de pensée.
J'y suis, ventrebleu!
LISETTE.
Bon.
CRISPIN.
Dans un fauteuil assis....
LISETTE.
Fort bien....
CRISPIN.
Ne troublez pas l'enthousiasme où je suis.
Un grand bonnet fourré jusque sur les oreilles;
Les volets bien fermés....
LISETTE.
C'est penser à merveilles.
CRISPIN.
Oui, monsieur, dans ce jour, au gré de vos souhaits,
Vous serez légataire, et je vous le promets.
Allons, Lisette, allons, ranimons notre zèle;
L'amour à ce projet nous guide et nous appelle.
Va de l'oncle défunt me chercher quelque habit,
Sa robe de malade, et son bonnet de nuit:
Les dépouilles du mort feront notre victoire.

LISETTE.

Je veux en élever un trophée à ta gloire,
Et je cours te servir. Je reviens sur mes pas.

SCÈNE III.
ÉRASTE, CRISPIN.

ÉRASTE.

Tu m'arraches, Crispin, des portes du trépas.
Si ton dessein succède au gré de notre envie,
Je veux te rendre heureux le reste de ta vie.
Je serois légataire! et, par même moyen,
J'épouserois l'objet qui fait seul tout mon bien!
Ah, Crispin!

CRISPIN.

Cependant une terreur secrète
S'empare de mes sens, m'alarme et m'inquiète :
Si la Justice vient à connoître du fait,
Elle est un peu brutale, et saisit au collet.
Il faut faire un faux seing ; et ma main alarmée
Se refuse au projet dont mon âme est charmée.

ÉRASTE.

Ton trouble est mal fondé : depuis deux ou trois mois
Géronte ne pouvoit se servir de ses doigts ;
Ainsi sa signature, ailleurs si nécessaire,
N'est point, comme tu vois, requise en notre affaire ;
Et tu déclareras que tu ne peux signer.

CRISPIN.

A de bonnes raisons je me laisse gagner ;

Et je sens tout à coup renaître en mon courage
L'ardeur dont j'ai besoin pour un si grand ouvrage.

SCÈNE IV.

LISETTE, apportant les hardes de Géronte, ÉRASTE, CRISPIN.

LISETTE, jetant le paquet.

Du bon homme Géronte, en gros comme en détail,
Comme tu l'as requis, voilà tout l'attirail.

CRISPIN, se déshabillant.

Ne perdons point de temps, que l'on m'habille en hâte.
Monsieur, mettez la main, s'il vous plaît, à la pâte.
La robe; dépêchons, passez-la dans mes bras.
Ah! le mauvais valet! Chaussez chacun un bas.
Çà, le mouchoir de cou. Mets-moi vite ce casque.
Les pantoufles. Fort bien. L'équipage est fantasque.

LISETTE.

Oui, voilà le défunt; dissipons notre ennui.
Géronte n'est point mort, puisqu'il revit en lui :
Voilà son air, ses traits; et l'on doit s'y méprendre.

CRISPIN.

Mais, avec son habit, si son mal m'alloit prendre?

ÉRASTE.

Ne crains rien, arme-toi de résolution.

CRISPIN.

Ma foi, déjà je sens un peu d'émotion :
Je ne sais si la peur est un peu laxative,

Ou si cet habit a la vertu purgative.
LISETTE.
Je veux te mettre encor ce vieux manteau fourré,
Dont aux jours de remède il étoit entouré.
CRISPIN.
Tu peux, quand tu voudras, appeler les Notaires;
Me voilà maintenant en habits mortuaires.
LISETTE.
Je vais dans un moment les amener ici.
CRISPIN.
Secondez-moi bien tous dans cette affaire-ci.

SCÈNE V.
ÉRASTE, CRISPIN.

CRISPIN.
Vous, monsieur, s'il vous plaît, fermez porte et fenêtre;
Un éclat indiscret peut me faire connoître.
Avancez cette table. Approchez ce fauteuil.
Ce jour mal condamné me blesse encore l'œil.
Tirez bien les rideaux, que rien ne nous trahisse.
ÉRASTE.
Fasse un heureux destin réussir l'artifice!
Si j'ose me porter à cette extrémité,
Malgré moi j'obéis à la nécessité.
J'entends du bruit.
CRISPIN, se jetant brusquement sur un fauteuil.
Songeons à la cérémonie;

Et ne me quittez pas, monsieur, à l'agonie.

ÉRASTE.

Un dieu, dont le pouvoir sert d'excuse aux amants,
Saura me disculper de ces emportements.

SCÈNE VI.

LISETTE, M. SCRUPULE, M. GASPARD, ÉRASTE, CRISPIN.

LISETTE, aux Notaires.
(à Crispin.)

Entrez, messieurs, entrez. Voilà les deux Notaires,
Avec qui vous pouvez mettre ordre à vos affaires.

CRISPIN, aux Notaires.

Messieurs, je suis ravi, quoiqu'à l'extrémité,
De vous voir tous les deux en parfaite santé.
Je voudrois bien encore être à l'âge où vous êtes;
Et si je me portois aussi bien que vous faites,
Je ne songerois guère à faire un testament.

M. SCRUPULE.

Cela ne vous doit point chagriner un moment;
Rien n'est désespéré : cette cérémonie
Jamais d'un testateur n'a raccourci la vie;
Au contraire, monsieur, la consolation
D'avoir fait de ses biens la distribution,
Répand au fond du cœur un repos sympathique,
Certaine quiétude et douce et balsamique,
Qui, se communiquant après dans tous les sens,
Rétablit la santé dans quantité de gens.

ACTE IV, SCENE VI.

CRISPIN.

Que le ciel veuille donc me traiter de la sorte !
(à Lisette.)
Messieurs, asséyez-vous. Toi, va fermer la porte.

M. GASPARD.

D'ordinaire, monsieur, nous apportons nos soins
Que ces actes secrets se passent sans témoins.
Il seroit à propos que monsieur prît la peine
D'aller, avec madame, en la chambre prochaine.

LISETTE.

Moi, je ne puis quitter monsieur un seul moment.

ÉRASTE.

Mon oncle, sur ce point, dira son sentiment.

CRISPIN.

Ces personnes, messieurs, sont sages et discrètes ;
Je puis leur confier mes volontés secrètes,
Et leur montrer l'excès de mon affection.

M. SCRUPULE.

Nous ferons tout au gré de votre intention.
L'intitulé sera tel que l'on doit le faire,
Et l'on le réduira dans le style ordinaire.
(Il dicte à M. Gaspard qui écrit.)
Par-devant.... fut présent.... Géronte.... *et cætera.*
(à Géronte.)
Dites-nous maintenant tout ce qu'il vous plaira.

CRISPIN.

Je veux premièrement qu'on acquitte mes dettes.

ÉRASTE.

Nous n'en trouverons pas, je crois, beaucoup de faites.

CRISPIN.

Je dois quatre cents francs à mon marchand de vin,
Un fripon qui demeure au cabaret voisin.

M. SCRUPULE.

Fort bien. Où voulez-vous, monsieur, qu'on vous enterre ?

CRISPIN.

A dire vrai, messieurs, il ne m'importe guère.
Qu'on se garde surtout de me mettre trop près
De quelque procureur chicaneur et mauvais ;
Il ne manqueroit pas de me faire querelle ;
Ce seroit tous les jours procédure nouvelle,
Et je serois encor contraint de déguerpir.

ÉRASTE.

Tout se fera, monsieur, selon votre désir.
J'aurai soin du convoi, de la pompe funèbre,
Et n'épargnerai rien pour la rendre célèbre.

CRISPIN.

Non, mon neveu, je veux que mon enterrement
Se fasse à peu de frais et fort modestement.
Il fait trop cher mourir, ce seroit conscience.
Jamais, de mon vivant, je n'aimai la dépense;
Je puis être enterré fort bien pour un écu.

LISETTE, à part.

Le pauvre malheureux meurt comme il a vécu.

M. GASPARD.

C'est à vous maintenant, s'il vous plaît, de nous dire
Les legs qu'au testament vous voulez faire écrire.

CRISPIN.

C'est à quoi nous allons nous employer dans peu.

Je nomme, j'institue Éraste, mon neveu,
Que j'aime tendrement, pour mon seul légataire,
Unique, universel.

ÉRASTE, affectant de pleurer.

O douleur trop amère !

CRISPIN.

Lui laissant tout mon bien, meubles, propres, acquêts,
Vaisselle, argent comptant, contrats, maisons, billets ;
Déshéritant, en tant que besoin pourroit être,
Parents, nièces, neveux, nés aussi-bien qu'à naître,
Et même tous bâtards, à qui Dieu fasse paix,
S'il s'en trouvoit aucuns au jour de mon décès.

LISETTE, affectant de la douleur.

Ce discours me fend l'âme. Hélas ! mon pauvre maître !
Il faudra donc vous voir pour jamais disparoître !

ÉRASTE, de même.

Les biens que vous m'offrez n'ont pour moi nuls appas,
S'il faut les acheter avec votre trépas.

CRISPIN.

Item. Je donne et lègue à Lisette présente....

LISETTE, de même.

Ah !

CRISPIN.

Qui depuis cinq ans me tient lieu de servante,
Pour épouser Crispin en légitime nœud,
Non autrement....

LISETTE, tombant comme évanouie.

Ah ! ah !

CRISPIN.

                Soutiens-la, mon neveu.
Et pour récompenser l'affection, le zèle
Que de tout temps, pour moi, je reconnus en elle....

LISETTE, affectant de pleurer.

Le bon maître, grands dieux ! que je vais perdre là !

CRISPIN.

Deux mille écus comptant en espèce.

LISETTE, de même.

                      Ah ! ah ! ah !

ÉRASTE, à part.

Deux mille écus ! Je crois que le pendard se moque.

LISETTE, de même.

Je n'y puis résister, la douleur me suffoque.
Je crois que j'en mourrai.

CRISPIN.

                Lesquels deux mille écus,
Du plus clair de mon bien seront pris et perçus.

LISETTE, à Crispin.

Le ciel vous fasse paix d'avoir de moi mémoire,
Et vous paie au centuple une œuvre méritoire !

(à part.)

Il m'avoit bien promis de ne pas m'oublier.

ÉRASTE, bas.

Le fripon m'a joué d'un tour de son métier.

(haut, à Crispin.)

Je crois que voilà tout ce que vous voulez dire.

CRISPIN.

J'ai trois ou quatre mots encore à faire écrire.

ACTE IV, SCENE VI.

Item. Je laisse et lègue à Crispin....

ÉRASTE, bas.

A Crispin !
Je crois qu'il perd l'esprit. Quel est donc son dessein ?

CRISPIN.

Pour les bons et loyaux services....

ÉRASTE, bas.

Ah, le traître !

CRISPIN.

Qu'il a toujours rendus, et doit rendre à son maître....

ÉRASTE.

Vous ne connoissez pas, mon oncle, ce Crispin :
C'est un mauvais valet, ivrogne, libertin,
Méritant peu le bien que vous voulez lui faire.

CRISPIN.

Je suis persuadé, mon neveu, du contraire ;
Je connois ce Crispin, mille fois mieux que vous :
Je lui veux donc léguer, en dépit des jaloux....

ÉRASTE, à part.

Le chien !

CRISPIN.

Quinze cents francs de rentes viagères,
Pour avoir souvenir de moi dans ses prières.

ÉRASTE, à part.

Ah ! quelle trahison !

CRISPIN.

Trouvez-vous, mon neveu,
Le présent malhonnête, et que ce soit trop peu ?

ÉRASTE.

Comment ! quinze cents francs !

CRISPIN.

Oui, sans laquelle clause
Le présent testament sera nul, et pour cause.

ÉRASTE.

Pour un valet, mon oncle, a-t-on fait un tel legs ?
Vous n'y pensez donc pas ?

CRISPIN.

Je sais ce que je fais ;
Et je n'ai point l'esprit si foible et si débile.

ÉRASTE.

Mais....

CRISPIN.

Si vous me fâchez, j'en laisserai deux mille.

ÉRASTE.

Si....

LISETTE, bas, à Éraste.

Ne l'obstinez point, je connois son esprit.
Il le feroit, monsieur, tout comme il vous le dit.

ÉRASTE, bas, à Lisette.

Soit, je ne dirai mot ; cependant, de ma vie,
Je n'aurai de parler une si juste envie.

CRISPIN.

N'aurois-je point encor quelqu'un de mes amis
A qui je pourrois faire un fidéicommis ?

ÉRASTE, bas.

Le scélérat encor rit de ma retenue ;
Il ne me laissera plus rien, s'il continue.

ACTE IV, SCÈNE VI.

M. SCRUPULE, à Crispin.

Est-ce fait ?

CRISPIN.

Oui, monsieur.

ÉRASTE, à part.

Le ciel en soit béni !

M. GASPARD.

Voilà le testament heureusement fini.
(à Crispin.)
Vous plaît-il de signer ?

CRISPIN.

J'en aurois grande envie ;
Mais j'en suis empêché par la paralysie
Qui depuis quelques mois me tient sur le bras droit.

M. GASPARD, écrivant.

Et ledit testateur déclare, en cet endroit,
Que de signer son nom il est dans l'impuissance,
De ce l'interpellant au gré de l'ordonnance.

CRISPIN.

Qu'un testament à faire est un pesant fardeau !
M'en voilà délivré ; mais je suis tout en eau.

M. SCRUPULE, à Crispin.

Vous n'avez plus besoin de notre ministère ?

CRISPIN, à M. Scrupule.

Laissez-moi, s'il vous plaît, l'acte qu'on vient de faire.

M. SCRUPULE.

Nous ne pouvons, monsieur ; cet acte est un dépôt
Qui reste dans nos mains ; je reviendrai tantôt,
Pour vous en apporter moi-même une copie.

ÉRASTE.

Vous nous ferez plaisir; mon oncle vous en prie,
Et veut récompenser votre peine et vos soins.

M. GASPARD.

C'est maintenant, monsieur, ce qui presse le moins.

CRISPIN.

Lisette, conduis-les.

SCÈNE VII.

ÉRASTE, CRISPIN.

CRISPIN, remettant en place la table et les chaises.

Ai-je tenu parole?
Et, dans l'occasion, sais-je jouer mon rôle,
Et faire un testament?

ÉRASTE.

Trop bien pour mon profit.
Dis-moi donc, malheureux! as-tu perdu l'esprit,
De faire un testament qui m'est si dommageable?
De laisser à Lisette une somme semblable?

CRISPIN.

Ma foi, ce n'est pas trop.

ÉRASTE.

Deux mille écus comptant!

CRISPIN.

Il faut, en pareil cas, que chacun soit content.
Pouvois-je moins laisser à cette pauvre fille?

ÉRASTE.

Comment donc, traître!

ACTE IV, SCENE VII.

CRISPIN.

     Elle est un peu de la famille :
Votre oncle, si l'on croit le lardon scandaleux,
N'a pas été toujours impotent et goutteux ;
Et j'ai dû lui laisser un peu de subsistance,
Pour l'acquit de son âme et de ma conscience.

ÉRASTE.

Et de ta conscience ! Et ces quinze cents francs
De pension, à toi payables tous les ans,
Que tu t'es fait léguer avec tant de prudence,
Est-ce encor pour l'acquit de cette conscience ?

CRISPIN.

Il ne faut point, monsieur, s'estomaquer si fort :
On peut en un moment nous mettre tous d'accord.
Puisque le testament que nous venons de faire,
Où je vous institue unique légataire,
Ne peut avoir l'honneur d'obtenir votre aveu,
Il faut le déchirer et le jeter au feu.

ÉRASTE.

M'en préserve le ciel !

CRISPIN.

     Sans former d'entreprise,
Laissons la chose au point où votre oncle l'a mise.

ÉRASTE.

Ce seroit cent fois pis ; j'en mourrois de douleur.

CRISPIN.

Il s'élève, aussi-bien, dans le fond de mon cœur
Certain remords cuisant, certaine syndérèse,
Qui furieusement sur l'estomac me pèse.

####### ÉRASTE.

Rentrons, Crispin ; je tremble, et suis persuadé
Que nous allons trouver mon oncle décédé,
Ou que, dans ce moment, pour le moins il expire.

####### CRISPIN.

Hélas ! il étoit temps, ma foi, de faire écrire.

####### ÉRASTE.

Le laurier dont tu viens de couronner ton front
Ne peut avoir un prix ni trop grand, ni trop prompt.

####### CRISPIN.

Il faut donc, s'il vous plaît, m'avancer une année
De cette pension que je me suis donnée :
Vous ne sauriez me faire un plus charmant plaisir.

####### ÉRASTE.

C'est ce que nous verrons avec plus de loisir.

SCÈNE VIII.

LISETTE, ÉRASTE, CRISPIN.

####### LISETTE, se jetant dans le fauteuil.

Miséricorde ! ah, ciel ! je me meurs : je suis morte.

####### ÉRASTE, à Lisette.

Qu'as-tu donc, mon enfant, à crier de la sorte ?

####### LISETTE.

J'étouffe. Ouf, ouf, la peur m'empêche de parler.

####### CRISPIN, à Lisette.

Quel vertigo soudain a donc pu te troubler ?
Parle donc, si tu veux.

ACTE IV, SCENE VIII.

LISETTE.

Géronte....

CRISPIN.

Hé bien, Géronte....

LISETTE, *se levant brusquement.*

Ah! prenez garde à moi.

CRISPIN.

Veux-tu finir ton conte?

LISETTE.

Un grand fantôme noir....

ÉRASTE.

Comment donc! que dis-tu?

LISETTE.

Hélas! mon cher monsieur, je dis ce que j'ai vu.
Après avoir conduit ces messieurs dans la rue,
Où la mort du bon homme est déjà répandue,
Où même le crieur a voulu, malgré moi,
Faire entrer, avec lui, l'attirail d'un convoi;
De la chambre, où gisoit votre oncle sans escorte,
Il m'a semblé d'abord entendre ouvrir la porte;
Et, montant l'escalier, j'ai trouvé nez pour nez,
Comme un grand revenant, Géronte sur ses pieds.

CRISPIN.

De la crainte d'un mort ton âme possédée
T'abuse et te fait voir un fantôme en idée.

LISETTE.

C'est lui, vous dis-je; il parle.... Ah!

(*Elle se retourne, voit Crispin, qu'elle prend pour Géronte, se lève et se sauve dans un coin, en poussant un cri d'effroi.*)

CRISPIN.

　　　　　　　　Pourquoi ce grand cri?

LISETTE.

Excuse, mon enfant, je te prenois pour lui.
Enfin criant, courant, sans détourner la vue,
Essoufflée et tremblante, ici je suis venue
Vous dire que le mal de votre oncle en ces lieux
N'est qu'une léthargie, et qu'il n'en est que mieux.

ÉRASTE.

Avec quelle constance, au branle de sa roue,
La fortune ennemie et me berce et me joue!

LISETTE.

O trop flatteur espoir! projets si bien conçus,
Et mieux exécutés, qu'êtes-vous devenus?

CRISPIN.

Voilà donc le défunt que le sort nous renvoie!
Et l'avare Achéron lâche encore sa proie!
Vous le voulez, grands dieux! ma constance est à bout.
Je ne sais où j'en suis, et j'abandonne tout.

ÉRASTE.

Toi que j'ai vu tantôt si grand, si magnanime,
Un seul revers te rend foible et pusillanime!
Reprends des sentiments qui soient dignes de toi :
Offrons-nous aux dangers; viens signaler ta foi :
Quelque coup de hasard nous tirera d'affaire.

CRISPIN.

Allons-nous abuser encor quelque notaire?

ÉRASTE.

Je vais, sans perdre temps, remettre ces billets

ACTE IV, SCENE VIII.

Dans les mains d'Isabelle : ils feront leurs effets;
Et nous en tirerons peut-être un avantage
Qui pourroit bien servir à notre mariage.
Vous, rentrez chez mon oncle, et prenez bien le soin
D'appeler le secours dont il aura besoin.
Pour retourner plus tôt, je pars en diligence,
Et viens vous rassurer ici par ma présence.

SCÈNE IX.

CRISPIN, LISETTE.

CRISPIN.
Ne me voilà pas mal avec mon testament!
Je vois ma pension payée en un moment.
LISETTE.
Et mes deux mille écus pour prix de mon service?
CRISPIN.
Juste ciel! sauve-moi des mains de la justice!
Tout ceci ne vaut rien, et m'inquiète fort :
Je crains bien d'avoir fait mon testament de mort.

FIN DU QUATRIÈME ACTE.

ACTE CINQUIÈME.

SCÈNE I.

Mme ARGANTE, ISABELLE, ÉRASTE.

Mme ARGANTE, *à Éraste.*

Quel est votre dessein, et que voulez-vous faire ?
Puis-je de ces billets être dépositaire ?
On me soupçonneroit d'avoir prêté les mains
A faire réussir en secret vos desseins.
Maintenant que votre oncle a pu, malgré son âge,
Reprendre de ses sens heureusement l'usage,
Le parti le meilleur, sans user de délais,
Est de lui reporter vous-même ses billets.

ÉRASTE.

Ce n'est pas d'aujourd'hui que je connois, madame,
Les nobles sentiments qui règnent dans votre âme :
Nous ne prétendons point, vous ni moi, retenir
Un bien qui ne nous peut encore appartenir.
Mais gardez ces billets quelques moments, de grâce ;
Le ciel m'inspirera ce qu'il faut que je fasse.
Je le prends à témoin, si, dans ce que j'ai fait,
L'amour n'a pas été mon principal objet.
Hélas ! pour mériter la charmante Isabelle,

J'ai peut-être un peu trop fait éclater mon zèle ;
Mais on pardonnera ces transports amoureux :
(à Isabelle.)
Mon excuse, madame, est écrite en vos yeux.
ISABELLLE, à Éraste.
Puisque pour notre hymen j'ai l'aveu de ma mère,
Je puis faire paroître un sentiment sincère.
Les biens dont vous pouvez hériter chaque jour
N'ont point du tout pour vous déterminé l'amour :
Votre personne seule est le bien qui me flatte ;
Et tous les vains brillants dont la fortune éclate
Ne sauroient éblouir un cœur comme le mien.
ÉRASTE.
Si je l'obtiens ce cœur, non, je ne veux plus rien.
Mme ARGANTE.
Tous ces beaux sentiments sont fort bons dans un livre.
L'amour seul, tel qu'il soit, ne donne point à vivre :
Et je vous apprends, moi, que l'on ne s'aime bien,
Quand on est marié, qu'autant qu'on a de bien.
ÉRASTE.
Mon oncle maintenant, par sa convalescence,
Fait revivre en mon cœur la joie et l'espérance ;
Et je vais l'exciter à faire un testament.
Mme ARGANTE.
Mais ne craignez-vous rien de son ressentiment ?
Ces billets détournés ne peuvent-ils point faire
Qu'il prenne à vos désirs un sentiment contraire ?
ÉRASTE.
Et voilà la raison qui me fait hasarder

A vouloir quelque temps encore les garder.
Pour revoir ce dépôt rentrer en sa puissance,
Il accordera tout, sans trop de résistance.
Il faut, mademoiselle, en ce péril offert,
Être un peu, dans ce jour, avec nous de concert.
Voilà tous bons billets qu'il faut, s'il vous plaît, prendre.

ISABELLE.

Moi !

ÉRASTE.

N'en rougissez point, ce n'est que pour les rendre.

ISABELLE.

Mais je ne sais, monsieur, en cette occasion,
Si je dois accepter cette commission :
De ces billets surpris on me croira complice :
En restitution je suis encor novice.

ÉRASTE.

Mais j'entends quelque bruit.

SCÈNE II.

CRISPIN, Mme ARGANTE, ISABELLE, ÉRASTE.

ÉRASTE.

C'est Crispin que je voi.

(à Crispin.)

A qui donc en as-tu ? Te voilà hors de toi.

CRISPIN.

Allons, monsieur, allons ; en homme de courage,

ACTE V, SCENE II.

Il faut ici, ma foi, soutenir l'abordage.
Monsieur Géronte approche.

ÉRASTE.
(à Mme Argante et à Isabelle.)

O ciel ! En ce moment,
Souffrez que je vous mène à mon appartement.
J'ai de la peine encore à m'offrir à sa vue :
Laissons évaporer un peu sa bile émue ;
Et, quand il sera temps, tous unanimement
Nous viendrons travailler ensemble au dénoûment.
(à Crispin.)
Pour toi, reste ici ; vois l'humeur dont il peut être,
Et tu m'informeras s'il est temps de paroître.

SCÈNE III.

CRISPIN, seul.

Nous voilà, grâce au ciel, dans un grand embarras.
Dieu veuille nous tirer d'un aussi mauvais pas !

SCÈNE IV.

GÉRONTE, CRISPIN, LISETTE.

GÉRONTE, appuyé sur Lisette.

Je ne puis revenir encor de ma foiblesse :
Je ne sais où je suis : l'éclat du jour me blesse ;
Et mon foible cerveau, de ce choc ébranlé,
Par de sombres vapeurs est encor tout troublé.

Ai-je été bien long-temps dans cette léthargie ?

LISETTE.

Pas tant que nous croyions. Mais votre maladie
Nous a tous mis ici dans un dérangement,
Une agitation, un soin, un mouvement
Qu'il n'est pas bien aisé, dans le fond, de décrire :
Demandez à Crispin, il pourra vous le dire.

CRISPIN.

Si vous saviez, monsieur, ce que nous avons fait,
Lorsque de votre mal vous ressentiez l'effet,
La peine que j'ai prise, et les soins nécessaires
Pour pouvoir, comme vous, mettre ordre à vos affaires,
Vous seriez étonné, mais d'un étonnement
A n'en pas revenir si tôt assurément.

GÉRONTE.

Où donc est mon neveu ? Son absence m'ennuie.

CRISPIN.

Ah ! le pauvre garçon, je crois, n'est plus en vie.

GÉRONTE.

Que dis-tu là ? Comment !

CRISPIN.

Il s'est saisi si fort,
Quand il a vu vos yeux tourner droit à la mort,
Que, n'écoutant plus rien que sa douleur amère,
Il s'est allé jeter....

GÉRONTE.

Où donc ? dans la rivière ?

CRISPIN.

Non, monsieur, sur son lit, où, baigné de ses pleurs,

ACTE V, SCENE IV.

L'infortuné garçon gémit de ses malheurs.

GÉRONTE.

Va donc lui redonner et le calme et la joie ;
Et dis-lui, de ma part, que le ciel lui renvoie
Un oncle toujours plein de tendresse pour lui,
Qui connoît son bon cœur, et qui veut aujourd'hui
Lui montrer des effets de sa reconnoissance.

CRISPIN.

S'il n'est pas encor mort, en toute diligence
Je vous l'amène ici.

SCÈNE V.

GÉRONTE, LISETTE.

GÉRONTE.

Mais, à ce que je vois,
J'ai donc, Lisette, été plus mal que je ne crois ?

LISETTE.

Nous vous avons cru mort pendant une heure entière.

GÉRONTE.

Il faut donc expliquer ma volonté dernière,
Et, sans perdre de temps, faire mon testament.
Les Notaires sont-ils venus ?

LISETTE.

Assurément.

GÉRONTE.

Qu'on aille de nouveau les chercher, et leur dire
Que dans le même instant je veux les faire écrire.

LISETTE.

Ils reviendront dans peu.

SCÈNE VI.

ÉRASTE, GÉRONTE, CRISPIN, LISETTE.

CRISPIN, à Éraste.
Le ciel vous l'a rendu.
ÉRASTE.
Hélas! à ce bonheur me serois-je attendu?
Je revois mon cher oncle; et le ciel, par sa grâce,
Sensible à mes douleurs, permet que je l'embrasse!
Après l'avoir cru mort, il paroît à mes yeux!
GÉRONTE.
Hélas! mon cher neveu, je n'en suis guère mieux:
Mais je rends grâce au ciel de prolonger ma vie,
Pour pouvoir maintenant exécuter l'envie
De te donner mon bien par un bon testament.
LISETTE.
Ce garçon-là, monsieur, vous aime tendrement.
Si vous aviez pu voir les syncopes, les crises
Dont, par la sympathie, il sentoit les reprises,
Il vous auroit percé le cœur de part en part.
CRISPIN.
Nous en avons, tous trois, eu notre bonne part.
LISETTE.
Enfin le ciel a pris pitié de nos misères.

SCÈNE VII.

M. SCRUPULE, GÉRONTE, ÉRASTE, LISETTE, CRISPIN.

LISETTE.
(bas, à Crispin.)
Mais j'aperçois quelqu'un. C'est un des deux Notaires.

GÉRONTE.
Bonjour, monsieur Scrupule.

CRISPIN, à part.
Ah ! me voilà perdu !

GÉRONTE.
Ici depuis long-temps vous êtes attendu.

M. SCRUPULE.
Certes, je suis ravi, monsieur, qu'en moins d'une heure
Vous jouissiez déjà d'une santé meilleure.
Je savois bien qu'ayant fait votre testament,
Vous sentiriez bientôt quelque soulagement.
Le corps se porte mieux lorsque l'esprit se trouve
Dans un parfait repos.

GÉRONTE.
Tous les jours je l'éprouve.

M. SCRUPULE.
Voici donc le papier que, selon vos desseins,
Je vous avois promis de remettre en vos mains.

GÉRONTE.
Quel papier, s'il vous plaît ? Pour quoi ? pour quelle affaire ?

M. SCRUPULE.

C'est votre testament que vous venez de faire.

GÉRONTE.

J'ai fait mon testament !

M. SCRUPULE.

Oui, sans doute, monsieur.

LISETTE, bas.

Crispin, le cœur me bat.

CRISPIN, bas.

Je frissonne de peur.

GÉRONTE.

Eh ! parbleu, vous rêvez, monsieur; c'est pour le faire
Que j'ai besoin ici de votre ministère.

M. SCRUPULE.

Je ne rêve, monsieur, en aucune façon ;
Vous nous l'avez dicté plein de sens et raison.
Le repentir si tôt saisiroit-il votre âme ?
Monsieur étoit présent, aussi-bien que madame :
Ils peuvent là-dessus dire ce qu'ils ont vu.

ÉRASTE, bas.

Que dire ?

LISETTE, bas.

Juste ciel !

CRISPIN, bas.

Me voilà confondu !

GÉRONTE.

Éraste étoit présent ?

M. SCRUPULE.

Oui, monsieur, je vous jure.

ACTE V, SCENE VII.

GÉRONTE.

Est-il vrai, mon neveu ? Parle, je t'en conjure.

ÉRASTE.

Ah ! ne me parlez point, monsieur, de testament ;
C'est m'arracher le cœur trop tyranniquement.

GÉRONTE.

Lisette, parle donc.

LISETTE.

Crispin, parle en ma place ;
Je sens, dans mon gosier, que ma voix s'embarrasse.

CRISPIN, à Géronte.

Je pourrois là-dessus vous rendre satisfait ;
Nul ne sait mieux que moi la vérité du fait.

GÉRONTE.

J'ai fait mon testament ?

CRISPIN.

On ne peut pas vous dire
Qu'on vous l'ait vu tantôt absolument écrire ;
Mais je suis très certain qu'au lieu où vous voilà,
Un homme, à peu près mis comme vous êtes là ;
Assis dans un fauteuil auprès de deux notaires,
A dicté mot à mot ses volontés dernières.
Je n'assurerai pas que ce fût vous ; pourquoi ?
C'est qu'on peut se tromper. Mais c'étoit vous, ou moi.

M. SCRUPULE, à Géronte.

Rien n'est plus véritable, et vous pouvez m'en croire.

GÉRONTE.

Il faut donc que mon mal m'ait ôté la mémoire ;
Et c'est ma léthargie.

CRISPIN.
Oui, c'est elle en effet.

LISETTE.
N'en doutez nullement ; et, pour prouver le fait,
Ne vous souvient-il pas que, pour certaine affaire,
Vous m'avez dit tantôt d'aller chez le notaire ?

GÉRONTE.
Oui.

LISETTE.
Qu'il est arrivé dans votre cabinet ;
Qu'il a pris aussitôt sa plume et son cornet,
Et que vous lui dictiez à votre fantaisie ?

GÉRONTE.
Je ne m'en souviens point.

LISETTE.
C'est votre léthargie.

CRISPIN.
Ne vous souvient-il pas, monsieur, bien nettement,
Qu'il est venu tantôt certain neveu normand,
Et certaine baronne, avec un grand tumulte
Et des airs insolents, chez vous vous faire insulte ?

GÉRONTE.
Oui.

CRISPIN.
Que pour vous venger de leur emportement,
Vous m'avez promis place en votre testament,
Ou quelque bonne rente au moins pendant ma vie ?

GÉRONTE.
Je ne m'en souviens point.

ACTE V, SCENE VII.

CRISPIN.
              C'est votre léthargie.

GÉRONTE.
Je crois qu'ils ont raison, et mon mal est réel.

LISETTE.
Ne vous souvient-il pas que monsieur Clistorel....

ÉRASTE.
Pourquoi tant répéter cet interrogatoire ?
Monsieur convient de tout, du tort de sa mémoire,
Du notaire mandé, du testament écrit.

GÉRONTE.
Il faut bien qu'il soit vrai, puisque chacun le dit.
Mais voyons donc enfin ce que j'ai fait écrire.

CRISPIN, à part.
Ah ! voilà bien le diable.

M. SCRUPULE.
                Il faut donc vous le lire.
« Fut présent devant nous, dont les noms sont au bas,
« Maître Mathieu Géronte, en son fauteuil à bras,
« Étant en son bon sens, comme on a pu connoître
« Par le geste et maintien qu'il nous a fait paroître ;
« Quoique de corps malade, ayant sain jugement ;
« Lequel, après avoir réfléchi mûrement
« Que tout est ici-bas fragile et transitoire....

CRISPIN.
Ah ! quel cœur de rocher, et quelle âme assez noire
Ne se fendroit en quatre, en entendant ces mots ?

LISETTE.
Hélas ! je ne saurois arrêter mes sanglots.

GÉRONTE.

En les voyant pleurer, mon âme est attendrie.
La, la, consolez-vous ; je suis encore en vie.

M. SCRUPULE, continuant de lire.

« Considérant que rien ne reste en même état,
« Ne voulant pas aussi décéder intestat....

CRISPIN.

Intestat !...

LISETTE.

Intestat !... Ce mot me perce l'âme.

M. SCRUPULE.

Faites trève un moment à vos soupirs, madame.
« Considérant que rien ne reste en même état,
« Ne voulant pas aussi décéder intestat....

CRISPIN.

Intestat !...

LISETTE.

Intestat !...

M. SCRUPULE.

Mais laissez-moi donc lire ;
Si vous pleurez toujours, je ne pourrai rien dire.
« A fait, dicté, nommé, rédigé par écrit
« Son susdit testament, en la forme qui suit.

GÉRONTE.

De tout ce préambule et de cette légende,
S'il m'en souvient d'un mot, je veux bien qu'on me pende.

LISETTE.

C'est votre léthargie.

ACTE V, SCENE VII.

CRISPIN.
Ah ! je vous en réponds.
Ce que c'est que de nous ! Moi, cela me confond.

M. SCRUPULE, lisant.
« Je veux, premièrement, qu'on acquitte mes dettes.

GÉRONTE.
Je ne dois rien.

M. SCRUPULE.
Voici l'aveu que vous en faites :
« Je dois quatre cents francs à mon marchand de vin,
« Un fripon qui demeure au cabaret voisin.

GÉRONTE.
Je dois quatre cents francs ! C'est une fourberie.

CRISPIN, à Géronte.
Excusez-moi, monsieur, c'est votre léthargie.
Je ne sais pas au vrai si vous les lui devez ;
Mais il me les a, lui, mille fois demandés.

GÉRONTE.
C'est un maraud qu'il faut envoyer en galère.

CRISPIN.
Quand ils y seroient tous, on ne les plaindroit guère.

M. SCRUPULE, lisant.
« Je fais mon légataire unique, universel,
« Éraste mon neveu.

ÉRASTE.
Se peut-il ? juste ciel !

M. SCRUPULE, lisant.
« Déshéritant, en tant que besoin pourroit être,
« Parents, nièces, neveux, nés aussi-bien qu'à naître,

« Et même tous bâtards, à qui Dieu fasse paix,
« S'il s'en trouvoit aucuns au jour de mon décès.

GÉRONTE.

Comment! moi des bâtards?

CRISPIN, à Géronte.

C'est style de notaire.

GÉRONTE.

Oui, je voulois nommer Éraste légataire.
A cet article-là, je vois présentement
Que j'ai bien pu dicter le présent testament.

M. SCRUPULE, lisant.

« *Item.* Je donne et lègue, en espèce sonnante,
« A Lisette....

LISETTE.

Ah! grands dieux!

M. SCRUPULE, lisant.

« Qui me sert de servante,
« Pour épouser Crispin en légitime nœud,
« Deux mille écus.

CRISPIN, à Géronte.

Monsieur.... en vérité.... pour peu....
Non... jamais... car enfin... ma bouche... quand j'y pense...
Je me sens suffoquer par la reconnoissance.

(à Lisette.)

Parle donc.

LISETTE, embrassant Géronte.

Ah! monsieur....

GÉRONTE.

Qu'est-ce à dire cela?

ACTE V, SCENE VII.

Je ne suis point l'auteur de ces sottises-là.
Deux mille écus comptant!

LISETTE.

Quoi! déjà, je vous prie,
Vous repentiriez-vous d'avoir fait œuvre pie?
Une fille nubile, exposée au malheur,
Qui veut faire une fin en tout bien, tout honneur,
Lui refuseriez-vous cette petite grâce?

GÉRONTE.

Comment! six mille francs! quinze ou vingt écus, passe.

LISETTE.

Les maris aujourd'hui, monsieur, sont si courus!
Et que peut-on, hélas! avoir pour vingt écus?

GÉRONTE.

On a ce que l'on peut, entendez-vous, ma mie?

(au Notaire.)

Il en est à tout prix. Achevez, je vous prie.

M. SCRUPULE.

« *Item*. Je donne et lègue....

CRISPIN, à part.

Ah! c'est mon tour enfin.
Et l'on va me jeter....

M. SCRUPULE.

« A Crispin....

(Crispin se fait petit.)

GÉRONTE, regardant Crispin.

A Crispin!

M. SCRUPULE, lisant.

« Pour tous les obligeants, bons et loyaux services

« Qu'il rend à mon neveu dans divers exercices,
« Et qu'il peut bien encor lui rendre à l'avenir....

GÉRONTE.

Où donc ce beau discours doit-il enfin venir ?
Voyons.

M. SCRUPULE, lisant.

« Quinze cents francs de rentes viagères,
« Pour avoir souvenir de moi dans ses prières. »

CRISPIN, se prosternant aux pieds de Géronte.

Oui, je vous le promets, monsieur, à deux genoux,
Jusqu'au dernier soupir, je prîrai Dieu pour vous.
Voilà ce qui s'appelle un vraiment honnête homme !
Si généreusement me laisser cette somme !

GÉRONTE.

Non ferai-je, parbleu ! Que veut dire ceci ?
(au Notaire.)
Monsieur, de tous ces legs je veux être éclairci.

M. SCRUPULE.

Quel éclaircissement voulez-vous qu'on vous donne ?
Et je n'écris jamais que ce que l'on m'ordonne.

GÉRONTE.

Quoi ! moi, j'aurois légué, sans aucune raison,
Quinze cents francs de rente à ce maître fripon,
Qu'Éraste auroit chassé s'il m'avoit voulu croire !

CRISPIN, toujours à genoux.

Ne vous repentez pas d'une œuvre méritoire ;
Voulez-vous, démentant un généreux effort,
Être avaricieux même après votre mort ?

ACTE V, SCENE VII.

GÉRONTE.

Ne m'a-t-on point volé mes billets dans mes poches ?
Je tremble du malheur dont je sens les approches ;
Je n'ose me fouiller.

ÉRASTE, à part.

Quel funeste embarras !

(haut, à Géronte.)

Vous les cherchez en vain, vous ne les avez pas.

GÉRONTE, à Éraste.

Où sont-ils donc ? Réponds.

ÉRASTE.

Tantôt, pour Isabelle,
Je les ai, par votre ordre exprès, portés chez elle.

GÉRONTE.

Par mon ordre !

ÉRASTE.

Oui, monsieur.

GÉRONTE.

Je ne m'en souviens point.

CRISPIN.

C'est votre léthargie.

GÉRONTE.

Oh ! je veux, sur ce point,
Qu'on me fasse raison. Quelles friponneries !
Je suis las, à la fin, de tant de léthargies.

(à Éraste.)

Cours chez elle ; dis-lui que, quand j'ai fait ce don,
J'avois perdu l'esprit, le sens, et la raison.

SCÈNE VIII.

Mme ARGANTE, ISABELLE, GÉRONTE, ÉRASTE, LISETTE, CRISPIN, LE NOTAIRE.

ISABELLE, à Géronte.

Ne vous alarmez point, je viens pour vous les rendre.
GÉRONTE.
O ciel!
ÉRASTE.
Mais sous des lois que nous osons prétendre.
GÉRONTE.
Et quelles sont ces lois?
ÉRASTE.
Je vous prie humblement
De vouloir approuver le présent testament.
GÉRONTE.
Mais tu n'y penses pas. Veux-tu donc que je laisse
A cette chambrière un legs de cette espèce?
LISETTE.
Songez à l'intérêt que le ciel vous en rend :
Et plus le legs est gros, plus le mérite est grand.
GÉRONTE, à Crispin.
Et ce maraud auroit cette somme en partage!
CRISPIN.
Je vous promets, monsieur, d'en faire un bon usage :
De plus, ce legs ne peut en rien vous faire tort.
GÉRONTE.
Il est vrai qu'il n'en doit jouir qu'après ma mort.

ÉRASTE.

Ce n'est pas encor tout : regardez cette belle ;
Vous savez ce qu'un cœur peut ressentir pour elle ;
Vous avez éprouvé le pouvoir de ses coups :
Charmé de ses attraits, j'embrasse vos genoux ;
Et je vous la demande en qualité de femme.

GÉRONTE.

Ah ! monsieur mon neveu....

ÉRASTE.

      Je n'ai fait voir ma flamme
Que, lorsqu'en écoutant un sentiment plus sain,
Votre cœur moins épris a changé de dessein.

Mme ARGANTE.

Je crois que vous et moi nous ne saurions mieux faire.

GÉRONTE.

Nous verrons : mais, avant de conclure l'affaire,
Je veux voir mes billets en entier.

ISABELLE.

       Les voilà :
Tels que je les reçus, je les rends.

(Elle présente le portefeuille à Géronte.)

LISETTE, *prenant le portefeuille plus tôt que Géronte.*

       Halte-là.
Convenons de nos faits avant que de rien rendre.

GÉRONTE.

Si tu ne me les rends, je vous ferai tous pendre.

ÉRASTE, *se jetant à genoux.*

Monsieur, vous me voyez embrasser vos genoux :
Voulez-vous aujourd'hui nous désespérer tous ?

LISETTE, à genoux.

Eh ! monsieur.

CRISPIN, à genoux.

Eh ! monsieur.

GÉRONTE.

      La tendresse m'accueille.
Dites-moi, n'a-t-on rien distrait du portefeuille ?

ISABELLE.

Non, monsieur, je vous jure ; il est en son entier,
Et vous retrouverez jusqu'au moindre papier.

GÉRONTE.

Hé bien ! s'il est ainsi, par-devant le notaire,
Pour avoir mes billets, je consens à tout faire ;
Je ratifie en tout le présent testament,
Et donne à votre hymen un plein consentement.
Mes billets ?

LISETTE.

   Les voilà.

ÉRASTE, à Géronte.

      Quelle action de grâce !...

GÉRONTE.

De vos remercîments volontiers je me passe.
Mariez-vous tous deux, c'est bien fait ; j'y consens :
Mais, surtout, au plus tôt procréez des enfants
Qui puissent hériter de vous en droite ligne ;
De tous collatéraux l'engeance est trop maligne.
Détestez à jamais tous neveux bas-normands,
Et nièces que le diable amène ici du Mans ;
Fléaux plus dangereux, animaux plus funestes
Que ne furent jamais les guerres ni les pestes.

SCÈNE IX.

CRISPIN, LISETTE.

CRISPIN.

Laissons-le dans l'erreur, nous sommes héritiers.
Lisette, sur mon front viens ceindre des lauriers :
Mais n'y mets rien de plus pendant le mariage.

LISETTE.

J'ai du bien maintenant assez pour être sage.

CRISPIN, au parterre.

Messieurs, j'ai, grâce au ciel, mis ma barque à bon port.
En faveur des vivants je fais revivre un mort ;
Je nomme, à mes désirs, un ample légataire ;
J'acquiers quinze cents francs de rente viagère,
Et femme au par-dessus : mais ce n'est pas assez ;
Je renonce à mon legs, si vous n'applaudissez.

FIN DU LÉGATAIRE.

LA CRITIQUE

DU LÉGATAIRE,

COMÉDIE EN UN ACTE,

Représentée pour la première fois le jeudi 19 février 1708.

AVERTISSEMENT

SUR

LA CRITIQUE DU LÉGATAIRE.

Cette comédie a été représentée pour la première fois le jeudi 19 février 1708, à la suite du *Légataire universel*, et n'a eu que trois représentations.

Molière est le premier qui ait imaginé de répondre aux critiques par une comédie, et de leur imposer silence en jetant du ridicule sur leurs impertinentes censures. Sa *Critique de l'École des Femmes* est le premier ouvrage de ce genre que l'on connoisse au théâtre; mais ces sortes de pièces sont plutôt une satire des censeurs qu'une apologie de l'ouvrage; et le public leur a fait rarement un accueil favorable.

A l'imitation de Molière, Regnard avoit déjà donné aux Italiens *la Critique de l'Homme à bonnes fortunes*. Cette pièce a été jouée en mars 1690 par les anciens comédiens italiens, et a été donnée à la suite de *l'Homme à bonnes fortunes*.

Nous ne rappelons ici cette petite comédie que parce que *la Critique du Légataire universel* lui ressemble à beaucoup d'égards. Nous avons remarqué, dans l'avertissement qui précède la Critique italienne, que Regnard a répété dans la seconde Critique plusieurs idées employées dans la première ; mais nous avons observé en même temps que la première Critique étoit beaucoup plus plaisante que la seconde. Nous ajoutons que le succès des deux pièces a été très différent : *la Critique du Légataire* n'a eu que trois représentations.

Nous convenons, avec quelques critiques, que ces sortes de pièces ne répondent point aux observations des censeurs, et que ce n'est point en introduisant sur la scène des personnages extravagants, et incapables de porter leur jugement sur la pièce qu'ils critiquent, que l'on se justifie. Au surplus, le peu de prétention que les auteurs mettent à ces bagatelles, qui ne sont, pour la plupart, qu'un assemblage de scènes sans intrigue et sans intérêt, et ne méritent pas le nom de comédie, doit dispenser de les juger avec rigueur.

C'est sous ce point de vue qu'il faut considérer

la *Critique du Légataire universel*, qui n'a été représentée que trois fois dans sa nouveauté, et qui n'a point paru depuis sur le théâtre.

PERSONNAGES.

LE COMÉDIEN.
LE CHEVALIER.
LE MARQUIS.
LA COMTESSE.
CLISTOREL, apothicaire.
CLISTOREL, comédien.
M. BONIFACE, auteur.
M. BREDOUILLE, financier.

CRITIQUE
DU LÉGATAIRE,
COMÉDIE.

SCÈNE I.

LE COMÉDIEN, faisant l'annonce.

Messieurs, nous aurons l'honneur de vous donner demain la tragédie de.... et, le jour suivant, vous aurez encore une représentation du Légataire.

SCÈNE II.

LE CHEVALIER, LE COMÉDIEN.

LE CHEVALIER.

Hola, ho, monsieur l'annonceur! un petit mot, s'il vous plaît.

LE COMÉDIEN.

Que souhaitez-vous, monsieur?

LE CHEVALIER.

Hé! ventrebleu! n'êtes-vous point las de nous donner toujours la même pièce? Est-ce qu'il n'y a pas assez long-temps que vous nous fatiguez de votre Légataire?

LE COMÉDIEN.

Monsieur, nous ne nous lassons jamais des pièces, tant qu'elles nous donnent de l'argent.

LE CHEVALIER.

Je suis las de voir ce Poisson avec son bredouillement et son *item*. Ma foi, c'est un mauvais plaisant; tu vaux mieux que lui.

LE COMÉDIEN.

C'est le public qui détermine le sort des ouvrages d'esprit, et le nôtre; et, lorsque nous le voyons venir en foule à quelque comédie nouvelle, nous jugeons que la pièce est bonne, et nous n'en voulons point d'autre garant.

LE CHEVALIER.

Ah! palsambleu, voilà un beau garant que le public! Le public! le public! c'est bien à lui que je m'en rapporte!

LE COMÉDIEN.

A qui donc, monsieur, voulez-vous vous en rapporter?

LE CHEVALIER.

A qui?

LE COMÉDIEN.

Oui, monsieur.

LE CHEVALIER.

A moi, morbleu, à moi : il y a plus de sens, de raison et d'esprit dans cette tête-là qu'il n'y en a sur votre théâtre, dans vos loges, et dans votre parterre, quand ces trois ordres seroient réunis ensemble.

LE COMÉDIEN.

Je ne doute point, monsieur, de votre capacité; mais j'ai toujours ouï dire que le goût général devoit l'emporter sur le particulier.

LE CHEVALIER.

Cette maxime est bonne pour les sots; mais non pas pour moi. Je ne me laisse jamais entraîner au torrent: je fais tête au parterre; et quand il approuve quelque endroit, c'est justement celui que je condamne.

LE COMÉDIEN.

Je vous dirai, monsieur, que nous autres comédiens nous sommes d'un sentiment bien contraire: c'est de ce tribunal-là que nous attendons nos arrêts; et, quand il a prononcé, nous n'appelons point de ses décisions.

LE CHEVALIER.

Et moi, morbleu, j'en appelle comme d'abus; j'en appelle au bon sens; j'en appelle à la postérité; et le siècle à venir me fera raison du mauvais goût de celui-ci.

LE COMÉDIEN.

Quelque succès qu'ait notre pièce, nous n'espérons pas, monsieur, qu'elle passe aux siècles futurs: il nous suffit qu'elle plaise présentement à quantité de gens d'esprit, et que la peine de nos acteurs ne soit pas infructueuse.

LE CHEVALIER.

Si j'étois de vous autres comédiens, j'aimerois mieux tirer la langue d'un pied de long que de représenter de pareilles sottises : mourez de faim, morbleu, mourez de faim avec constance plutôt que de vous enrichir avec une aussi mauvaise pièce : et qu'est-ce que c'est encore que cette Critique dont vous nous menacez ?

LE COMÉDIEN.

Je vous dirai, monsieur, par avance, que ce n'est qu'une bagatelle; deux ou trois scènes qu'on a ajoutées pour donner à la comédie une juste longueur, et pour vous amuser jusqu'à l'heure du souper.

LE CHEVALIER.

Cela sera-t-il bon ?

LE COMÉDIEN.

C'est ce que je ne vous dirai pas : le public en jugera.

LE CHEVALIER.

Le public ! le public ! Ils n'ont autre chose à vous dire, le public ! le public !

LE COMÉDIEN.

Monsieur, je vous laisse avec lui : tâchez à le faire convenir qu'il a tort; mais ne lui exposez que de bonnes raisons : il ne se paie pas de mauvais discours, je vous en avertis, et il a souvent imposé silence à des gens qui avoient autant d'esprit que vous.

(Il s'en va.)

SCÈNE III.

LE CHEVALIER, seul.

Je lui parlerois fort bien, si je me trouvois tête à tête avec lui ; mais la partie n'est pas égale : il faut remettre l'affaire à une autre fois, et voir si ces messieurs voudront me rendre ma place.

SCÈNE IV.

LA COMTESSE, LE MARQUIS, M. BONIFACE.

LA COMTESSE.

Hola, quelqu'un de mes gens ! n'ai-je là personne ? Mon carrosse, mon carrosse. Monsieur le Marquis, sortons d'ici. Remuez-vous donc, monsieur Boniface ; vous voilà comme une idole : faites donc avancer mon équipage.

LE MARQUIS.

Sitôt que votre carrosse sera devant la porte, on viendra vous avertir ; mais vous en avez encore pour un quart d'heure tout au moins.

LA COMTESSE.

Pour un quart d'heure ! Quoi ! il faudra que je demeure ici encore un quart d'heure ? Je ne pourrai jamais suffire à tout ce que j'ai à faire aujourd'hui. On m'attend au Marais pour faire une reprise de lansquenet; je vais souper proche les Incurables; nous devons courir le bal toute la nuit; et, sur les huit heures du matin, il faut que je me trouve à un réveillon à la porte Saint-Bernard.

LE MARQUIS.

Voilà, madame, bien de l'ouvrage à faire en fort peu de temps.

LA COMTESSE.

Ma vivacité fournira à tout; et si vous ne voulez pas me suivre, voilà monsieur Boniface qui ne m'abandonnera point dans l'occasion : c'est un jeune poète que je produis dans le monde, un bel esprit qui fait des vers pour moi quand j'en ai besoin : je l'ai amené à la comédie pour m'en dire son sentiment.

LE MARQUIS, bas, à la Comtesse.

Comment! tête à tête?

LA COMTESSE, bas, au Marquis.

Pourquoi non? Il me sert de chaperon; il a une mine sans conséquence : que voulez-vous qu'une femme fasse d'un visage comme le sien? (haut.) Je prétends bien qu'il vienne au bal avec moi. Mais, avant tout, tirez-moi de la foule, monsieur le Marquis, tirez-moi de la foule. Mon carrosse, en arrivant, a été une heure dans la rue Dauphine sans pouvoir avancer ni reculer; le voilà présentement dans le même embarras. Cela est étrange, que dans une ville policée comme Paris les rues ne soient pas libres, et que messieurs les comédiens empêchent la circulation des voitures.

SCENE IV.

LE MARQUIS.

Cela crie vengeance. Parbleu, monsieur Boniface, je suis bien aise de vous rencontrer dans les foyers. Vous venez de voir cette comédie qui a fait courir tant de monde; je serai charmé que vous m'en disiez votre sentiment : j'ai autrefois entendu des petits vers de votre façon qui n'étoient pas impertinents.

M. BONIFACE.

Oh! monsieur.

LA COMTESSE.

Monsieur Boniface a cent fois plus d'esprit qu'il ne paroît. J'aime les gens dont la mine promet peu et tient beaucoup. Il a l'air d'un cuistre; mais je puis vous assurer qu'il n'est pas un sot.

M. BONIFACE.

On voit bien, madame la Comtesse, que vous vous connoissez en physionomie.

LA COMTESSE.

C'est une source d'imagination vive, hardie, échauffée; rien ne l'arrête, rien ne l'embarrasse : je lui trouve un fonds de science qui m'étonne, une fécondité qui m'épouvante. Croiriez-vous, monsieur le Marquis, qu'il a fait vingt-cinq comédies, et, pour le moins, autant de tragédies? Les comédiens n'en veulent jouer aucune : mais ce qu'il y a de beau, c'est que ses comédies font pleurer, et que ses tragédies font rire à gorge déployée.

LE MARQUIS.

C'est attraper le fin de l'art.

M. BONIFACE.

Madame la Comtesse est, à son ordinaire, vive et pétulante; il faut qu'elle se divertisse toujours aux dépens de quelqu'un.

LE MARQUIS.

Allons, monsieur Boniface, faites-nous part de vos lumières; et dites-nous, je vous prie, votre avis sur la pièce que nous venons de voir.

M. BONIFACE.

Monsieur....

LA COMTESSE.

Parlez, parlez, monsieur Boniface; mais soyez court : votre récit commence déjà à m'ennuyer : je n'aime point les grands parleurs; c'est le défaut des gens de votre métier. Je rencontrai dernièrement un auteur dans la rue, qui fit à toute force arrêter mon carrosse; il me fatigua de ses vers pendant une heure entière; il en récita au laquais, au cocher, aux chevaux; et, si un autre carrosse ne fût survenu, qui lui serra les côtes de fort près, et lui fit quitter prise, je crois qu'il parleroit encore, ou qu'il seroit devenu lui-même la catastrophe de sa tragédie.

M. BONIFACE.

Je ne suis encore qu'un jeune candidat dans la république des lettres, un nourrisson des Muses; mais je soutiens que la pièce est vicieuse *à capite ad calcem*, c'est-à-dire de la tête aux pieds.

LA COMTESSE.

Un jeune candidat! un jeune candidat! un nour-

SCENE IV.

risson des Muses! Que dis-tu à cela, Marquis? Les Muses n'ont-elles pas fait là une belle nourriture? Quand serez-vous sevré, monsieur Boniface?

M. BONIFACE.

Nous avons un peu lu notre Poétique d'Aristote; et nous savons la différence de l'épopée avec le poëme dramatique, qui vient du grec παρὰ τὸ δρᾶν, id est, *agere*.

LA COMTESSE.

Agere.... agere.... Il faut avouer que cette langue grecque est admirable : il faut que vous me l'appreniez, monsieur Boniface.... Que je serois ravie de savoir du grec! Quoi! je parlerois grec, je parlerois grec, monsieur le Marquis! mais cela seroit tout-à-fait plaisant.

LE MARQUIS.

Oui, madame, cela seroit tout-à-fait plaisant et nouveau.

M. BONIFACE.

Je ne m'arrête point à la diction, je laisse cette critique aux esprits subalternes; c'est à l'analyse, à la conduite, à la texture d'une pièce que je m'attache; et, par là, je vous prouverai que celle-ci est impertinente.

LE MARQUIS.

Voilà qui est fort.

M. BONIFACE.

N'est-il pas vrai qu'il s'agit dans cette pièce d'un testament qui fait le nœud et le dénoûment de toute l'intrigue?

LE MARQUIS.

Vous avez raison.

M. BONIFACE.

Qui est-ce qui fait ce testament? ne tombez-vous pas d'accord que c'est un valet?

LA COMTESSE.

Oui, c'est Crispin. Il me réjouit parfois; j'aime à le voir.

M. BONIFACE.

Or est-il que le code Justinien, titre douze, *paragrapho primo de testamentis,* nous apprend que ceux qui sont sous la puissance d'autrui ne peuvent pas tester. Le valet est sous la puissance de son maître; *ergo* je soutiens que le valet n'a pu faire de testament; et, de là, je conclus que la pièce est détestable.

LE MARQUIS.

Belle conclusion!

LA COMTESSE.

Voilà ce qui s'appelle saper un ouvrage par les fondements, raisonner juste, et décider comme j'aurois fait. Que monsieur Boniface a d'esprit! c'est un gouffre de science. Mon Dieu, que j'aurois envie de l'embrasser! mais la pudeur m'en empêche. Pour vous consoler, monsieur Boniface, baisez ma main. Te voilà, Marquis, confondu, écrasé, anéanti. Tu ne ris point? tu ne ris point?

LE MARQUIS.

Ce n'est pas, ma foi, que vous ne m'en donniez

tous deux une ample matière. Qu'avons-nous affaire ici d'épopée, et de tous les grands mots grecs et latins dont monsieur Boniface fait une parade fastueuse ?

LA COMTESSE.

Ce sont tous termes de l'art, qui sont cités fort à propos; l'épopée, le code, le Justinien, le *paragrapho*. Je voudrois avoir trouvé une douzaine de ces mots, et les avoir payés une pistole pièce.

LE MARQUIS.

Apprenez, monsieur le jurisprudent hors de saison, qu'il n'est point question, dans une comédie, du droit romain ni de Justinien : il s'agit de divertir les gens d'esprit avec art; et je vous soutiens, moi, que la conduite de cette pièce est très sensée.

M. BONIFACE.

C'est dont nous ne convenons pas parmi nous autres savants.

LE MARQUIS.

Le premier acte expose le sujet; le second fait le nœud; dans le troisième commence l'action; elle continue dans les suivants : tout concourt à l'événement; l'embarras croît jusqu'à la dernière scène; le dénoûment est tiré des entrailles du sujet. Tous les acteurs sont contents, et les spectateurs seroient bien difficiles s'ils ne l'étoient pas, puisqu'il me paroît qu'ils ont été divertis dans les règles.

LA COMTESSE.

Pour moi, je n'entends point vos règles de comédie : mais mon frère le Chevalier, qui a bon goût, et qui est presque aussi sage que moi, m'a dit qu'elle ne valoit rien; il ne l'a pourtant point encore vue.

LE MARQUIS.

C'est le moyen d'en juger bien sainement.

LA COMTESSE.

Il n'a cependant manqué aucune représentation. La première, il ne vit rien; la seconde, il n'entendit pas un mot; la troisième, il ne vit ni n'entendit; et, toutes les autres fois, il étoit dans les foyers occupé devant le miroir à rajuster sa personne, ranimer sa perruque, se renouveler de bonne mine, pour être en état de donner la main à quelque femme de qualité, et la conduire avec succès dans son carrosse.

LE MARQUIS.

Je ne m'étonne pas s'il en parle si bien.

LA COMTESSE.

Pour moi, ne trouvant plus de place dans les premières loges, je l'ai vue la première fois dans l'amphithéâtre, où je me trouvai entourée de cinq ou six jeunes seigneurs qui ne cessèrent de folâtrer autour de moi : jamais jolie femme ne fut plus lutinée; et, si la pièce n'avoit promptement fini, je ne sais, en vérité, ce qu'il en seroit arrivé.

LE MARQUIS.

Vous avez bien raison, madame la Comtesse, de pester; vous n'avez jamais tant couru de risque en vos jours qu'à cette comédie.

M. BONIFACE.

Pour moi, j'étois dans le parterre à la première représentation ; il ne m'en a jamais tant coûté pour voir une mauvaise comédie : une moitié de mon justaucorps fut emportée par la foule, et j'eus bien de la peine à sauver l'autre au milieu des flots de laquais qui m'inondèrent de cire en sortant, et me brûlèrent tout un côté de ma perruque.

LA COMTESSE.

Les auteurs qui ont des habits aussi mûrs que le vôtre, monsieur Boniface, ne doivent point se trouver dans le parterre à une première représentation.

LE MARQUIS.

Madame la Comtesse a raison. Vous êtes là un tas de mauvais poètes cantonnés par peloton (je ne parle pas de ceux qui sont avoués d'Apollon, dont on doit respecter les avis); vous êtes là, dis-je, comme des âmes en peine, tout prêts à donner l'alarme dans votre quartier, et à sonner le tocsin sur un mot qui ne vous plaira pas. Sont-ce deux ou trois termes hasardés, négligés ou mal interprétés qui doivent décider d'un ouvrage de deux mille vers ?

LA COMTESSE.

Tu te rends, Marquis ; tu fléchis ; tu demandes quartier. Courage, monsieur Boniface ; remettez-vous ; l'ennemi plie ; tenez bon, quand il devroit aujourd'hui vous en coûter votre manteau. Te moques-tu, Marquis, de te mesurer avec monsieur Boniface ? C'est le plus bel esprit du siècle; il a voix délibérative aux cafés ; et c'est lui qui fait un livre qui aura pour titre : *le Diable partisan, ou l'Abrégé des soupirs auprès des cruelles.*

LE MARQUIS.

Mais enfin, vous conviendrez que la pièce est....

LA COMTESSE.

Horrible, détestable, archidétestable; et qu'il n'y a que les entr'actes qui la soutiennent.

M. BONIFACE.

Que voulez-vous dire avec vos entr'actes? Il me semble qu'il n'y en a point.

LA COMTESSE.

Il n'y en a point! Comment appelez-vous donc ces pirouettes, ces caracoles, ces chaudes embrassades qui se font sur le théâtre pendant qu'on mouche les chandelles? Voilà ce qui s'appelle des scènes d'action et de mouvement des plus comiques. Place au théâtre ! haut les bras! Demandez plutôt au parterre, je suis sûr qu'il sera de mon avis. Mais je perds ici bien du temps. Mon cher monsieur Boniface, voyez, je vous prie, si mon carrosse n'est point à la porte : de moment en moment je sens que je m'exténue; je fonds, je péris, je deviens nulle.

M. BONIFACE.

Dans un moment, madame, je viens vous rendre réponse.

SCÈNE V.

M. BREDOUILLE, LA COMTESSE, LE MARQUIS.

M. BREDOUILLE, sortant de la coulisse.

Allez toujours devant, j'y serai aussitôt que vous ; ayez soin seulement que nous buvions bien frais, et que le rôt soit cuit à propos.

LE MARQUIS.

Hé ! bonjour, mon cher monsieur Bredouille ; que j'ai de joie de vous rencontrer ici ! Madame, vous voyez devant vous l'homme de France qui fait la meilleure chère, et qui a cinquante bonnes mille livres de rente.

LA COMTESSE.

Je ne connois autre que monsieur Bredouille ; j'ai été vingt fois à sa maison de campagne : c'est lui qui a inventé les poulardes aux huîtres, les poulets aux œufs, et les cervelles aux olives. Si je n'étois pas retenue, je lui proposerois de nous donner ce soir à souper, pour nous dédommager de la mauvaise comédie que nous venons de voir.

M. BREDOUILLE.

Qu'appelez-vous mauvaise comédie ? mauvaise comédie !... Je la trouve excellente : je ne me suis jamais tant diverti ; et monsieur Clistorel m'a guéri de toute la mauvaise humeur que j'y avois apportée.

LA COMTESSE.

D'où venoit ton chagrin, mon gros bredouilleux ? quelque quartaut de ta cave a-t-il échappé à ses cerceaux ? et pleures-tu, par avance, le malheur qui nous menace de ne point avoir de glace pendant l'été ?

M. BREDOUILLE.

Mon cuisinier avoit, à dîner, manqué sa soupe ; ses entrées ne valoient pas le diable, et le coquin avoit laissé brûler un faisan qu'on m'avoit envoyé de mes terres. Je n'ai pas laissé d'y rire tout mon soûl, tout mon soûl.

LA COMTESSE.

Comment ! tu as pu rire de pareilles sottises ? Si je te faisois l'anatomie de cette pièce-là, tu tomberois dans un dégoût qui t'ôteroit l'appétit pendant tout le carnaval.

M. BREDOUILLE.

Ne me la faites donc pas ; il n'est point ici question d'anatomie. Est-ce que le testament ne vous a pas réjouie ? Il y a là deux *item* qui valent chacun une comédie. Et cette veuve, morbleu, cette veuve, n'est-elle pas à manger ? Ce Poisson est plaisant, il me divertit : j'aime à rire, moi ; cela me fait faire digestion.

LA COMTESSE.

Et c'est justement la scène de la veuve qui m'a donné un dégoût pour la pièce ; j'ai une antipathie extrême pour cet habit ; et si mon mari mouroit aujourd'hui je me remarierois demain pour n'être pas obligée de me représenter sous un si lugubre équipage. Je crois que je ne ferois pas mal dès à présent de choisir quelqu'un pour lui succéder. Qu'en dis-tu, Marquis?

LE MARQUIS.

Ce seroit très bien fait.

LA COMTESSE.

Et que dites-vous, s'il vous plaît, de ce gentilhomme normand, monsieur Alexandre Choupille, de l'enfant posthume, du Clistorel, et de la servante qui ne veut pas être interloquée?

M. BREDOUILLE.

Hé bien! interloquée, interloquée! où est donc le grand mal? N'ai-je pas été interloqué, moi qui vous parle, dans un procès que j'ai avec un de mes fermiers?

LA COMTESSE.

Eh! fi donc, monsieur! fi donc!

M. BREDOUILLE.

Pour moi, je n'y entends point tant de façon; quand une chose me plaît, je ne vais point m'alambiquer l'esprit pour savoir pourquoi elle me plaît.

LE MARQUIS.

Monsieur parle de fort bon sens.

M. BREDOUILLE.

Madame la Comtesse, par exemple, je ne la détaille point par le menu; il suffit qu'elle me plaise en gros : je n'examine point si elle a les yeux petits, le nez rentrant, la taille renforcée ; elle me plaît, je n'en veux point davantage.

LA COMTESSE, le contrefaisant.

Monsieur Bredouille a raison ; car, voyez-vous, une femme est comme une comédie : il y a de l'intrigue, du dénoûment. Monsieur Bredouille, par exemple, je n'examine point s'il est gros ou menu, gras ou maigre ; il a de bon vin, on le va voir : en faut-il davantage ? N'est-il pas vrai, Marquis ?

LE MARQUIS.

Oui, rien n'est plus clair que ce raisonnement-là.

M. BREDOUILLE.

Madame, je suis votre serviteur. Je vais souper à la Place-Royale, où nous devons attaquer un aloyau dans les formes ; et je serois au désespoir que la scène commençât sans moi.

LA COMTESSE, bredouillant.

C'est très bien fait, monsieur Bredouille ; ne manquez pas d'en couper une douzaine de tranches à mon intention, et de boire autant de rasades à ma santé.

SCÈNE VI.

LA COMTESSE, LE MARQUIS.

LA COMTESSE.

Voilà un plaisant original ! Mais que vois-je ? Il me semble que j'aperçois monsieur Clistorel. Il n'est pas encore déshabillé; il faut l'appeler pour nous en divertir. Holà, ho, monsieur Clistorel! un petit mot.

SCÈNE VII.

CLISTOREL, apothicaire, LE MARQUIS, LA COMTESSE.

CLISTOREL, apothicaire.

Les comédiens sont bien plaisants, de jouer sur leur théâtre un corps aussi illustre que celui des apothicaires; et ce petit mirmidon de Clistorel bien impertinent de s'attaquer à un homme comme moi!

LA COMTESSE.

Que voulez-vous donc dire? n'êtes-vous pas monsieur Clistorel? Comment donc! je crois qu'en voilà encore un autre : je m'imaginois qu'il fût unique en son espèce. Holà, ho, monsieur Clistorel! un petit mot.

SCÈNE VIII.

CLISTOREL, comédien, CLISTOREL, apothicaire, LE MARQUIS, LA COMTESSE.

CLISTOREL, apothicaire, à Clistorel, comédien.

C'est donc vous, mon petit ami, qui empruntez mon nom et ma personne pour les mettre dans vos comédies? Savez-vous que je suis doyen des apothicaires?

CLISTOREL, comédien.

Vous, doyen des apothicaires !

CLISTOREL, apothicaire.

Oui, moi.

CLISTOREL, comédien.

Que m'importe ? Ha, ha, ha ! la plaisante figure pour un doyen !

CLISTOREL, apothicaire.

Figure ! parbleu, figure vous-même ; je serois bien fâché que la mienne fût aussi ridicule que la vôtre.

CLISTOREL, comédien.

Et moi, je serois au désespoir de vous ressembler : ne voilà-t-il pas un petit gentilhomme bien tourné ?

CLISTOREL, apothicaire.

Depuis deux cents ans nous tenons boutique d'apothicaire, de père en fils, dans le faubourg Saint-Germain.

CLISTOREL, comédien.

Oui : l'on dit que c'est vous qui recrépissez toutes les vieilles du quartier.

CLISTOREL, apothicaire.

Je puis me vanter qu'il n'y a point d'homme en France qui ait plus raccommodé de visages que moi.

LA COMTESSE.

Vous avez raccommodé des visages ! Je croyois qu'un visage n'étoit pas de la compétence d'un apothicaire. Il faudra donc, monsieur Clistorel, que vous préludiez quelque jour sur le mien. Je suis jeune

SCENE VIII. 163

encore, comme vous voyez; mais quand j'ai bu du vin de Champagne, j'ai le lendemain le coloris obscur, les nuances brouillées, et des erreurs au teint, qui me vieillissent de dix années.

CLISTOREL, comédien, à la Comtesse.

Il a remis sur pied des teints aussi désespérés que le vôtre.

LA COMTESSE.

Je puis l'assurer que mon visage ne lui fera point d'affront, et qu'il en aura de l'honneur.

CLISTOREL, apothicaire.

Pourquoi donc, mon petit comédien, connoissant mon mérite, êtes-vous assez impudent pour me jouer en plein théâtre?

CLISTOREL, comédien.

Nous y jouons bien tous les jours les médecins, qui valent bien les apothicaires.

CLISTOREL, apothicaire.

Savez-vous que personne n'approche de plus près que nous les princes et les grands seigneurs?

CLISTOREL, comédien.

Vous ne les voyez que par derrière; mais nous leur parlons face à face.

CLISTOREL, apothicaire.

Je suis apothicaire, et médecin quand il le faut.

CLISTOREL, comédien.

Je joue, moi, dans le comique et dans le sérieux.

CLISTOREL, apothicaire.

J'ai fait, dans Paris, quatre cours de chimie.

CLISTOREL, comédien.

J'ai joué, en campagne, les rois et les empereurs.

LA COMTESSE.

Quoi ! vous jouez dans le sérieux ! Un pygmée, un extrait d'homme comme vous représenteroit Achille, Agamemnon, Mithridate ! Marquis, que dis-tu de ce héros-là ? Ne voilà-t-il pas un Mithridate bien fourni pour faire fuir des légions romaines ?

LE MARQUIS.

Je vous prie, monsieur Clistorel le sérieux, de nous dire seulement deux vers, pour voir comment vous vous y prenez.

CLISTOREL, comédien.

Oui-dà.

« Et vous aurez pour vous, malgré les envieux,
« Et Lisette, et Crispin, et l'enfer, et les dieux. »

CLISTOREL, apothicaire.

Il faut dire la vérité : voilà une belle taille pour faire un empereur !

CLISTOREL, comédien.

Voilà un plaisant visage pour avoir fait quatorze enfants à sa femme !

CLISTOREL, apothicaire.

Cela est faux, je lui en ai fait dix-neuf.

CLISTOREL, comédien.

Tant mieux, pourvu qu'ils soient tous de votre façon.

CLISTOREL, apothicaire.

Qu'est-ce à dire de ma façon ? Apprenez que, sur

SCENE VIII.

l'honneur, madame Clistorel n'a jamais fait de quiproquo.

CLISTOREL, comédien.

Elle ne vous ressemble donc pas ?

CLISTOREL, apothicaire.

Moi, j'ai fait des quiproquo ! Vous en avez menti.

CLISTOREL, comédien.

J'en ai menti ? (Ils se battent.)

LA COMTESSE, les séparant.

Monsieur l'apothicaire, monsieur le comédien, monsieur Clistorel, monsieur Mithridate....

CLISTOREL, apothicaire.

Avorton de comédien !

CLISTOREL, comédien.

Embryon d'apothicaire !

LA COMTESSE.

Doucement, messieurs, doucement : je ne souffrirai point qu'il arrive de malheur, et que deux Clistorels se coupent la gorge en ma présence. Vous, monsieur Clistorel l'apothicaire, retournez dans votre boutique, et vous, monsieur Clistorel le comédien, je veux que vous me meniez au bal, et que nous dansions ensemble le rigaudon, la chasse, les cotillons, la jalousie, et toutes les autres danses nouvelles, où j'excelle assurément ; et je puis me vanter qu'il n'y a point de femme qui se trémousse dans un bal avec plus de noblesse, de cadence, de vivacité, de légèreté et de pétulance.

SCÈNE IX.

M. BONIFACE, LA COMTESSE, CLISTOREL, comédien, **CLISTOREL,** apothicaire, **LE MARQUIS.**

M. BONIFACE.
Madame, votre carrosse est à la porte, et vous descendrez quand il vous plaira.

LA COMTESSE.
Il a bien fait de venir; j'allois me jeter dans le premier venu. (à Clistorel, le comédien.) Allons, monsieur Clistorel, donnez-moi la main.

SCENE X.

LE MARQUIS, seul.

Hé bien, morbleu ! voilà ce qui s'appelle une comédie dans les règles ! cela vaut mieux que l'autre ; et je vous jure que l'on ne la jouera point que je n'y revienne. Je conseille à l'assemblée d'en faire autant.

FIN DE LA CRITIQUE DU LÉGATAIRE.

LES SOUHAITS,

COMÉDIE EN UN ACTE,

NON REPRÉSENTÉE.

PERSONNAGES.

MERCURE.
UNE NOUVELLE MARIÉE.
UNE SUISSESSE.
UNE FILLE, en cavalier gascon.
UN NAIN, en vieillard.
UN HOMME de bonne chère.
POISSON,
LA THORILLIÈRE, } comédiens de campagne.
MARS, joué par La Thorillière.
VULCAIN, joué par Poisson.
VÉNUS.
Suite de Cyclopes.

LES SOUHAITS,

COMÉDIE.

Le théâtre représente une foire, ou une assemblée de plusieurs personnes de différentes nations. Mercure entre, suivi de tous ceux qui viennent lui demander l'accomplissement de leurs souhaits.

MARCHE.

MERCURE, chantant.

Venez, venez, peuples divers;
Accourez à ma voix des bouts de l'univers :
    Le dieu qui lance le tonnerre
    Remet aujourd'hui dans mes mains
    Le bonheur de la terre,
    Et le sort de tous les humains.
Ne vous plaignez donc plus des malheurs de la vie,
    Mortels; je veux vous rendre heureux :
Formez tous des souhaits au gré de votre envie;
    Je comblerai vos vœux,
Si pour votre repos ils sont avantageux.

SCÈNE I.

UNE NOUVELLE MARIÉE, MERCURE.

LA MARIÉE.

Je m'offre la première, étant la plus pressée.
En vous disant d'abord que je suis mariée,
Vous devinez assez que je viens vous prier
    De vouloir me démarier.
   Ne rendez point ma demande frivole,
Et, pour le bien commun, changez tous les maris;
    Je vous porte ici la parole
Pour tout le corps des femmes de Paris.

MERCURE.

Je le crois aisément; mais je me persuade
    Que, de leur côté, les époux,
   Pour obtenir même grâce que vous,
    Vont m'envoyer même ambassade.

LA MARIÉE.

   Ils n'en ont pas tant de raisons que nous.

MERCURE.

Comptez-vous bien du temps depuis que l'hyménée
Au sort de votre époux joint votre destinée?

LA MARIÉE.

Quinze jours; mais, avant ce choix si malheureux,
J'étois, en moins d'un mois, déjà veuve de deux :
Sitôt que l'un fut mort, par grâce singulière,
Un autre à succéder aussitôt fut admis;
Celui-ci mort, un autre en sa place fut mis,

SCENE I.

Croyant mieux trouver et mieux faire :
Mais, hélas! j'ai toujours été de pis en pis.
Le premier se trouva brutal jusqu'à l'extrême ;
Le second plus brutal, et très jaloux, de plus ;
L'autre est jaloux, brutal, ivrogne au par-dessus :
    Je veux voir si le quatrième
    Pourroit avoir quelques vertus,
    Sauf à recourir au cinquième.

MERCURE.

Mais pour vous fournir de maris
Seulement pendant une année,
De l'humeur dont vous êtes née,
Vous épuiseriez tout Paris.

LA MARIÉE.

Je veux, pour en trouver un à ma fantaisie,
En changer, si je puis, tous les jours de ma vie.

MERCURE.

Je rebute vos vœux, et j'ai pitié de vous ;
Il vous arriveroit, dans votre rage extrême,
    Si vous preniez un quatrième,
Qu'il auroit à lui seul tous les défauts de tous,
Et qu'il pourroit encor vous assommer de coups,
Et feroit bien, cela ne soit dit qu'entre nous,
Pour vous ôter l'espoir de songer au cinquième.

LA MARIÉE.

De mon sort, en un mot, vous plaît-il d'ordonner ?

MERCURE.

    Votre vœu n'est pas impétrable.
Faisant place à quelqu'un qui soit plus raisonnable,
Écoutez le conseil que je vais vous donner.

AIR.

Le mariage
Est un hommage
Que chacun à son tour
Peut rendre à l'Amour.
Mais quand un doux veuvage
Assure un heureux sort,
Ce n'est pas être sage
D'affronter de nouveau l'orage,
Quand on est au port.

SCÈNE II.

UNE SUISSESSE, UN NAIN, en vieillard, **MERCURE.**

LA SUISSESSE, à Mercure.

Vous voyez deux amants dont la taille diffère :
La nature dans l'un prodigua sa matière,
Et dans l'autre elle fut avare de ses biens ;
  Cependant, ne pouvant mieux faire,
Nous voulons de l'hymen contracter les liens.
    Mais chacun, par avance,
    Rit de cette alliance ;
Et je viens vous prier, par un souhait nouveau,
De vouloir bien tous deux nous mettre de niveau.

MERCURE.

Voilà du dieu d'amour l'ordinaire injustice ;
  Il se plaît sous un joug d'airain,
D'asservir bien souvent deux amants de sa main,
Fort différents d'humeur, de taille et de caprice ;
  Puis il en rit le lendemain.

LE NAIN.

Je ne sais pas pourquoi dans mon choix on me blâme.
Un grand homme souvent épouse un avorton :
    Je puis, par la même raison,
    Épouser une grande femme,
    Sans crainte du qu'en dira-t-on.
Je sais qu'elle n'est pas sur ma forme taillée ;
    Mais je ne suis pas le premier
  Qui prend pour femme, et sans s'en méfier,
    Une fille dépareillée.

LA SUISSESSE.

    Nous craignons fort que nos enfants
    N'ayent pas la forme ordinaire :
Si la nature un jour les mesure à leur mère,
    Ils pourront être des géants ;
    Si d'ailleurs ils tiennent du père,
    Les risques n'en sont pas moins grands ;
    Ce ne seront que des idées,
    Ou du moins des nains étonnants,
    Et qui n'auront pas deux coudées.
Mais, pour nous égaler, dans un tel différend,
Faites-moi plus petite, ou le faites plus grand.

MERCURE.

La raison est choquée aux souhaits que vous faites :
    Mariez-vous tels que vous êtes.[1]

---

[1] Après ce vers on lit les trois suivants dans l'édition de 1731 :
    Vous aurez des enfants bien conditionnés.
        Votre taille est courte et bizarre,
        La matière en vous est très rare.
                      (G. A. C.)

A porter des géants ses flancs sont destinés :
Et de là je conclus, sans être philosophe,
Que sa fécondité doit vous fournir assez
Ce qui, de votre part, pourra manquer d'étoffe,
Et vos enfants seront bien proportionnés.

LE NAIN.

Mais cependant, sans vous déplaire,
Cela gâteroit-il quelque chose à l'affaire,
Si j'avois sur ma tête encore un pied de plus ?

MERCURE.

Sur ce point laisse agir ta femme :
Si j'en juge aux regards de cette bonne dame,
Tes vœux ne seront point déçus ;
Quand tu seras époux, tu deviendras peut-être
Plus grand que tu ne voudrois être.

(à la Suissesse.)

Pour vous, écoutez bien ma chanson là-dessus.

AIR.

Un mari toujours embarrasse :
Heureuse celle qui s'en passe !
On n'en a pas comme on les veut.
Vous en pourrez trouver qui seront plus de mise :
Mais de mauvaise marchandise
Il ne s'en faut charger que le moins que l'on peut.

SCÈNE III.

UN HOMME de bonne chère, ou un buveur, MERCURE.

L'HOMME de bonne chère.

Vous voyez un garçon qui du bien fait usage,
Assez bien nourri pour son âge ;
Je n'ai pas encore vingt ans,
Et j'espère dans peu profiter davantage.
Cet embonpoint des plus brillants,
Qui fidèlement m'accompagne,
Est pétri de mets succulents,
Et broyé de vin de Champagne.

MERCURE.

La teinture en est bonne, et durera long-temps.

L'HOMME de bonne chère.

Cependant, croiriez-vous ce que je vais vous dire ?
Avec cet embonpoint des autres souhaité,
Souvent je manque de santé.

MERCURE.

Bon ! je crois que vous voulez rire :
Vous n'avez point d'affaire avec la Faculté.

L'HOMME de bonne chère.

Mon plaisir unique est la table ;
Je m'y plais à passer les nuits :
Mais, lorsque trop long-temps j'y suis,
Un désir de dormir m'accable.
En vain, pour le chasser, je fais ce que je puis.

Quand j'ai seulement bu mes neuf ou dix bouteilles,
  Certain mal de tête me prend,
  Sous moi mon pied est chancelant,
  Et j'ai des vapeurs sans pareilles;
Il me prend un dégoût pour tout ce qu'on me sert,
Plus de faim, plus de soif, plus d'appétit ouvert.
  Dans cette affreuse maladie,
Je me traîne à mon lit sans me déshabiller :
Là, je dors sans donner aucun signe de vie;
  Et je demeure en cette léthargie
Jusques au lendemain, sans pouvoir m'éveiller.

    MERCURE.

S'il est ainsi, vous êtes bien malade.
Et ce mal vous prend-il bien ordinairement?

   L'HOMME de bonne chère.

  Une fois par jour réglément.

    MERCURE.

Oui ! vous êtes plus mal qu'on ne se persuade.

   L'HOMME de bonne chère.

Je viens vous demander, pour vivre heureusement,
Un meilleur estomac, un ventre plus capable,
  Une faim qui s'irrite à table,
Et qui puisse porter l'effroi dans tous les plats,
Et surtout une soif que rien ne puisse éteindre.

    MERCURE.

Homme, ou tonneau, je ne t'écoute pas;
Seroit-ce t'obliger qu'avancer ton trépas?
  Eh ! de moi tu devrois te plaindre.
  Ton souhait est impertinent;

Cherche une demande meilleure.
Tu crèveras avant qu'il soit un an ;
Et, si j'étois à tes vœux complaisant,
Tu crèverois avant qu'il fût une heure.

L'HOMME de bonne chère.

Quoi ! je n'aurai donc point de vous d'autre raison ?

MERCURE.

A ce propos, écoute ma chanson.

AIR.

Ami, je condamne l'usage
De ceux qui mettent tous leurs soins
A voir dans un repas qui boira davantage,
Et qui vivra le moins.
Buvez tant que d'Iris vous perdiez la mémoire,
Vous gagnerez beaucoup ;
Alors je vous permets de boire,
Pour célébrer votre victoire,
Encore un coup.

SCÈNE IV.

UNE FILLE en cavalier gascon, **MERCURE**.

LE GASCON.

CADÉDIS, monsieur de Mercure,
Je ne viens point faire de vœux,
Comme font tous ces malheureux ;
J'ai tout reçu de la nature.
Je suis plus noble que le roi,
Et je ne le cède à personne ;

Ma noblesse est plus vieille et plus pure, je croi,
    Que les sources de la Garonne.
J'ai plus d'esprit cent fois qu'il ne me faut;
    Ma taille est des plus à la mode;
    Je ne vois en moi nul défaut;
    Mais trop de valeur m'incommode.

        MERCURE.

    Oh! oh! cet homme a le sang chaud.
En ce temps de désordre, où l'on voit sur la terre
    Régner le démon de la guerre,
    Vous avez de quoi batailler.

        LE GASCON.

D'accord : mais les hivers on ne peut chamailler.
    Ce repos m'ennuie et me gêne :
    Le sang me bout de veine en veine;
    Je voudrois qu'il me fût permis,
    Pour me tenir bien en haleine,
De me battre en duel contre mes ennemis,
    Trois fois seulement par semaine.[1]

        MERCURE.

Vous êtes-vous battu parfois?

        LE GASCON.

            Non, ou je mens;
Mais, certes, je m'en meurs d'envie.

        MERCURE.

Ce métier à la longue ennuie,

---

[1] Ce vers manque dans l'édition de 1731 que j'ai consultée. Suivant l'éditeur de 1820, il se trouve dans l'autre édition de cette même année 1731. (G. A. C.)

SCÈNE IV.

Lasse, et ne nourrit pas son maître bien long-temps.

LE GASCON.

Lorsque je l'aurai fait dix ans,
Je me reposerai le reste de ma vie.

MERCURE.

Ce souhait est vraiment nouveau,
Et je ne vois rien de si beau
D'aller à tout venant offrir la carte blanche :
Mais, si vous commenciez un lundi
Ce jeu digne d'un étourdi,
A peine iriez-vous au dimanche.

LE GASCON.

Vous vous raillez, je crois. Remplissez mon souhait :
Ce m'est un jeu quand je m'exerce
A pousser la quarte et la tierce,
Et faire une passe au collet :
Du sort d'un ennemi je suis toujours le maître ;
Et, dans un combat singulier,
Je force à demander quartier,
Quelque brave que ce puisse être.

MERCURE.

Quelque mortels que soient vos coups,
Je connois, à votre visage,
Que bien des gens voudroient posséder l'avantage
D'en venir aux mains avec vous.
Malgré l'habit qui me cache vos charmes,
Vous ne sauriez m'imposer en ce jour :
Vous vous imaginez être fait pour les armes,
Et vous êtes fait pour l'amour.

LE GASCON.

Il faut donc que je me retranche
Aux exploits que ce dieu m'offrira désormais,
Et que je prenne ma revanche
Sur des cœurs qui n'en pourront mais.

SCÈNE V.

POISSON, LA THORILLIÈRE, comédiens de campagne, MERCURE.

LA THORILLIÈRE.

Avec tous les respects que la divinité
Exige de l'humanité,
Nous venons rendre notre hommage,
Et profiter de l'avantage
Qui par vous nous est présenté.

POISSON.

Seigneur Mercure, en vérité,
En voyant ce noble équipage
Qui vous sert à faire voyage,
On ne vous prendra pas, à moins d'être hébété,
Pour un messager de village;
Mais cette noble majesté
Qui.... je n'en dis pas davantage,
De crainte de prolixité.

MERCURE.

Venons au fait, et point tant de langage.

LA THORILLIÈRE.

Des bords fameux du Pô, jusqu'aux rives du Rhin,

Dans les troupes toujours cherchant un beau destin,
De lauriers éclatants nous avons ceint nos têtes,
Et près du sexe même étendu nos conquêtes.
  Le sceptre est souvent en nos mains ;
Et vous voyez en nous, par le fruit de nos peines,
  Ce que les Grecs et les Romains
  Ont eu de plus grands capitaines.

MERCURE.

Oui ! Mais, s'il est ainsi, comme on n'en peut douter,
Que vous peut-il encor rester à souhaiter ?

LA THORILLIÈRE.

Rassasiés de gloire et de ses dons frivoles,
  Comme sont enfin les héros,
Ayant dans l'univers joué les premiers rôles,
  Nous cherchons un peu de repos.
  L'honneur partout nous accompagne ;
Mais nous sommes d'ailleurs fort dénués de biens,
  Car nous sommes comédiens.

POISSON.

  Et comédiens de campagne.

MERCURE.

  J'aime les gens de cet emploi :
  Parlez, que voulez-vous de moi ?

LA THORILLIÈRE.

  Vous savez que notre espérance,
Le but de nos travaux, est d'être un jour admis
  Dans cette troupe de Paris,
  Où l'on vit avec abondance :
On emploie à cela l'argent et les amis.

POISSON.

C'est pour nous le bâton de maréchal de France.

LA THORILLIÈRE.

C'est donc où se bornent nos vœux,
Et ce qui peut nous rendre heureux.

MERCURE.

Pour m'assurer si le vœu que vous faites
Vous est avantageux, ou non,
Il faudroit de ce que vous êtes
Me donner quelque échantillon.
Quel rôle faites-vous?

POISSON.

Jadis dans le comique
Mon camarade et moi nous avions du crédit;
Mais, pour faire en tout genre admirer notre esprit,
Nous chaussons maintenant le cothurne tragique,
Et je fais le héros des mieux, à ce qu'on dit.

LA THORILLIÈRE.

Pour peu que vous vouliez en passer votre envie,
Nous joûrons un fragment pris d'une tragédie,
Dont les vers, faits par moi, furent très bien reçus:
Elle a nom, *les Amours de Mars et de Vénus*,
Et ce n'est proprement qu'un trait de parodie
D'une scène d'*Iphigénie*,
Quand Achille en fureur insulte Agamemnon.
Pour moi, quand je travaille,
J'aime mieux imiter certains auteurs de nom,
Qu'en produisant de moi, ne faire rien qui vaille.

MERCURE.

Vous avez fort bonne raison.

POISSON.

Ordonnez donc, seigneur Mercure,
Que les musiciens, avec leurs violons,
    Vous fredonnent une ouverture,
    Et dans peu nous commencerons.

SCÈNE VI.

VÉNUS, VULCAIN, SUITE DE CYCLOPES.

PARODIE.

VULCAIN.

Assez et trop long-temps ma lâche complaisance
De vos déportements entretient la licence,
Madame; je ne puis les souffrir plus long-temps;
Et Mars fait voir pour vous des feux trop éclatants.

VÉNUS.

Ne cesserez-vous point, dans votre humeur farouche,
De m'immoler sans cesse à vos transports jaloux?

VULCAIN.

Vous immolez ma tête aux malheurs d'un époux,
    Et le mal d'assez près me touche.

VÉNUS.

Vous ne méritez pas l'amour qu'on a pour vous.

VULCAIN.

On ne m'abuse point par de fausses caresses;
Je sais ce que je dois croire de vos discours.

VÉNUS.

Que manque-t-il à vos tendresses?
Vous avez épousé la mère des Amours.

VULCAIN.

Et c'est là ma douleur amère!
Des Amours vous êtes la mère;
Et moi, Vulcain, qui suis par malheur votre époux,
J'en devrois être aussi le père, ce me semble:
Cependant, au dire de tous,
De tant d'enfants aucun ne me ressemble;
Et les mortels, dans leurs discours,
Ne m'appellent jamais le père des Amours.

VÉNUS.

Il seroit beau, vraiment, que de votre visage
Mes enfants eussent quelques traits;
Vous n'avez pas assez d'attraits
Pour leur souhaiter votre image.
Que diroit tout le genre humain,
Si, de notre couche féconde,
Il voyoit voler dans le monde
Des Amours forgés par Vulcain?

VULCAIN.

C'est trop insulter à ma peine.
A son appartement, gardes, qu'on la remène,
Et qu'on l'empêche d'en sortir.

(Deux Cyclopes s'emparent de Vénus.)

VÉNUS.

Quoi! voulez-vous, par cette violence,
Forcer mon cœur à vous haïr!

VULCAIN.

Vous avez trop long-temps lassé ma patience.
Je parle, j'ai parlé; c'est à vous d'obéir.

(Les deux Cyclopes emmènent Vénus.)

SCÈNE VII.

VULCAIN, seul.

FAUT-IL cruel hymen, que, tout dieux que nous sommes,
Nous ressentions tes coups comme les autres hommes?

SCÈNE VIII.

MARS, VULCAIN.

MARS.

Un bruit assez étrange est venu jusqu'à moi,
Seigneur; je l'ai jugé trop peu digne de foi.
On dit, et sans horreur je ne puis le redire,
Qu'exerçant sur Vénus un rigoureux empire,
Et vous-même étouffant tout sentiment d'époux,
Vous voulez l'immoler à vos transports jaloux.
Contre ses volontés, par vos soins retenue,
Vous la faites, dit-on, ici garder à vue.
On dit plus; on prétend que cette dure loi
N'est donnée en ces lieux, n'est faite que pour moi.
Qu'en dites-vous, seigneur? que faut-il que j'en pense?
Ne ferez-vous point taire un bruit qui nous offense?

VULCAIN.

Seigneur, je ne rends point compte de mes desseins :
Ma femme ignore encor mes ordres souverains ;
Et, quand il sera temps qu'elle soit enfermée,
Vous en serez instruit avec la renommée.

MARS.

Et vous pourriez, cruel, la maltraiter ainsi !

VULCAIN.

De vos secrets complots je suis trop éclairci :
Vos discours me font voir ce que j'avois à craindre,
Et vos lâches amours ne sauroient se contraindre.

MARS.

Seigneur, je ne rends point compte de mes amours :
Vénus ignore encor quel en sera le cours ;
Et, quand il sera temps, par vous ou par un autre
Elle apprendra son sort, et vous saurez le vôtre.

VULCAIN.

Ah ! je sais trop le sort que vous me réservez.

MARS.

Pourquoi le demander, puisque vous le savez ?

VULCAIN.

Pourquoi je le demande ! ô ciel ! le puis-je croire,
Qu'on ose des ardeurs avouer la plus noire ?
Vous pensez qu'approuvant vos feux injurieux,
Je vous laisse achever ce complot à mes yeux ;
Que ma foi, mon honneur, mon amour y consente ?

MARS.

Mais vous, qui me parlez d'une voix menaçante,
Oubliez-vous ici qui vous interrogez ?

SCENE VIII.

VULCAIN.

Oubliez-vous qui j'aime, et qui vous outragez?

MARS.

C'est pour le bien commun qu'ici mon zèle brille.

VULCAIN.

Et qui vous a chargé du soin de ma famille?
Avez-vous sur ma femme acquis des droits d'époux?
Et ne pourrai-je....

MARS.

Non, elle n'est pas à vous.
En épousant Vénus, cette belle déesse,
Vous saviez que son cœur, sensible à la tendresse,
Ne se refusoit pas aux transports les plus doux:
A ces conditions vous fûtes son époux.
Si, depuis, des amants la troupe favorite
A pris chez vous des droits dont votre cœur s'irrite,
Accusez-en le sort et le ciel tout entier,
Jupiter, Apollon, et vous tout le premier.

VULCAIN.

Moi!

MARS.

Vous, qui, dès long-temps, mari doux et docile,
Pour moi seul aujourd'hui devenez difficile:
Vous vous avisez tard de devenir jaloux;
Et Mars peut, comme un autre, être reçu chez vous.

VULCAIN.

Juste ciel! puis-je entendre et souffrir ce langage?
Est-ce ainsi qu'au mépris on ajoute l'outrage?
Moi, pour le bien commun, j'aurois pris femme exprès,

Et serois seulement époux *ad honores* !
Des plaisirs du public lâche dépositaire,
Je ferois de l'hymen un trafic mercenaire !
Je ne connois ni dieux, ni mortels favoris ;
Ma femme est à moi seul, et n'en veux qu'à ce prix.

MARS.

Fuyez donc ; retournez dans vos grottes ardentes,
Forger à Jupiter des armes foudroyantes ;
Fuyez. Mais si Vénus ne paroît aujourd'hui,
Malheur à qui verra tomber mon bras sur lui !

VULCAIN.

Je tiens à Jupiter par un nœud qui l'engage
A me mettre à l'abri de votre vaine rage :
Mais, lorsque je voudrai la cacher à vos yeux,
Je percerai le sein des antres les plus creux.
Là, bravant vos efforts, et nageant dans la joie,
Je saurai de vos mains arracher cette proie.

MARS.

Rendez grâce au seul nœud qui retient mon courroux ;
De votre femme encor je respecte l'époux.
Je ne dis plus qu'un mot ; c'est à vous de m'entendre.
J'ai mon amour ensemble et ma gloire à défendre :
Pour aller jusqu'aux lieux que vous voulez percer,
Voilà par quel chemin il vous faudra passer.

SCÈNE IX.

VULCAIN, seul.

Et voilà ce qui doit avancer ma vengeance.
Ton insolent amour aura sa récompense.
Holà, gardes, à moi. Mais tout beau, mon courroux !
(aux Cyclopes.)
Ne précipitons rien. Venez, suivez-moi tous.

SCÈNE X.

MERCURE, LA THORILLIÈRE, POISSON.

LA THORILLIÈRE.

Vous voyez maintenant si c'est nous faire grâce
    De nous accorder une place
Que le mérite seul peut nous faire espérer.

MERCURE.

    Messieurs, je ne sais que vous dire :
Vos talents n'ont pas su sur moi trop opérer.
Le métier d'un tragique est de faire pleurer ;
Et chacun, vous voyant, s'est éclaté de rire.
Retournez en province, et suivez mon avis ;
    Là, vous serez admirés et chéris :
Vous n'auriez pas peut-être ici cet avantage.
Il vaut mieux être enfin le premier au village,
    Qu'être le dernier à Paris.

POISSON.

Après une telle injustice,
Paris de mes talents ne profitera pas;
Et je m'en vais, tout de ce pas,
Me faire comédien suisse.

MERCURE.

Mortels, jusqu'à présent nul n'a demandé rien
Que je lui puisse accorder pour son bien.
Je vois bien que chacun s'empresse
De réquerir, avec grand soin,
Les plaisirs, le bon vin, les honneurs, la richesse :
Mais nul n'a souhaité la vertu, la sagesse;
Et c'est dont vous avez tous le plus de besoin.
Ne formez donc plus tant de souhaits inutiles :
Les dieux vous trahiroient, s'ils etoient trop faciles.
Sans redouter le sort, mettez tout en sa main :
Riez, chantez, dansez, livrez-vous à la joie;
Profitez chaque jour des biens qu'il vous envoie;
Laissez à Jupiter le soin du lendemain.

(Les suivants de Mercure forment une contre-danse qui finit la comédie.)

FIN DES SOUHAITS.

LES VENDANGES,

ou

LE BAILLI D'ANIÈRES,

COMÉDIE EN UN ACTE,

NON REPRÉSENTÉE.

PERSONNAGES.

M. TRIGAUDIN, avocat.
Mme TRIGAUDIN.
BABET, fille de M. Trigaudin.
TOINON, servante de M. Trigaudin.
LÉANDRE, amant de Babet.
CHAMPAGNE, valet de Léandre.
GRIFFONET, clerc de M. Trigaudin.
GUILLOT et MATHIEU, paysans.
LA PROCUREUSE.
LA GREFFIÈRE.
LA SERRE, procureur.
UN GREFFIER.
UN NOTAIRE.
UN COMMISSAIRE.

La scène est à Anières.

LES VENDANGES,

ou

LE BAILLI D'ANIÈRES,

COMÉDIE.

SCÈNE I.

M. TRIGAUDIN, Mme TRIGAUDIN.

TRIGAUDIN.

Oui, vous dis-je, sans faute ils arrivent ce soir ;
Ma femme, ordonnez tout pour les bien recevoir :
Étant bailli du lieu, cette charge m'engage
A faire de mon mieux les honneurs du village.
Çà, pendant la vendange, égayons nos esprits ;
Pour cela, tout exprès ils viennent de Paris :
Monsieur de Bonnemain, procureur, et son père,
Honnête huissier, tous deux pour moi gens à tout faire ;
Mais surtout le premier, à qui je veux demain
Que ma fille s'unisse, en lui donnant la main.
Les autres sont greffier, commissaire, et notaire ;
Savoir : messieurs Hardi, Tiran, La Griffaudière.

Mme TRIGAUDIN.

Çamon, c'est bien le temps de faire des bombances !
Vous deviendrez bien riche avecque ces dépenses !
Voyez-vous, mon mari, je vous le dis tout net,
Il faut qu'un avocat ménage mieux son fait.

TRIGAUDIN.

J'ai mes raisons, ma femme, et sais ce qu'il faut faire.

Mme TRIGAUDIN.

Sont-ce là les leçons de feu votre grand-père ?
Le pauvre homme ! il me semble encor que je le voi.
C'étoit un homme sage.

TRIGAUDIN.

                Il l'étoit plus que moi,
D'accord.

Mme TRIGAUDIN.

      Tous ses discours portoient toujours sentence.
Manger son blé en vert est grande extravagance,
A-t-il dit mille fois. Quoi qu'on puisse amasser,
Il ne faut point de bourse à qui veut dépenser.
Grandes maisons se font par petite cuisine.

TRIGAUDIN.

Oui, mon grand-père étoit fort savant en lésine ;
Et, pour jeter l'argent, je sais trop ce qu'il vaut :
Gens de robe n'ont pas volontiers ce défaut.
Mais, malgré tout cela, je tiens, quoi que l'on die,
Que dépense bien faite est grande économie ;
Enfin j'ai de l'esprit, et sais mes intérêts.

Mme TRIGAUDIN.

Mais pourquoi rassembler la crasse du Palais ?

SCENE I.

Des greffiers !

TRIGAUDIN.

N'en déplaise à votre humeur bourrue,
Ce sont tous bons bourgeois, ayant pignon sur rue.

Mme TRIGAUDIN.

Ah ! mon fils, vous avez le goût peu délicat :
Des procureurs !

TRIGAUDIN.

Eh bien ! moi, je suis avocat ;
Mais ma profession, malgré son excellence,
De ces sortes de gens a quelque dépendance ;
Et beaucoup d'avocats, qui font les grands seigneurs,
Se trouvent bien d'avoir des gendres procureurs.

Mme TRIGAUDIN.

Mais....

TRIGAUDIN.

Mais point de discours, j'ai résolu l'affaire,
Faites-nous seulement bonne mine et grand'chère.
M'entendez-vous ?

Mme TRIGAUDIN.

Il faut suivre vos volontés ;
Mais je fais malgré moi ce que vous souhaitez.

TRIGAUDIN.

Du souper sur vos soins mon esprit se repose.

Mme TRIGAUDIN.

On y va donner ordre.

TRIGAUDIN.

Au moins, sur toute chose,
N'allez pas pratiquer les leçons de tantôt,

Là.... celles du grand-père.
####### Mme TRIGAUDIN.

On fera ce qu'il faut.

SCÈNE II.

M. TRIGAUDIN, seul.

Au fond elle a raison ; dans le temps des vacances,
Ne gagnant rien, on doit modérer ses dépenses :
Cependant marier ma fille, que je croi,
Quelque argent qu'il m'en coûte, est fort bien fait à moi.
De l'âge dont elle est, la garde d'une ville,
Dans un pays conquis, seroit moins difficile.
Il lui faudra pourtant faire part de mon bien.
Ma charge de bailli ne vaut presque plus rien.
En vendange, autrefois, dans les lieux où nous sommes,
Peu de jours se passoient qu'il n'arrivât mort d'hommes :
Mais tout est bien changé, chacun se tient reclus ;
Le temps est malheureux, on ne s'assomme plus.
Griffonet !

SCÈNE III.

M. TRIGAUDIN, GRIFFONET.

####### GRIFFONET.
Quoi, monsieur ?
####### TRIGAUDIN.
Va dire en diligence

SCENE III.

Au procureur fiscal qu'il tienne, en mon absence,
Les plaids pour moi.

GRIFFONET.

Fort bien.

TRIGAUDIN.

Moi, dans mon cabinet,
Je vais dresser le plan du contrat de Babet.

SCÈNE IV.

GRIFFONET, seul.

Et madame Babet, de Léandre amoureuse,
Dresse un plan pour ne pas devenir procureuse.
On a beau la garder et l'observer de près,
Il suffit que Toinon soit dans ses intérêts,
Monsieur le procureur ne tient rien.

SCÈNE V.

TOINON, GRIFFONET.

GRIFFONET.

Ah, ma chère!
Te voilà sans Babet?

TOINON.

Qu'as-tu fait de son père?

GRIFFONET.

Il est monté là-haut.

TOINON.

   Çà, maître Griffonet,
De notre enlèvement tu sais tout le projet :
Mon estime pour toi sera-t-elle trompée ?
Ne veux-tu point quitter la robe pour l'épée ?
Aimes-tu mieux, dis-moi, toujours être un pied-plat,
Un apprenti sergent, petit clerc d'avocat,
Que de te voir monsieur par les soins de Léandre ?
Le moins, en le servant, que tu puisses prétendre,
C'est d'être subalterne en quelque régiment,
Où tu feras bientôt fortune, assurément.
Réponds donc.

GRIFFONET.

   N'es-tu pas sûre de ma réponse ?
Au métier que je fais de bon cœur je renonce.
N'aurai-je pas bon air à cheval, Toinon, dis,
Avec un grand plumet ? Tiens, je crois que j'y suis.
Pour moi, j'aime la guerre, et je hais les affaires.
Au Palais à présent on n'en amasse guères :
Monsieur jamais n'y plaide, y fût-il tout le jour ;
Il en a fait serment, que je pense, à la cour.
Je ne l'ai point encore ouï que dans une cause ;
Aussi ne parle-t-il à chacun d'autre chose :
Il est de la conter tellement altéré,
Qu'on le fuit en tous lieux comme un pestiféré ;
Dès qu'il ouvre la bouche, on déserte sur l'heure.

SCÈNE VI.

BABET, TOINON, GRIFFONET.

GRIFFONET.

Mais j'aperçois sa fille.

BABET.

Ah! Griffonet, demeure;
Je veux t'entretenir.

GRIFFONET.

J'ai tout su de Toinon,
Madame.

BABET.

Eh bien?

GRIFFONET.

Ma foi, je n'ai pu dire non.
Pour servir vos amours je suis prêt à tout faire.
Je vais auparavant où monsieur votre père
M'envoie, et je reviens. Quoi qu'il puisse arriver,
J'oserai tout pour vous, jusqu'à vous enlever.

SCÈNE VII.

BABET, TOINON.

TOINON.

Oh! monsieur Griffonet est un brave, madame,
Un garçon hasardeux. Mais, qui trouble votre âme?

Léandre va venir ; quel est votre souci ?

BABET.

Ce n'est qu'avec chagrin que je le vois ici ;
Ma mère peut rentrer, mon père peut descendre ;
Et cette salle enfin est commode à surprendre :
Je suis dans des frayeurs qu'on ne peut concevoir.

TOINON.

Eh quoi ! mort de ma vie ! est-ce un crime d'avoir
Un tendre engagement avec un honnête homme ?
Si celles qui en [1] ont alloient le dire à Rome,
La France deviendroit un pays bien désert.

BABET.

Mais si ce rendez-vous, Toinon, est découvert....

TOINON.

Il faut bien vous attendre à d'autres aventures.

BABET.

Mais le moindre soupçon peut rompre nos mesures.

TOINON.

Mais, pour les prendre, il faut se voir, et convenir
De vos faits, et savoir à quoi vous en tenir.

BABET.

Je crains....

TOINON.

Dans le chagrin que cette peur me donne,
Je ne sais qui me tient que je vous abandonne.
Comment ! trembler toujours ! avoir incessamment
Des inégalités....

---

[1] Ce vers défectueux est le même dans toutes les éditions.

(G. A. C.)

SCÈNE VIII.

BABET, TOINON, LÉANDRE.

TOINON.
Mais voici votre amant.
BABET.
Prends donc garde, Toinon, que personne....
LÉANDRE, à Babet.

Madame,
Tout semble conspirer au succès de ma flamme;
Et votre tante, enfin, de l'aveu d'un époux,
En cette occasion se déclare pour nous :
Nous trouverons chez elle une sûre retraite.
Mais vous me paroissez incertaine, inquiète :
Après m'avoir donné votre consentement,
Avez-vous pu si tôt changer de sentiment?
BABET.
N'imputez point ce trouble à mon peu de tendresse,
Léandre; et n'accusez que ma seule foiblesse.
LÉANDRE.
Vous rassurez par là mon esprit alarmé,
Madame ; et ce soupçon heureusement calmé
Fait place aux doux transports....
TOINON, à Léandre.

Oh! finissons, de grâce :
Dans un long entretien votre esprit s'embarrasse;
Il n'est point maintenant question de cela.

LÉANDRE.

Que mon bonheur est doux! Ah, madame!

TOINON.

Alte là,
Vous dis-je; et bannissons tous les discours frivoles:
Il faut des actions, et non pas des paroles.
Que tous vos gens....

LÉANDRE.

Ils sont à deux cents pas d'ici.

TOINON.

La chaise?

LÉANDRE.

Dans une heure elle doit être aussi
Au coin du petit bois.

TOINON.

Au moins, qu'elle soit prête
Lorsque nos paysans commenceront la fête:
C'est un bal villageois, dont la confusion
Sera très favorable à notre évasion;
Et chacune de nous, en nymphe déguisée,
Trouvera vers le bois la fuite plus aisée,
Pendant que Griffonet.... Mais on vient nous troubler.

SCÈNE IX.

M. TRIGAUDIN, BABET, LÉANDRE, TOINON.

BABET, bas.

C'est mon père, Toinon.

LÉANDRE, bas, à Babet.

Laissez-moi lui parler.

TRIGAUDIN, à part.

Que vois-je ? Un homme ! Il entre en ceci du mystère.

BABET, bas, à Léandre.

Je crains.

LÉANDRE, bas, à Babet.

Ne craignez rien, je prends sur moi l'affaire;

(à Trigaudin.)

J'ai tout prévu.... Le bruit de votre grand savoir
Me fait venir, monsieur, de Paris pour vous voir,
Et vous communiquer un fait de conséquence.

TRIGAUDIN.

Je le débrouillerai mieux que personne en France.

LÉANDRE.

Ce fait est important, mais il n'est pas nouveau.

TRIGAUDIN, à Babet et à Toinon.

Rentrez.

SCÈNE X.

TRIGAUDIN, LÉANDRE.

(Trigaudin tousse.)

LÉANDRE.

Vous toussez fort.

TRIGAUDIN.

C'est le fruit du barreau.
Ayant, ces derniers jours, dans toute une audience,
Entretenu la cour sur un cas d'importance,
Un brouillard, dont en vain je voulus me garder,
M'a mis pour quatre mois hors d'état de plaider :
Lorsque je veux parler, je souffre le martyre.

LÉANDRE.

Écoutez-moi, je n'ai que deux mots à vous dire.

TRIGAUDIN.

A la bonne heure, soit ; dépêchez seulement :
Quoique en vacation, jusqu'au moindre moment,
Le temps m'est précieux. Dites-moi votre affaire.

LÉANDRE.

Il s'agit en ceci d'un amoureux mystère.

TRIGAUDIN.

Or, soit.

LÉANDRE.

Je crois, monsieur, que vous êtes humain....

TRIGAUDIN.

Aux gens de bien, monsieur, je tends toujours la main.

SCÈNE X.

LÉANDRE.
Que vous êtes charmé de rendre un bon office.
TRIGAUDIN.
Expliquez-vous, je suis tout à votre service.
LÉANDRE.
Monsieur, un mien ami, de qui les intérêts
M'ont toujours été chers et me touchent de près,
Est fortement épris d'une fille très belle,
Qui répond à ses feux d'une ardeur mutuelle ;
Un père rigoureux veut forcer leurs désirs :
(Ces pères sont toujours ennemis des plaisirs.)
En cette extrémité, n'est-il point d'artifice
Pour les mettre à couvert des rigueurs de justice
Contre l'enlèvement qu'ils sont près de tenter ?
L'ami pour qui je viens ici vous consulter
M'a prié, ne voulant rien faire à la légère,
De prendre par écrit votre avis sur l'affaire.
TRIGAUDIN.
Lorsque la voix publique a su vous informer
De ce profond savoir qui me fait estimer,
Elle a dû, ce me semble, aussitôt vous instruire
De cette probité qu'en moi chacun admire ;
Et je ne sais, monsieur, qui vous donne sujet
De me communiquer un si hardi projet :
En cela je vous trouve un peu bien téméraire,
Et n'ai point là-dessus de réponse à vous faire.
LÉANDRE.
Je conviens avec vous de ma témérité,
Et mon début vous a justement irrité ;

Mais, malgré mon audace, et trop grande et trop haute,
S'il est quelque moyen de réparer ma faute,
J'oserai....

TRIGAUDIN.

Quoi, monsieur ?

LÉANDRE, lui présentant une bourse.

Vous prier instamment....

TRIGAUDIN, prenant la bourse.

Ces prières, monsieur, sont un commandement.

LÉANDRE.

Fort bien.

TRIGAUDIN.

Ne croyez pas que l'intérêt m'engage
A protéger le crime ou le libertinage ;
Et n'étoit que je vois que c'est à bonne fin,
Que tout cela ne tend qu'au mariage enfin,
Vous me verriez toujours résolu de me taire.
Oui, je pèse toujours mûrement une affaire,
Et j'examine bien avant que m'embarquer :
Mais je vois bien qu'ici je n'ai rien à risquer.
Cette affaire, monsieur, est de soi criminelle ;
En matière de rapt, l'ordonnance est formelle :
Mais, dans l'occasion, on peut bien quelquefois,
En faveur d'un ami, faire gauchir les lois ;
C'est là le fin, monsieur. Ce père inexorable,
Quel homme est-ce ?

LÉANDRE.

Un fâcheux, d'une humeur peu traitable,
Qui n'a point d'autre but que son propre intérêt.

SCENE X.

TRIGAUDIN.

Quelque bourru, sans doute ?

LÉANDRE.

Oui, voilà ce que c'est.

TRIGAUDIN.

Ce complot se fait-il de l'aveu de la belle ?

LÉANDRE.

Oui, tout cela se fait de concert avec elle :
C'est ainsi qu'on m'a dit la chose.

TRIGAUDIN.

Elle a raison ;
Elle fera fort bien de forcer sa prison :
Et quand un père usurpe un pouvoir tyrannique,
On peut, pour s'affranchir, mettre tout en pratique.
Que votre ami, monsieur, achève son dessein ;
J'entreprends le procès, si l'on poursuit.

LÉANDRE.

Enfin,
Vous approuvez la chose ?

TRIGAUDIN.

Oui. Qu'ils partent : le père
Se trouvera, ma foi, bien camus.

LÉANDRE.

On l'espère.
Ayez donc la bonté de signer votre avis.

TRIGAUDIN.

Volontiers.

LÉANDRE.

Vos conseils seront en tout suivis.

TRIGAUDIN.

Je réponds du succès. Savez-vous quelle cause
Je plaidai l'autre jour? Morbleu, la belle chose!
Je vais en répéter quelques traits seulement.

SCÈNE XI.

TRIGAUDIN, LÉANDRE, TOINON.

TOINON.

On vous demande là.

TRIGAUDIN.

Qu'on m'attende un moment.

TOINON.

Ce sont gens bien pressés.

LÉANDRE.

Monsieur, je me retire.

TRIGAUDIN.

Non, non; vous entendrez ce que je veux vous dire :
La chose vous plaira, j'en suis très assuré.
Le sujet du procès est un âne égaré.

TOINON, à part.

Le voilà tout trouvé, sans procès ni chicane.

TRIGAUDIN.

En la cause, je suis pour le maître de l'âne,
Qui sur le détenteur veut le revendiquer.

LÉANDRE.

Certes! la cause est rare.

TRIGAUDIN.

Et fort à remarquer.

Voyez avec quel art ce plaidoyer commence!
LÉANDRE, à part.
Voilà pour mettre à bout toute ma patience.
TRIGAUDIN.
« Quand le grand Annibal et les Carthaginois,
« De deux consuls romains triomphant à la fois,
« Portèrent la terreur au sein de l'Italie,
« Et couvrirent de morts les plaines d'Apulie;
« Quand ce fils d'Amilcar, du sang des légions,
« Fit rougir la campagne, inonda les sillons;
« L'aigle prenant la fuite au fameux jour de Canne.... »
TOINON.
Qu'a cela de commun, monsieur, avec votre âne?
Et qu'est-il besoin là de cane ni d'oison?
TRIGAUDIN, à Toinon.
Sortez.

SCÈNE XII.

M. TRIGAUDIN, LÉANDRE.

TRIGAUDIN.
On le verra dans ma péroraison.
Sur ce fameux combat jusque-là je me joue;
Mais naturellement tout cela se dénoue,
Et je viens à mon fait.
LÉANDRE.
     J'abuse trop long-temps
Des moments destinés à vos soins importants.

TRIGAUDIN.

Par ce commencement vous jugez bien du reste.
L'exorde m'a coûté beaucoup, je vous proteste;
Mais de ma peine aussi j'ai recueilli le fruit,
Et jamais plaidoyer ne fera plus de bruit :
Aux affaires, depuis, je ne saurois suffire.

(Il reconduit Léandre.)

LÉANDRE.

Vous me désobligez de vouloir me conduire.

TRIGAUDIN.

Je prétends m'acquitter de ce que je vous doi.

LÉANDRE.

Demeurez.

TRIGAUDIN.

Oh! monsieur....

LÉANDRE.

De grâce, laissez-moi.

SCÈNE XIII.

M. TRIGAUDIN, TOINON.

TRIGAUDIN.

Qu'est-ce?

TOINON.

Deux paysans qui vont crever, je pense;
Voulez-vous bien, monsieur, leur donner audience?
Ils viennent, que je crois, de faire un mauvais coup,
Ou bien, par la campagne, ils ont vu quelque loup;

SCENE XIII.

Car ils haltent[1] tous deux comme des chiens de chasse.

TRIGAUDIN.

Qu'ils entrent.

TOINON.

Les voici ; je vais leur faire place.

SCÈNE XIV.

M. TRIGAUDIN, GUILLOT, MATHIEU.

TRIGAUDIN.

Ces gens sont-ils muets ? Que veut dire ceci ?
Que voulez-vous ?

GUILLOT.

Monsieur.... j'ons couru.... jusqu'ici
Pour.... Je sis essoufflé.... Maquieu.... conte la chore,
Et défrinche.... tout c'en que j'ons vu.

TRIGAUDIN.

La pécore !

MATHIEU.

Dis tai-même, s'tu veux.... je sis tout hors de moi.

TRIGAUDIN.

Ces lourdauds me feront enrager, que je croi.
Que diantre voulez-vous ? Parleras-tu, maroufle ?

GUILLOT.

Monsieu.... je n'en pis plus.

---

[1] L'orthographe de ce mot est altérée à cause de la mesure ; il faudroit *halètent;* mais le vers auroit une syllabe de trop. Pareil exemple s'est rencontré dans le *Légataire*, acte II, scène VI, pour le mot *émouvra*. (G. A. C.)

TRIGAUDIN.

    Le coquin, comme il souffle!
Qu'est-ce donc? qu'y a-t-il?

MATHIEU.

     C'est que tout maintenant,
Comme j'allions nous deux.... aux champs en dandenant....

TRIGAUDIN.

Tu diras ce que c'est, ou, morbleu, je t'assomme.

GUILLOT.

Pour vous le faire court, j'ons vu tuer un homme.

TRIGAUDIN, à part.

Voici de quoi payer mon souper.

MATHIEU.

      Ah, monsieu!

GUILLOT.

Celi qu'en a tué, c'est le genre à Maquieu.

MATHIEU, essuyant ses yeux.

Oui, monsieu.

TRIGAUDIN.

  Eh! tant mieux. Bonne affaire, ou je meure.

GUILLOT.

J'ons morguenne arrêté l'assassin tout sur l'heure;
Pis, l'ayant enfarmé dans la grange à Gariau,
J'ons couru.... vous voyez, j'ons le corps tout en yau.

TRIGAUDIN.

Avez-vous des témoins?

GUILLOT.

    J'en avons à revenre.

SCENE XIV.

MATHIEU.

Monsieu, tout chaudement si vous vouliez le penre.

TRIGAUDIN.

Il faut y procéder, et j'y vais à l'instant.
Mais, dites-moi d'abord, quel est le délinquant ?

GUILLOT.

C'est....

TRIGAUDIN.

Hé bien ! parle donc.

GUILLOT.

Un garçon de village.

TRIGAUDIN.

C'est bien à des marauds de tuer ! Ah ! j'enrage !
Ce n'est pas là, morbleu, ce que j'ai cru d'abord.
J'en rabats plus de quinze ; et je me trompe fort
Si je ne demeurois pour les frais de l'enquête.

MATHIEU.

Morgué, monsieu, partons.

TRIGAUDIN.

Va, tu me romps la tête.

MATHIEU.

Peut-être qu'on lairra sauver le criminel.

TRIGAUDIN.

Hé bien, sauve qui peut, rien n'est si naturel ;
Le jeu ne vaudroit pas aussi-bien la chandelle.

GUILLOT.

Ma si....

TBIGAUDIN.

Les importuns !

SCÈNE XV.

GRIFFONET, M. TRIGAUDIN, GUILLOT, MATHIEU.

GRIFFONET, *venant avec précipitation.*

Monsieur, bonne nouvelle ! Un homme assassiné !

TRIGAUDIN.

J'ai tout su de ces gens.

GRIFFONET.

Quoi ! vous n'y courez pas ?

TRIGAUDIN.

Eh ! nous avons du temps ; Demain il fera jour ; rien encor ne se gâte.

GUILLOT.

Oui, mais....

TRIGAUDIN.

Courez devant, si vous avez si hâte.

MATHIEU.

La chose presse.

TRIGAUDIN.

A l'autre ! au diantre le plat-pied !

GRIFFONET.

Vous ne savez donc pas que la bête a bon pied ?

TRIGAUDIN.

Comment ?

GRIFFONET.

Que l'assassin que ces gens ont fait prendre

SCENE XV.

Conduisoit au marché des cochons pour les vendre?

TRIGAUDIN.

Des cochons!

GRIFFONET.

 Oui, vraiment.

TRIGAUDIN.

     Hé bien, qu'en as-tu fait?

GRIFFONET.

Belle demande!

TRIGAUDIN.

  Encor?

GRIFFONET.

     Serez-vous satisfait?
J'ai tout mis en prison.

TRIGAUDIN.

    Où donc?

GRIFFONET.

        Dans une étable.
Un novice auroit fait arrêter le coupable;
Mais, instruit au métier par vos douces leçons,
Laissant le délinquant, j'ai saisi les cochons.

TRIGAUDIN.

Tu seras quelque jour un juge d'importance.
Mais, sans perdre de temps, partons en diligence;
Allons, que l'on me bride un cheval; dépêchons.

SCÈNE XVI.

M. TRIGAUDIN, GUILLOT, MATHIEU.

TRIGAUDIN.

Que ne me disiez-vous qu'il avoit des cochons ?

MATHIEU.

Eh ! je ne pensions pas qu'il en fût plus coupable.

TRIGAUDIN.

Si fait, si fait. Un homme assommé ! Comment, diable !
Et des cochons ! suffit ; rien ne peut m'émouvoir ;
Je prétends, en bon juge, en faire mon devoir :
Ceci mérite exemple.

GUILLOT.

     Eh ! pour le maître, passe ;
Mais les cochons, monsieu, morgué faites-leu grâce.

MATHIEU, d'un ton pleurant.

Je vous la demandons.

TRIGAUDIN.

     Nous verrons tout cela.
Je vais prendre ma robe. Enfants, attendez là.

SCÈNE XVII.

GUILLOT, MATHIEU.

MATHIEU.

Noutre bailli, tout franc, entend les récritures.

GUILLOT.

Morgué ! son cler itou sait bian les proucédures.

SCENE XVII. 217

Ce sont deux fins matois que ces compères-là.

MATHIEU.

Voilà, par ma figuette, un bon juge, stilà.
N'est-il pas vrai, Guillot ?

GUILLOT.

Y me semble de même.

MATHIEU.

Y n'y cherche point tant de chose ni de frême.
Aux autres, pour avoir un méchant jugement,
Y leu faut, palsangué, plus de recoulement,
Et plus de con.. fron.. tra.. tanquia, plus de grimoire !
An n'en seroit chevir, et c'est la mar à boire :
Ma ly, sans barguigner, y va d'abour au fait ;
Drès qu'on a des cochons, le procès est tout fait :
C'est juger comme il faut.

GUILLOT.

Oui, morgué, c'est l'entenre.
Ma si, tandis qu'il est dans son himeur de penre,
A noutre collecteur je faisions.... tu m'entends.

MATHIEU.

C'est très bian avisé ; vengeons-nous tout d'un temps.

GUILLOT.

Le compère a, morguoi, des cochons.

MATHIEU.

La pensée
En est bonne : oui, ma foi, baillons-ly la poussée.

SCÈNE XVIII.

M. TRIGAUDIN, GUILLOT, MATHIEU.

TRIGAUDIN, botté.

Un homme assassiné ! nous allons voir beau jeu !
Il en mourra plus d'un.

MATHIEU.

C'est bian dit. Mais, monsieu,
Comme tout vilain cas fut toujours regniable,
S'il soutiant aux témoins....

TRIGAUDIN.

Quoi ?

MATHIEU.

Qu'il n'est point coupable,
Qu'on l'a pris pour un autre....

TRIGAUDIN.

Eh ! non : sait-on pas bien ?...

MATHIEU.

S'il les récuse, enfin ?

TRIGAUDIN.

Allez, ne craignez rien :
Voyez-vous, ces détours ne peuvent me surprendre,
L'homme aux cochons, vous dis-je, est celui qu'il faut pendre.

GUILLOT.

Mais, monsieu, si toujou je commencions par là,
Pour ne point parde temps ?

TRIGAUDIN.

Le lourdaud que voilà !

SCENE XVIII.

GUILLOT.

Je verbaliserions après tout à notre aise.

TRIGAUDIN.

Oui, oui. Çà, dépêchons.

GUILLOT.

Monsieu, ne vous déplaise,
Je pourrions là-dessus raisonner un moment.

MATHIEU.

J'avons du temps pour tout.

TRIGAUDIN.

Partons incessamment;
La chose le requiert. Sans me rompre la tête,
Qu'on aille voir plutôt si ma monture est prête.

SCÈNE XIX.

M. TRIGAUDIN, GUILLOT, MATHIEU, TOINON.

TRIGAUDIN.

Quoi! qu'est-ce encor, Toinon? ne partirons-nous pas?

TOINON.

Votre bidet, monsieur, est tout bridé là-bas.[1]

---

[1] On n'a point trouvé, parmi les manuscrits de M. Regnard, de copie entière de cette pièce ; cependant le libraire croit faire plaisir au public de lui donner ce fragment, tel qu'il a été copié sur l'original de l'auteur. (*Note de l'édition de 1731.*)

FIN DES VENDANGES.

SAPOR,

TRAGÉDIE EN CINQ ACTES,

NON REPRÉSENTÉE.

PERSONNAGES.

AURÉLIEN, empereur romain.
ZÉNOBIE, reine d'Orient,
ISMÈNE, fille de Zénobie, } prisonniers
SAPOR, fils du roi de Perse, promis à Ismène, } d'Aurélien.
SABINUS, tribun de l'armée d'Aurélien.
FIRMIN, confident de l'empereur.
THÉONE, confidente de Zénobie.
GARDES.

La scène est à Palmire, ville de Syrie, conquise par Aurélien.

SAPOR,

TRAGÉDIE.

ACTE PREMIER.

SCÈNE I.

ZÉNOBIE, THÉONE.

ZÉNOBIE.

Enfin nous la voyons cette grande journée
Qui de tout l'Orient règle la destinée;
Nous la voyons, Théone, et nos bras désarmés
Rougissent sous les fers dont ils sont opprimés.
Nos honneurs sont détruits : cette grandeur suprême,
Ces armes, ces soldats, ces rois, ce diadème,
Cet éclat triomphant qui brilloit dans ma cour,
Tout s'est évanoui dans l'espace d'un jour.
Ton âme, en ce moment, d'étonnement saisie,
Reconnoît-elle encor la fière Zénobie,
Qui, vengeant un époux et deux fils par ses mains,
Fit pâlir le sénat, et frémir les Romains;
Et, faisant de leur camp un champ de funérailles,
Les fit souvent pleurer du gain de leurs batailles?

Hélas ! ce temps n'est plus, Théone ; et nos malheurs
L'emportent, en un jour, sur toutes nos grandeurs.
Il ne me reste rien de ma gloire passée
Que le dur souvenir d'une pompe effacée ;
Et cet amer retour, ce revers que je sens,
De mes honneurs passés me fait des maux présents.

THÉONE.

En quelque état, madame, où le sort vous entraîne,
Vous portez en tous lieux l'auguste nom de reine :
On respecte toujours le mérite abattu ;
Le malheur sert en vous de lustre à la vertu.
Fille et veuve de rois....

ZÉNOBIE.

Et c'est ce qui m'outrage :
A ces titres pompeux tu vois croître ma rage ;
Je sens des mouvements de haine et de fureur,
Qui me rendent mon rang et le jour en horreur.
Je pourrois, écoutant un transport légitime,
M'arracher aux horreurs dont je suis la victime.
On n'est point malheureux, lorsque l'on peut mourir.
Il est mille chemins que je pourrois m'ouvrir ;

(Elle montre un poignard caché sous sa robe.)

Ce fer toujours caché, le seul bien qui me reste,
En tout temps, en tout lieu, m'offre un secours funeste ;
Et je puis, insultant le sort et ses revers,
Dérober aux Romains la gloire de mes fers.
Mais, hélas ! tu le sais, je suis mère ; et ma fille,
Débris infortuné d'une triste famille,
M'attache encore au jour par des nœuds que le sang

Et l'amour paternel ont formés dans mon flanc.
Ismène, quel que soit l'excès de sa misère,
Ismène encor peut-être a besoin de sa mère;
Et pour survivre aux maux que l'on me voit souffrir
Il faut plus de vertu cent fois que pour mourir.
Que te dirai-je enfin? l'ardeur de la vengeance
Entretient les lueurs d'une foible espérance.
Le généreux Zabas aux Romains échappé,
Dans nos communs malheurs Sapor enveloppé,
Tout flatte les transports de mon âme inquiète.
La Perse va bientôt, apprenant ma défaite,
Pour arracher son prince à d'odieuses mains,
De soldats aguerris couvrir les champs romains.
Tu sais bien que Sapor, digne sang d'Artaxerxe,
Est second fils du roi qui règne dans la Perse;
Que son père voulut, pour cimenter la paix,
Avec les nœuds du sang nous unir à jamais,
Afin que, plus à craindre en rassemblant nos haines,
Nous n'eussions d'ennemis que les aigles romaines.
Il proposa d'unir ma fille avec son fils:
Ma gloire le vouloit, l'état y consentit;
Et, destinant dès lors un héritier au trône,
Je promis à Sapor ma fille et ma couronne:
Je l'adoptai pour fils; et le roi, dès ce jour,
Envoya, jeune encor, ce prince dans ma cour.
Nourri depuis ce temps dans le métier des armes,
Il voit à tout moment croître Ismène et ses charmes;
Et ce jeune guerrier, charmé de ses appas,
A fait naître l'amour au milieu des combats.

Je vis avec plaisir cette naissante flamme,
Qui, confirmant mon choix, s'emparoit de leur âme;
Et je devois bientôt, par un hymen heureux,
Affermir mon empire, et couronner leurs feux :
Mais du ciel irrité la suprême puissance
De ces cœurs amoureux détruit l'intelligence.
Sapor voit sans espoir enchaîner dans ce jour
Son bras par la victoire, et son cœur par l'amour.

THÉONE.

Madame, espérez tout d'un retour favorable ;
Le destin, quel qu'il soit, ne peut être durable :
De cette même main qui verse les malheurs,
Le ciel, quand il lui plaît, vient essuyer les pleurs ;
A vos plaintes enfin il faudra qu'il se rende :
Attendez tout de lui.

ZÉNOBIE.

                Que veux-tu que j'attende
De ces injustes dieux, de la vertu jaloux,
Qui n'ont pu préserver mes fils ni mon époux,
Et qui, m'abandonnant en prenant leur défense,
N'ont pas justifié l'ardeur de ma vengeance ?
Que veux-tu que j'attende ? hélas ! parle, dis-moi,
Ne suis-je pas plus prompte à me flatter que toi ?
J'irai (voilà le sort où je suis destinée),
J'irai, traînant ma honte, à ce char enchaînée,
Au milieu des faisceaux, parmi les étendards,
De l'orgueilleux Romain rassembler les regards !
Spectacle d'infamie, esclave confondue,
Des rayons du soleil je soutiendrai la vue!

J'entends déjà les cris d'un peuple injurieux,
Qui va m'anéantir de la voix et des yeux.
« Est-ce là, dira-t-il, la fière Zénobie,
« Qui devoit sous ses lois tenir Rome asservie ?
« Voilà par quel triomphe elle vient se venger,
« Et les fers qu'aux Romains elle avoit fait forger ! »
Et, tandis que mon cœur dans les douleurs se noie,
Je me verrai l'objet de la publique joie !
Des vainqueurs insultée, aux vaincus en horreur,
Sur moi tout l'univers confondra sa fureur !
Ah ! j'en frémis déjà ; ma vertu terrassée
Succombe sous le poids d'une telle pensée.
Non, je ne verrai point ces détestables jours :
Que plutôt.... Mais rompons d'inutiles discours :
Écoutons des transports dignes de mon courage ;
Mettons le fer, le feu, le poison en usage,
D'autres moyens encor. Toi, sans perdre de temps,
Va, cours à Sabinus, dis-lui que je l'attends.

SCÈNE II.

ZÉNOBIE, seule.

Impatients transports, enfants de ma vengeance,
Qui jetez dans mon cœur un rayon d'espérance,
Que je me plais d'entendre, au gré de ma fureur,
Murmurer votre voix dans le fond de mon cœur !
Mais vous me flattez trop, et mon âme égarée
Ne suit que la fureur dont elle est enivrée.

Malheureuse princesse! où vas-tu t'emporter?
De quel espoir trompeur te laisses-tu flatter?
Ce que tu n'as pu faire, et tant de rois ensemble,
Avec tous les soldats que l'Orient rassemble,
Quand ton bras s'étendoit sur cent peuples divers,
Tu veux donc l'entreprendre, et seule, et dans les fers!
Quels secours attends-tu d'une haine impuissante?
La couronne long-temps sur ton front fut flottante:
Tu n'as pu l'empêcher de tomber en éclats;
Tu n'as pu conserver un seul de tant d'états,
Et tu veux d'un vainqueur mettre le trône en poudre!
Ton bras sur ses lauriers veut allumer la foudre!
Au milieu de son camp, dans le sein de sa cour,
Tu veux que Sabinus.... Ah! fuyez sans retour,
Impuissants mouvements de honte et de colère!
Le ciel dans mes malheurs ne veut pas que j'espère.
Quand je l'implorerois, ce ne seroit qu'en vain;
A mes vœux, à mes cris il est toujours d'airain.
Mais pourquoi de ses traits voudrois-je encor me plaindre?
Trop contente en effet de ne pouvoir plus craindre,
Je ne t'accuse point, ô ciel, de tes rigueurs;
Tu m'as rendue heureuse à force de malheurs;
Quel que soit le courroux dont tu m'as poursuivie,
En me persécutant, ta fureur m'a servie;
Et, pour fruit de tes coups, sans nombre confondus,
Je me trouve en état de n'en redouter plus.
Mais quoi! laissant en cris exhaler ma vengeance,
N'aurai-je désormais que les pleurs pour défense?
Non, non, s'il faut tomber, que le poids de mes fers

Entraîne, s'il se peut, et Rome, et l'univers;
Le dessein en est pris.

SCÈNE III.

ZÉNOBIE, THÉONE.

ZÉNOBIE.

Ah! reviens donc, Théone,
Calmer l'impatience où mon cœur s'abandonne.
Que t'a dit Sabinus ? viendra-t-il dans ces lieux ?
Le verrai-je ?

THÉONE.

Bientôt il se montre à vos yeux :
Dans ce même palais je l'ai trouvé, madame;
Votre ordre et votre nom ont porté dans son âme
Un plaisir dont soudain ses yeux ont éclaté.
Mais pardonnez, madame, à ma témérité,
Si, suivant trop peut-être un transport de tendresse,
Je cherche à m'informer du trouble qui vous presse.
Aujourd'hui, plus sensible à vos cruels malheurs,
Le temps ne fait en vous qu'irriter les douleurs;
De vos cris plus fréquents ces voûtes retentissent ;
De pleurs renouvelés vos beaux yeux s'obscurcissent;
Tout me fait craindre encor quelques malheurs nouveaux.

ZÉNOBIE.

Tu ne rends pas justice à l'excès de mes maux,
Si tu crois que du ciel l'injuste barbarie
De ses traits courroucés puisse attaquer ma vie;

Et tu ne connois pas l'excès de mes malheurs,
Si tu crois l'avenir bon à sécher mes pleurs.
Sur les ailes du temps la tristesse ordinaire
S'évanouit souvent, et devient plus légère :
Mais mes maux ne sont pas de ceux qu'il peut guérir;
Chaque jour, chaque instant ne sert qu'à les aigrir.
Crois-tu donc qu'oubliant la gloire où j'étois née,
A ces cruels destins je me tienne enchaînée ?
Et que cent fois le jour, par des chemins divers,
Je ne songe en secret qu'à m'échapper des fers ?
Que dis-je? est-ce le terme où mon courage aspire ?
Non, ce n'est pas assez de me rendre à l'empire;
Trop de honte en un jour a fait rougir mon front :
Théone, il faut du sang pour laver mon affront :
Si je n'en puis tirer par la force des armes,
On m'aime; espérons tout du pouvoir de mes charmes.
Tu sais qu'après un siége aussi long que fâcheux,
Lasse de fatiguer le ciel de tant de vœux,
Et d'opposer ces murs pour toute ma défense,
Sans force, sans secours, même sans éspérance,
Mes plus vaillants soldats par le fer immolés,
Les remparts de Palmire aux sillons égalés,
Je fus contrainte enfin, sans bruit, presque sans suite,
Dans l'ombre de la nuit d'envelopper ma fuite,
Et d'aller, m'arrachant au bras de mon vainqueur,
Du Perse à mon secours exciter la lenteur.
Déjà, tu le sais bien, ma troupe fugitive
De l'Euphrate voisin touchoit presque la rive;
Déjà je me croyois échappée aux Romains,

Quand Sabinus, conduit par de plus courts chemins,
De six mille chevaux qui bordoient le rivage,
Au milieu de la nuit me ferma le passage.
Je ne te dirai point de quel déluge alors
Le fleuve vit rougir et ses flots et ses bords;
Tu sauras seulement que, dans nos mains sanglantes,
Le désespoir rendit nos armes plus tranchantes.
L'astre qui nous luisoit de tant de sang pâlit,
Et le jour eut horreur des crimes de la nuit.
Mais que peut la valeur quand le nombre est extrême?
Je cédai sans me rendre; et Sabinus lui-même,
En m'imposant des fers, adora mes appas,
Et mes yeux en ce jour surent venger mon bras.
Il m'aime; et, dans l'ardeur du courroux qui m'entraîne,
Son amour peut servir d'instrument à ma haine :
Il souffre impatiemment que Firmin aujourd'hui
De bienfaits et d'honneurs soit plus comblé que lui;
Ce favori nouveau l'aigrit et l'importune :
Unissons nos dédains, notre cause est commune;
Je me flatte, et mon cœur....

SCÈNE IV.

SABINUS, ZÉNOBIE, THÉONE.

THÉONE.

Madame, le voici.

ZÉNOBIE.

Va, laisse-nous, Théone, un moment seuls ici.

SCÈNE V.

ZÉNOBIE, SABINUS.

SABINUS.

Madame, près de vous, par votre ordre on m'appelle :
Quel excès de bonheur, quelle heureuse nouvelle,
Si mes soins empressés pouvoient faire, en un jour,
Expirer votre haine, et naître votre amour !

ZÉNOBIE.

A quelque emportement que m'ait poussé la haine,
Je n'ai haï dans vous qu'un fils d'une romaine ;
Dans la commune horreur vous étiez confondu ;
J'ai toujours cependant reconnu la vertu :
Mais plus dans un Romain je la voyois paroître,
Plus je sentois ma haine en mon âme s'accroître ;
Et cette vertu même étoit crime à mes yeux,
Lorsque je la trouvois dans un sang odieux.
Je la garde aux Romains, cette haine infinie :
Voilà tout ce qui reste encor de Zénobie ;
C'est un bien qu'à mon cœur on n'ôtera jamais.
Mais, sans examiner si j'aime ou si je hais,
Vous, prince, expliquez-vous. M'aimez-vous ?

SABINUS.

Ah, madame !
Que du ciel en courroux la foudroyante flamme,
Que l'enfer sous mes pas s'ouvrant....

ZÉNOBIE.

Je vous entends.

Ce n'est point en discours qu'il faut perdre le temps,
Un cœur comme le mien hait ces secours frivoles ;
Je prétends qu'un amant, sans l'aide des paroles,
A travers des dangers courant se faire jour,
Au bruit de ses exploits m'apprenne son amour.

SABINUS.

C'est par mon bras aussi que je prétends, madame,
Avec des traits de sang peindre à vos yeux ma flamme.
Déterminez. Faut-il, en vous tirant des fers,
Vous replacer au trône aux yeux de l'univers ?
Faut-il, sous vos drapeaux, aux deux bouts de la terre,
Rallumer le flambeau d'une cruelle guerre,
Semer par tout le camp la discorde et l'horreur ?
L'amour fera pour vous l'effet de la fureur ;
Et, contre le Romain armant le Romain même....
Madame, à ces transports connoîtrez-vous si j'aime ?

ZÉNOBIE.

Depuis cinq ans et plus, l'Orient sous mes lois,
D'une cruelle guerre a soutenu le poids.
Le sort seroit douteux ; ma rapide vengeance
Offre un plus prompt secours à mon impatience :
Pour servir votre amour, et mériter mon cœur,
Il faut que votre bras immole à ma fureur....

SABINUS.

Prononcez.

ZÉNOBIE.

Aux transports de cet ardent courage,
Je le crois déjà mort l'ennemi qui m'outrage.

SABINUS.

N'en doutez point, madame; il mourra de mes coups.

ZÉNOBIE.

La victime, du moins, sera digne de vous.
S'il étoit à mes yeux une plus noble tête,
On me verroit sur elle exciter la tempête :
Mais, depuis mes malheurs, il ne s'offre plus rien
Qui paroisse au-dessus du nom d'Aurélien;
C'est lui qu'il faut percer. Quoi! ce grand cœur balance!
Vous ne répondez rien! Que m'apprend ce silence?
Parlez.

SABINUS.

Madame, hélas! le crime....

ZÉNOBIE.

Finissez....

SABINUS.

L'empereur....

ZÉNOBIE.

Quoi!

SABINUS.

Les dieux.... Ah! vous me haïssez
Plus que tous les Romains, plus que l'empereur même.

ZÉNOBIE.

Et qui vous fait juger de cette horreur extrême?
Est-ce donc vous haïr que de mettre en vos mains
Le succès important de mes hardis desseins?
Qu'importe que l'amour ou la haine m'inspire?
N'est-ce pas vous ouvrir un chemin à l'empire?

ACTE I, SCENE V.

Qu'espérez-vous encor? Quand on y peut monter,
Est-il quelque moyen qu'on ne doive tenter?
Vous n'aurez pas plus tôt embrassé ma vengeance,
Que l'Orient, en vous respectant ma puissance,
Incertain, sous le joug viendra de toutes parts
Se ranger en un jour près de vos étendards;
Vous verrez près de vous les brigands de Syrie,
Ce qu'arme de soldats l'une et l'autre Arabie,
La Perse, sous vos lois dressant ses pavillons,
De ses meilleurs soldats grossir vos bataillons :
Les habitants épars des sommets de Nyphate,
Ceux qu'arrose le Tigre, et qui boivent l'Euphrate;
Tous ces peuples armés sauront dessous vos lois
Contre tout l'univers justifier vos droits.
La fortune en ce jour au trône vous appelle,
Jamais l'occasion ne peut être plus belle :
La discorde partout déchire les Romains;
L'Italie est en proie aux fureurs des Germains;
Titricus en Espagne, aidé de Victorie,
A d'un joug importun fini la barbarie;
Et Firmus, ralliant les mécontents épars,
Fait sur les bords du Nil flotter ses étendards.
Vous ne répondez rien! Qu'ai-je encore à vous dire?
Vous êtes insensible aux honneurs d'un empire,
Aussi-bien qu'à ma voix, qui ne vous touche pas.
Si le trône du monde a pour vous peu d'appas,
Hélas! puis-je espérer que quelques foibles charmes,
Inutiles secours, vaines et foibles armes,
Seront de quelque prix, exposés à vos yeux?

Que les coups redoublés d'un sort injurieux,
Que les cruels malheurs dont je suis la victime...?
SABINUS.
Ne peut-on vous venger, hélas! que par un crime?
ZÉNOBIE.
Non, ce n'est pas le crime, ingrat qui te fait peur;
La crainte de la mort saisit ton lâche cœur.
As-tu frémi toujours à cette voix austère
Que fait entendre au cœur une vertu sévère?
As-tu fait autrefois de semblables efforts
Pour dérober ton cœur aux horreurs d'un remords?
C'est donc une vertu de m'arracher au trône,
D'enlever sur ma tête une juste couronne,
De mettre dans mes mains, pour un sceptre, des fers,
Et d'un sang innocent inonder l'univers?
A de telles vertus ton âme est tout ouverte :
Mais, quand il faut saisir l'occasion offerte
Pour purger l'univers d'un tyran odieux,
Et venger en un jour les hommes et les dieux;
Qu'il faut briser les fers d'une reine innocente,
Et rendre la vertu du vice triomphante :
Voilà, voilà le crime, et les lâches forfaits
Que ton cœur innocent ne tentera jamais!
Va, lâche, mériter les feux d'une Romaine;
Je crains plus ton amour que je ne fais ta haine;
Je rougis que mes yeux en ce jour ayent blessé
Un cœur que cette main devroit avoir percé.
Va, cours à l'empereur conter ma perfidie;
Dis-lui les attentats que conçoit Zénobie :

Mais hâte-toi ; peut-être avant la fin du jour
Le désespoir m'aura vengé de ton amour.

(Elle sort.)

SCÈNE VI.

SABINUS, seul.

Dieux! qu'est-ce que j'entends, et quelle est ma disgrâce!
A quoi m'engage-t-on? que veut-on que je fasse?
Moi, j'irai mériter, par un lâche attentat,
Les titres d'assassin, de perfide, d'ingrat!
Quoi! l'on verra ma main, jusqu'alors innocente,
Du sein d'un empereur sortir toute fumante!
D'un prince qui pour moi prodiguant ses faveurs....
Non, je ne puis penser à de telles horreurs;
Tout mon sang en frémit. Trop cruelle princesse,
Faut-il par des fureurs vous prouver ma tendresse?
Si, pour se faire aimer, il n'est que ce chemin,
Laissez du moins au meurtre accoutumer ma main;
Laissez-moi m'essayer sur de moindres victimes,
Et ne commençons point par le plus noir des crimes.

FIN DU PREMIER ACTE.

ACTE SECOND.

SCÈNE I.

AURÉLIEN, SABINUS.

SABINUS.

Quoi! seigneur, quand le ciel, secondant vos guerriers,
Lui-même au champ de Mars cultive vos lauriers,
Au milieu des malheurs que sa main vous envoie,
Votre cœur abattu se refuse à la joie!
Vous seul, d'un noir chagrin partout environné,
Plus qu'aucun des vaincus paroissez consterné!
Tout rit à vos désirs, dans vos mains Zénobie
Vous répond du destin du reste de l'Asie;
Et César maintenant peut nous dire, à son choix,
Combien, pour son triomphe, il destine de rois.

AURÉLIEN.

Cher ami, ce grand jour éclairera ma honte;
Et, parmi tant de rois, je crains qu'on ne me compte.

SABINUS.

Seigneur, que craignez-vous? quelle vaine terreur
Vous dérobe à vous-même, et saisit votre cœur?
Depuis que l'Orient est joint à votre empire,

Est-il quelque conquête où votre bras aspire?
Le soleil, trop content d'éclairer vos états,
Ne s'y lasse jamais, et ne s'y couche pas :
Vous commandez, seigneur, du couchant à l'aurore,
Le Scythe vous révère, aussi-bien que le Maure :
Le Tage avec le Rhin s'incline devant vous,
Et d'un juste tribut honore vos genoux.
D'où naît dans votre cœur l'ennui qui vous traverse?
De quelques mouvements soupçonnez-vous la Perse?
Et, tenant dans vos fers Zénobie et Sapor,
Est-il quelque ennemi que vous craigniez encor?

AURÉLIEN.

Non, non, je ne crains plus d'ennemis que moi-même :
Cher Sabinus, enfin, te le dirai-je? j'aime.

SABINUS.

Vous aimez! vous, seigneur, à l'amour immolé!

AURÉLIEN.

Jamais de plus de feux un cœur ne fut brûlé;
Et jamais empereur, suivi de la victoire,
Ne se vit plus à plaindre au comble de la gloire.
Pour garantir mon cœur d'un funeste poison,
J'appelle à mon secours ma fierté, ma raison;
J'oppose à mon amour mon rang et ma naissance,
Le sénat, la vertu, vingt ans d'indifférence :
Hélas! tout me trahit et me quitte en un jour;
Fierté, raison, vertu, tout me livre à l'amour.
Oui, je te l'avoûrai, depuis cette journée
Que le ciel par malheur rendit trop fortunée,
Où ton bras triomphant ramena dans ces lieux

Une princesse, hélas ! trop charmante à mes yeux,
Je ne me connois plus, ma grandeur m'importune ;
Je condamne les dieux, j'accuse la fortune ;
J'erre dans ce palais, inquiet, incertain ;
Je fuis, mais vainement, j'ai le trait dans le sein.
A tout moment, l'objet dont mon âme est blessée
Est présent à mes yeux, et flatte ma pensée ;
En vain de cet objet je tâche à m'écarter ;
Je veux me fuir moi-même, et ne puis m'éviter.
Que ne la laissois-tu, la princesse orgueilleuse,
Porter aux ennemis sa beauté dangereuse ?
Pourquoi l'arrêtois-tu sur le point d'échapper ?
Pour me servir, hélas ! n'osois-tu me tromper ?
Ne présumois-tu pas, en voyant tant de charmes,
Que la victoire un jour me coûteroit des larmes ?
Et ton bras pouvoit-il, la mettant dans mes mains,
Jamais faire un présent plus funeste aux Romains ?

SABINUS.

Dieux ! qu'est-ce que j'entends ? quelle foudre imprévue !
Mon âme à ce revers s'étoit-elle attendue ?
Quoi ! sur une captive attachant vos regards,
Vous pourriez démentir la fierté des Césars !

AURÉLIEN.

Ah, cruel ! qu'as-tu fait ?

SABINUS.

Ce que je devois faire,
Ce qu'au bien de l'état il étoit nécessaire ;
Et l'Orient, soumis à vos lois pour jamais,
Assure à tout l'empire une éternelle paix.

AURÉLIEN.

Et que m'importe, hélas! du repos de la terre?
Que me sert d'étouffer le flambeau de la guerre,
Si j'allume en mon sein des feux plus violents,
Et dérobe à mon cœur le repos que je sens?
Tout l'Orient conquis, l'Afrique avec l'Asie,
Ne me rendront jamais ma liberté ravie;
Et l'univers entier est pour un empereur
Trop cher, quand il le doit acheter de son cœur.
J'aime cependant, j'aime; et, malgré moi, mon âme
Est en proie aux fureurs de sa nouvelle flamme:
Ce feu trop retenu ne peut plus se celer,
Et je ne puis, enfin, et me taire et brûler.
Rome, dans ce moment, et l'armée, attentives,
Attendent quel sera le destin des captives;
Ce jour le prescrira : je destine au soleil
D'un sacrifice heureux le pompeux appareil.
J'attends tout de tes soins; va, que le camp s'apprête
A célébrer l'éclat d'une si grande fête.
Pour rendre à l'univers ce jour encor plus beau,
L'hymen en ma faveur brûlera son flambeau.
Ismène, dans ces lieux par mon ordre conduite,
Va bientôt de son sort par ma bouche être instruite;
Je l'attends. Mais on vient; ma gloire et mon amour
Se reposent sur toi de l'éclat de ce jour.

SCÈNE II.

AURÉLIEN, FIRMIN.

AURÉLIEN.

Hé bien, Firmin ! hé bien ! verrai-je la princesse ?
Viendra-t-elle en ces lieux ?

FIRMIN.

Seigneur, elle s'empresse
A remplir vos désirs, et bientôt, sur mes pas,
Ismène à vos regards viendra s'offrir.

AURÉLIEN.

Hélas !

FIRMIN.

Vous soupirez, seigneur, et votre âme abattue
Semble, dans ce moment, redouter cette vue.
Vous tremblez !

AURÉLIEN.

Je rougis du trouble où tu me vois.
Toute ma fierté cède au feu que je conçois ;
Et l'amour, me forçant à rompre le silence,
Par ce honteux aveu commence sa vengeance.
Firmin, je fais venir Ismène dans ces lieux
Pour soumettre mon cœur au pouvoir de ses yeux,
Lui dire qu'un hymen à mes jours nécessaire
Doit nous joindre aujourd'hui.

FIRMIN.

Seigneur, qu'allez-vous faire ?

Vous savez quel empire est commis à vos soins.
AURÉLIEN.
Je serois plus heureux, si je le savois moins.
FIRMIN.
Je tremble des malheurs que le ciel vous apprête :
A combien de fureurs offrez-vous votre tête !
Je vois déjà, seigneur, vos chefs et vos soldats,
D'un prétexte apparent couvrant leurs attentats,
Et se nommant tout haut vengeurs de la patrie,
Obéir en secret à leur propre furie.
La haine des Romains, ardents à se venger,
Ne souffre point au trône aucun sang étranger :
Cent massacres fameux en ont teint notre histoire.
Vous aurez beau, seigneur, opposer votre gloire,
Des moissons de lauriers, votre rang, vos vertus,
Des rois chargés de fers, des tyrans abattus :
En vain de ces remparts vous voudrez vous défendre,
Quand la liberté parle, on ne veut rien entendre.
Le Romain, attentif à ses premiers destins,
Ne verra plus en vous que le sang des Tarquins ;
Et cet affront rendant ses fureurs légitimes,
De toutes vos vertus il vous fera des crimes.
AURÉLIEN.
Ainsi que toi, Firmin, je prévois les malheurs
Où d'un aveugle amour m'exposent les erreurs :
Mais je verrois la foudre à partir toute prête
S'allumer dans les cieux et menacer ma tête,
La foudre et ses éclats ne pourroient m'alarmer :
Le sort en est jeté, j'aime, et je veux aimer.

Que le sénat, jaloux de cet hymen, murmure,
Qu'il arme l'univers pour venger cette injure,
Contre tout l'univers je soutiendrai mes droits,
Et saurai me soustraire au caprice des lois :
Je maintiendrai sans lui l'honneur du diadème ;
On me l'a confié, j'en rends compte à moi-même :
Qu'on s'en rapporte à moi ; la gloire des Romains
Ne peut être remise en de meilleures mains.
Depuis que j'ai reçu les rênes de l'empire,
Aux lois de mon devoir j'ai pris soin de souscrire ;
Et dans ce dur chemin où j'ai su m'avancer,
Ce n'est pas s'égarer que de s'y délasser.

FIRMIN.

Oui, seigneur, jamais Rome, en un jour de victoire,
De traits plus glorieux ne marqua son histoire ;
L'éclat dont aujourd'hui le sénat est frappé,
N'est que de votre gloire un rayon échappé :
Mais vous devez encore arracher à l'envie
Les traits dont elle peut attaquer votre vie,
Ne pas vous en remettre à nos neveux déchus
A peser vos erreurs avecque vos vertus.
Du chemin de la gloire on ne sauroit descendre
Que la trace n'en soit difficile à reprendre :
En vain par mille exploits on a su s'avancer,
Pour un égarement il faut recommencer.
Il ne sied qu'au cœur foible, aux hommes ordinaires,
A se lasser bientôt dans ces routes austères,
Et se flatter encor, fiers et présomptueux,
Qu'un seul jour de vertu peut faire un vertueux.

Ah! qu'il est beau, seigneur, au vainqueur de la terre,
Qui déchaîne à son gré le démon de la guerre,
Qui tient tout sous ses lois, de borner son pouvoir
Au terme généreux prescrit par son devoir;
De laisser sa vertu seule dans la balance
L'emporter sur le poids de toute sa puissance!

AURÉLIEN.

Tous tes conseils, Firmin, ne sont plus de saison,
Et mes sens égarés ont séduit ma raison;
Une secrète voix, qui ne sauroit se taire,
Me prescrit mieux que toi ce que je devrois faire,
Et contre cet amour m'auroit fait révolter,
Si mon cœur un moment avoit pu l'écouter.
Que fais-je cependant dont ma gloire s'offense?
Me voit-on de l'empire oublier la défense?
Quels tyrans sont en paix? quels Romains sont proscrits?
Mes arrêts au sénat de sang sont-ils écrits?
L'univers me voit-il, couvert d'ignominie,
Traîner dans le repos une indolente vie?
Pour fruit de mes travaux, pour prix de mes exploits,
Je ne veux qu'être un jour arbitre de mon choix.
Suis-je donc du sénat ou le maître ou l'esclave?
Attendrai-je à la fin qu'il m'insulte et me brave,
Qu'il décide mon sort? Firmin, n'en parlons plus,
L'amour est mon vainqueur; tes soins sont superflus.
Mais on vient. Que je sens de trouble dans mon âme!

SCÈNE III.

AURÉLIEN, ISMÈNE, FIRMIN, THÉONE.

AURÉLIEN.

Souffrez qu'à vos regards je m'offre ici, madame,
Non plus comme autrefois, que l'horreur et l'effroi
Marquoient partout mes pas et voloient devant moi :
Je viens, plein des transports d'une flamme indiscrète,
D'un cœur qui vous adore avouer la défaite,
Me mettre dans vos fers, et dire, à vos genoux,
Qu'il n'est plus dans ces lieux d'autre vainqueur que vous.

ISMÈNE.

Seigneur, un tel discours a de quoi me surprendre ;
J'en demeure interdite, et ne le puis comprendre.
Je n'ai pas oublié qu'un funeste revers,
Après de vains efforts, m'a mise dans vos fers :
Rebut de la fortune, esclave infortunée,
Je sais à quels malheurs le sort m'a condamnée ;
Et le plus grand de tous, sans espoir, sans secours,
C'est de n'avoir encor vécu que peu de jours.
Puis-je au milieu des fers conserver quelques charmes ?
Tout le feu de mes yeux s'est éteint dans mes larmes ;
Et je les punirois, si leur coupable ardeur
Avoit, en vous touchant, si mal servi mon cœur.

AURÉLIEN.

Madame, je sais bien qu'un soupir dans ma bouche
Allume votre haine, et vous rend plus farouche ;

Que vous changez le nom d'empereur, de vainqueur,
En celui de tyran et de persécuteur :
Mais enfin, si jamais dans une âme hautaine,
Par un effort d'amour on peut vaincre la haine,
Malgré tous vos dédains, je suis sûr d'être heureux.
Madame, on n'a jamais ressenti tant de feux ;
Et, quel que soit l'excès de votre horreur extrême,
Votre cœur me hait moins que le mien ne vous aime.
Si c'est assez pour vous qu'un empire romain,
Je vous l'offre en ce jour, madame, avec ma main.

ISMÈNE.

A moi, seigneur ! à moi ! Songez....

AURÉLIEN.

A vous, madame.
Quel don plus précieux vous prouveroit ma flamme ?
Un empereur, bientôt maître de l'univers,
Seroit-il un captif indigne de vos fers ?

ISMÈNE.

Je l'avoûrai, seigneur, une telle victoire
N'éblouit point mes yeux par l'éclat de sa gloire,
Et je dois renoncer sans peine à la grandeur
Qu'il faudroit acheter aux dépens de mon cœur.
Il ne m'est plus permis d'accepter de couronne,
Si Sapor, plus heureux, à mon front ne la donne ;
Et même le présent de l'empire romain
M'est odieux, seigneur, offert d'une autre main.

AURÉLIEN.

Que m'apprenez-vous donc ? et que m'osez-vous dire ?
Sapor ?... Si de sa main vous attendez l'empire,

Vos vœux avec les siens vers le ciel adressés
Ne seront pas encor dans ce jour exaucés.
Je crois peu que l'état où le ciel l'abandonne
Soit le plus court chemin pour arriver au trône :
Je pourrois me tromper ; et, pour sortir des fers,
Peut-être que Sapor a cent chemins ouverts.
Mais, sans trop pénétrer, peut-on savoir, madame,
Par quel heureux secret il a touché votre âme ?
Car enfin vous l'aimez.

ISMÈNE.

Seigneur, jusqu'à ce jour
Mon cœur ignore encor ce que c'est que l'amour.
J'avoûrai seulement qu'en ma plus tendre enfance,
Quand mes jours plus sereins couloient dans l'innocence,
Une mère, avant moi, formant ces nœuds si doux,
Me choisit, de sa main, ce prince pour époux.
Depuis ce temps, hélas ! source d'inquiétude,
Je me fais de le voir une douce habitude ;
Chaque jour, chaque instant vient irriter l'ardeur
Qui, flattant mes désirs, s'empare de mon cœur.
Quand je le vois, seigneur, une furtive joie
Dans mes yeux indiscrets malgré moi se déploie ;
Mon cœur, en ce moment, de plaisir pénétré,
Vole au-devant de lui, dans mon sein trop serré :
Quand je ne le vois plus, une langueur secrète
Entretient les ennuis d'une flamme inquiète ;
Et, séduite souvent d'un souvenir flatteur,
Je le cherche et lui parle en secret dans mon cœur.
Mes yeux ne s'ouvrent plus que pour voir ses alarmes,

ACTE II, SCENE III.

Que pour le regarder, ou pour verser des larmes :
Plus sensible à ses maux que je ne suis aux miens,
Mes fers sont à mon bras moins pesants que les siens ;
Je le plains plus cent fois qu'il ne se plaint lui-même.
Ah ! si l'on aime ainsi, j'avoûrai que je l'aime.

AURÉLIEN.

N'en doutez point, madame, à ces signes secrets
On reconnoît assez l'amour et ses effets ;
Par de plus doux transports il ne sauroit paroître.

ISMÈNE.

J'ai donc senti l'amour, seigneur, sans le connoître :
A ce tendre penchant mon cœur accoutumé
De sa naissante ardeur ne s'est point alarmé.
Trouvant dans mon amour mon devoir même à suivre,
J'ai commencé d'aimer en commençant à vivre ;
Et, le temps confirmant mes feux de jour en jour,
Sapor n'a plus tenu mon cœur que de l'amour.
Je ferois plus encor, je donnerois ma vie
Pour lui rendre un moment sa liberté ravie.
Oui, prince, je te l'offre, et je meurs à tes yeux ;
Puisse ma mort calmer la colère des dieux !
Trop contente, en mourant, de te le pouvoir dire :
Ayant vécu pour toi, c'est pour toi que j'expire.
Mais ma raison s'égare, et je me sens troubler.
Seigneur, en ce moment, je croyois lui parler.

AURÉLIEN.

A ces égarements, à ces transports, madame,
Vous m'instruisez assez des ardeurs de votre âme ;
Mais apprenez aussi qu'un empereur romain

N'est point accoutumé de soupirer en vain ;
Qu'un amant, couronné de plus d'un diadème,
Prétend être entendu quand il a dit qu'il aime.
Pour ne devoir qu'à vous le don de votre cœur,
J'oubliois tous les noms de maître, de vainqueur ;
Et, m'abandonnant trop aux transports de mon âme,
Je ne me suis paré que de ma seule flamme.
Mais, madame, un moment songez ce que je puis,
Qui vous êtes, quel est Sapor, et qui je suis ;
Songez que de nommer un rival qui m'offense
C'est presque de sa mort prononcer la sentence :
Je vous laisse y penser.

SCÈNE IV.

ISMÈNE, THÉONE.

ISMÈNE.

Théone, qu'ai-je dit ?
Quel trouble en ce moment vient saisir mon esprit ?
Quel aveu, quel discours est sorti de ma bouche !
N'as-tu pas remarqué cet air sombre et farouche,
Ces regards incertains, où j'ai lu la fureur
Et les jaloux transports qui déchirent son cœur ?
Il mourra donc, Théone ! et parce que je l'aime,
Il faudra que ma main l'assassine elle-même !
C'étoit peu qu'en ces lieux, conduit par son amour,
Il eût abandonné les grandeurs de sa cour ;
Que, prodiguant pour moi son sang avec sa vie,

ACTE II, SCENE IV.

Son bras de fers honteux sentît la barbarie ;
Je n'avois pas encore assez rempli son sort,
Et j'étois réservée à lui donner la mort.
Hélas ! tout me trahit ; et toi-même, cruelle !
Voilà, voilà l'effet de ta main criminelle :
C'est toi qui, ce matin, par des soins imprudents
As voulu me parer de ces vains ornements ;
C'est toi qui, par ces nœuds, dont l'appareil m'offense,
De mes cheveux épars as dompté la licence ;
C'est ce zèle indiscret, que je n'approuvois pas,
Qui rallume l'éclat de mes foibles appas.
Ah, que tes soins cruels me vont coûter de larmes !

THÉONE.

Madame, quelque temps suspendez vos alarmes ;
Le ciel, en ce moment touché de vos malheurs,
Se prépare à tarir la source de vos pleurs ;
Il vous ouvre un chemin pour monter à l'empire :
Il ne tient plus qu'à vous.

ISMÈNE.

     Ah ! que m'oses-tu dire,
Cruelle ? et jusque-là tu peux donc me haïr ?
Ta bouche, avec ta main, s'emploie à me trahir.
J'irois, du vain éclat d'un empire éblouie,
Aux yeux de l'univers montrer ma perfidie !
Et, pour un faux brillant, je vendrois en un jour
Fierté, haine, parents, gloire, vengeance, amour !
Moi, j'irois, me couvrant d'une honte éternelle,
Justifier les noms d'ingrate, d'infidèle !
Ah ! périsse en mon cœur ce dessein odieux !

Je tremble, je frémis. Que plutôt à tes yeux....
Mais allons l'informer de tout ce qui se passe ;
Tâchons de détourner le coup qui le menace ;
A ses mortels ennuis je vais mêler mes pleurs.
Dieux ! devroit-il s'attendre encore à ces malheurs ?

FIN DU SECOND ACTE.

ACTE TROISIÈME.

SCÈNE I.

SAPOR, ISMÈNE.

SAPOR.

Est-il vrai ? le croirai-je, adorable princesse ?
Quoi ! votre cœur encor dans mon sort s'intéresse !
Trahi de tous côtés, vaincu de toutes parts,
Je puis, sans vous blesser, m'offrir à vos regards !
Vous me voyez sans peine ; et ces yeux pleins de charmes
Daignent pour moi s'ouvrir et répandre des larmes !
Pour moi vous préférez la honte de vos fers
Aux honneurs éclatants de cent sceptres offerts !
Un mot changeoit l'état de votre destinée ;
Vous remontiez au trône auquel vous étiez née ;
Et le ciel aujourd'hui, par un juste retour,
Vengeoit les coups du sort par les coups de l'amour.
Cependant, plus sensible au feu qui vous inspire,
Vous abandonnez tout, gloire, grandeurs, empire,
Pour qui ? pour un captif accablé de malheurs,
Qui ne peut désormais vous offrir que des pleurs,
D'un trône abandonné frivole récompense ;
Et, pour comble d'ennui (j'en rougis quand j'y pense),

Ce prince aimé de vous, que vous favorisez,
Ne vous rendra jamais ce que vous refusez.

ISMÈNE.

Ah, prince! dès long-temps par le sort poursuivie,
J'ai prévu les malheurs qui menaçoient ma vie,
Et j'ai toujours bien cru qu'il falloit m'exercer
Au mépris des grandeurs où j'allois renoncer.
Je m'en suis déjà fait une longue habitude ;
Mais mon cœur à changer n'a point mis son étude,
Et je n'ai jamais cru devoir l'accoutumer
Au malheur imprévu de ne vous point aimer.
Peut-être à mon amour me laissai-je séduire :
Mais, à quelque grandeur où m'élève l'empire,
Le don de votre cœur, cher prince, est, à mes yeux,
Un présent mille fois encor plus précieux.

SAPOR.

Songez-vous qui je suis? Ah, princesse charmante!
Mon âme en ce moment sur mes lèvres errante,
Pour s'échapper de moi n'attend plus qu'un soupir!
C'est trop pour un mortel ressentir de plaisir :
Arrêtez ces torrents où mon âme se noie,
Et Sapor n'est pas fait pour expirer de joie.

ISMÈNE.

Hélas! que ces plaisirs vous coûteront de pleurs!
Mon amour est pour vous le dernier des malheurs ;
Craignez que l'empereur....

SAPOR.

                Hé! que pourrois-je craindre?
Est-il quelque revers dont je puisse me plaindre?

ACTE III, SCENE I.

Hélas! quand une fois on a vu vos appas,
Il n'est plus d'autre mal que de ne vous voir pas,
Plus de bien que d'avoir un cœur tendre, et capable
De vous aimer autant que vous êtes aimable.

ISMÈNE.

Hélas! pour tant d'ardeur, pour prix de tant d'amour,
Que fais-je? Je conspire à vous ravir le jour;
D'un dangereux rival j'aigris la jalousie,
J'allume ses transports, j'excite sa furie :
Irrité d'un refus qu'il croit injurieux,
Il vengera sur vous le crime de mes yeux.
D'une secrète horreur mon âme prévenue,
Ne jouit qu'en tremblant du bien de votre vue :
Je crains pour moi, pour vous; et lorsque je vous vois,
Je crois toujours vous voir pour la dernière fois.

SAPOR.

Pour la dernière fois! Trop de bonté, madame,
Vous presse à partager les ennuis de mon âme.
Un prince qui n'a pu détourner vos malheurs
Mérite-t-il encor de causer vos frayeurs?
L'univers me verra, victime toujours prête,
Attendre les couteaux suspendus sur ma tête :
Un mot de votre bouche, un regard de vos yeux,
Réparent pour toujours un sort injurieux;
Et l'on oublie assez son injustice extrême,
Lorsque l'on se souvient seulement qu'on vous aime.

ISMÈNE.

Pour détourner les maux prêts à vous opprimer,
Souvenez-vous, hélas! de ne me plus aimer.

SAPOR.

Moi, ne vous plus aimer ! Ma tendresse offensée
Ne soutient point l'horreur d'une telle pensée.
Moi, ne vous plus aimer ! Et quel affreux démon
Verseroit dans mon cœur ce funeste poison ?
Pourrois-je imaginer un revers plus funeste ?
Je vous aime, et c'est là le seul bien qui me reste.
Hélas ! j'ai tout perdu ; prêt à perdre le jour,
Permettez-moi du moins de garder mon amour.
Mon cœur, en vous faisant un ardent sacrifice,
Du destin courroucé peut braver la malice :
Pénétré de vos feux, c'est vous qui m'animez,
Et je ne vis enfin qu'autant que vous m'aimez :
Heureux, s'il m'est permis, en dépit de l'envie,
De finir à vos pieds ma déplorable vie !

ISMÈNE.

Hélas ! qu'avez-vous fait ?

SCÈNE II.

AURÉLIEN, SAPOR, ISMÈNE, FIRMIN, THÉONE.

ISMÈNE.

J'APERÇOIS l'empereur.
Ciel, détourne les maux que présage mon cœur !

AURÉLIEN.

Je vois avec chagrin qu'en ces lieux ma présence
De vos ardents transports calme la violence ;

ACTE III, SCENE II.

Si j'avois cru troubler des entretiens si doux,
Je me serois gardé de m'offrir devant vous.
Si j'en crois mes regards, dans l'excès de ce zèle,
Vous lui juriez, madame, une amour éternelle;
Et, plein du même feu, je crois qu'à votre tour,
Prince, vous lui juriez une éternelle amour.

SAPOR.

Vos yeux, en ce moment, n'ont point su vous séduire;
Tout ce que sa beauté me permet de lui dire,
Ce que pense un amant de ses feux pénétré,
Ma bouche lui disoit, quand vous êtes entré.

AURÉLIEN.

Mais vous ne deviez pas, prince, si tôt suspendre
Le cours impétueux d'un entretien si tendre;
J'aurois été témoin de vos ardents discours.

SAPOR.

Si j'en crois votre bouche, elle use de détours.

AURÉLIEN.

Je n'en ai pas besoin; je sais ce que peut dire
L'amour le plus puissant, quand le malheur l'inspire:
Mais, prince, je ne sais si vous êtes instruit
Quel dangereux rival vous traverse et vous nuit.
Vous a-t-on fait savoir qu'il falloit dans votre âme
Étouffer les ardeurs d'une indiscrète flamme;
Que l'empire d'un cœur que le sort m'a donné
Est un bien qu'en secret je me suis destiné;
Qu'aucun autre que moi ne doit plus y prétendre?

SAPOR.

Oui, prince, je le sais; on vient de me l'apprendre:

Mais j'ignorois encor que le sort des combats
Pût disposer d'un cœur, ainsi qu'il fait d'un bras ;
Et que les mêmes fers dont on charge une tête
Dussent toujours d'une âme assurer la conquête.
Il est vrai qu'en tout temps un puissant empereur
A travers cent rivaux se fait jour dans un cœur :
Tout fléchit devant lui, tout cède, tout fait place ;
C'est pour une mortelle encore trop de grâce
De recueillir l'honneur d'un sévère regard
Que sa bonté sur elle a jeté par hasard.
Mais il est certains cœurs, si j'ose ici le dire,
Qu'on n'éblouiroit pas de l'offre d'un empire,
Et qui, dès leur naissance au trône accoutumés,
Même à des empereurs pourroient être fermés.

AURÉLIEN.

S'il s'en trouvoit quelqu'un, une juste puissance
M'assureroit toujours de son obéissance :
Un pouvoir redoutable entraîne à soi l'amour.

SAPOR.

C'est ainsi qu'on emporte un cœur en cette cour ?

AURÉLIEN.

D'une esclave orgueilleuse on sait tirer vengeance ;
Et l'on y sait, de plus, réprimer l'insolence.

SAPOR.

Insultez, triomphez : peut-être en d'autres temps
Vous m'eussiez épargné ces discours insultants ;
Avant qu'aux champs fumants d'Émesse et de Larisse
Le ciel de mes malheurs se fût rendu complice,
Lorsque vos bataillons étonnés n'osoient pas

ACTE III, SCENE II.

Soutenir les éclairs du fer de mes soldats,
Incertains du succès que nous devions attendre,
Ces mots dans votre bouche auroient pu se suspendre;
Ce temps, dont vous pourriez encor vous souvenir,
Peut-être malgré vous pourroit-il revenir.

AURÉLIEN.

En tout temps, en tous lieux, en me voyant paroître,
Prince, vous avez dû respecter votre maître;
Et, d'un mot, je vous puis empêcher de revoir
Ce temps qui vainement flatte encor votre espoir.

SAPOR.

Le coup devroit avoir prévenu la menace.

AURÉLIEN.

Le coup devroit avoir humilié l'audace
D'un esclave orgueilleux.

SAPOR.
                    Dites mieux, d'un rival.

AURÉLIEN.

L'un et l'autre en ce jour mérite un sort égal,
Et tous deux à mes yeux ne sont que trop coupables.

SAPOR.

Peut-être d'autres yeux me sont plus favorables.

AURÉLIEN.

Redoutez leur faveur.

SAPOR.
                    Je crains plus leur courroux.

AURÉLIEN.

Je vous trouve bien vain.

SAPOR.

Mais du moins peu jaloux.

AURÉLIEN.

Prince, si vous l'étiez, vous seriez moins à plaindre.

SAPOR.

D'un rival tel que vous je sais ce qu'on doit craindre;
Et je demanderois, pour être satisfait,
D'être aimé seulement autant que l'on vous hait.

(Il sort.)

ISMÈNE, à Sapor, qui sort.

Prince, que dites-vous?

SCÈNE III.

AURÉLIEN, ISMÈNE, FIRMIN, THÉONE.

AURÉLIEN.

Ah! c'est trop de licence;
C'est trop par des raisons fatiguer ma constance :
Laissons de mon courroux ralentir les éclats.
Autant que l'on me hait!...

ISMÈNE.

Ah! ne le croyez pas.

AURÉLIEN.

Je ne le crois que trop : mais si l'on me dédaigne,
Par de plus sûrs moyens j'obtiendrai qu'on me craigne.
Redoutez les transports d'un aveugle courroux;
Tremblez pour lui, madame, et peut-être pour vous.
L'un et l'autre à mes yeux est déjà trop coupable,

ACTE III, SCENE III.

Lui de vous trop aimer, vous d'être trop aimable.
Je ne vois en Sapor qu'un criminel d'état;
Tout demande sa mort, l'armée et le sénat:
Ce n'est plus un rival que mon courroux opprime,
Je dois à l'univers cette grande victime,
Et je rends grâce au ciel de pouvoir, en un jour,
Satisfaire ma gloire, et venger mon amour.

ISMÈNE.

Non, le ciel ne veut point une telle injustice:
S'il vous demande encore un nouveau sacrifice,
Qui retient votre bras? Frappez, qu'attendez-vous?
Voilà le cœur qui doit expirer de vos coups.

AURÉLIEN.

Déjà Sapor devroit être réduit en poudre;
Mais je veux quelque temps suspendre encor la foudre:
Je fais plus, je vous fais arbitre de son sort;
Vous tenez dans vos mains et sa vie et sa mort:
Allez le voir, madame, et lui faites entendre
Qu'aux droits de votre cœur il ne doit plus prétendre,
Que vos feux à jamais pour lui sont consumés,
Et qu'enfin aujourd'hui c'est moi que vous aimez.

ISMÈNE.

Il mourra donc, grands dieux! Quoi! ma bouche perfide
Pourra lui proférer ce discours parricide!
Et, quand je le pourrois, ah! ne seroit-ce pas,
Loin de sauver ses jours, avancer son trépas?
Puisque vous et les dieux voulez cette victime,
Vous l'avez commencé, finissez votre crime:
Si la mort est l'objet de vos lâches desseins,

Qu'il meure par vos coups, et non pas par les miens.
AURÉLIEN.
Enfin par la pitié ma haine retenue
Peut avoir désormais toute son étendue.
Vous le voulez, madame; et je vous ferois tort,
Si je m'intéressois plus que vous à son sort.
Je puis donner l'essor à ma juste vengeance;
Armons-nous, punissons un rival qui m'offense;
Qu'il meure. En le voyant sans vie à vos genoux,
Madame, en ce moment n'en accusez que vous.
(Il va pour sortir.)
ISMÈNE, l'arrêtant.
Ah, seigneur! arrêtez; je suis prête à tout faire :
J'immolerai l'amour et l'amant, pour vous plaire;
Je vais lui prononcer l'arrêt de son trépas;
J'y cours; je lui dirai que je ne l'aime pas.
Que je ne l'aime pas! Eh! le pourra-t-il croire?
Peut-être dans mes yeux il lira le contraire.
Mais n'importe; ma bouche, arrêtant leurs effets,
Lui dira, s'il le faut encor, que je le hais.
Que ne ferois-je point pour lui sauver la vie!
AURÉLIEN.
Ne vous figurez pas que mon âme éblouie
Parmi ces sentiments n'aille se faire jour;
A travers cette haine on verra votre amour.
C'est pour moi, je l'avoue, une foible victoire;
Je sais d'un tel discours ce que j'en devrai croire;
Dans cet aveu contraint, source de votre ennui,
Votre bouche est pour moi, votre cœur est pour lui.

Mais enfin je vaincrai l'orgueil d'un téméraire;
Et, puisque vous m'ôtez tout espoir de vous plaire,
Je le dirai, cruelle, il m'est presque aussi doux
D'être haï de lui, que d'être aimé de vous.

SCÈNE IV.

ZÉNOBIE, AURÉLIEN, ISMÈNE, FIRMIN, THÉONE.

ZÉNOBIE, à Aurélien.

Il se répand un bruit que je ne crois qu'à peine;
On dit que dans ce jour vous épousez Ismène :
Ce bruit de bouche en bouche est jusqu'à moi venu,
Et dans tout ce palais se trouve répandu.
D'un doute qui m'outrage éclaircissez mon âme,
Épousez-vous Ismène?

AURÉLIEN.

Oui, dès ce jour, madame.

ZÉNOBIE.

Et ma fille pourroit jusque-là s'oublier?

AURÉLIEN.

Elle veut bien plutôt noblement s'allier.

ZÉNOBIE.

Elle y consentiroit! Non, je ne le puis croire;
Ma fille n'ira point, insensible à sa gloire,
Immoler sa vengeance, et, vous donnant la main,
Vendre le sang d'un père à son lâche assassin.

(à Ismène.)

Monteroit-elle au trône où le corps de son père

Fait le premier degré? Que prétend-elle faire?
Depuis quand, en quel lieu, comment, et par quels droits
Est-elle devenue arbitre de son choix?
Sapor y consent-il? M'avez-vous consultée?
La voix de mon époux, l'avez-vous écoutée,
Cette plaintive voix qui suit partout mes pas,
Et vous reproche un sang que vous ne vengez pas?

ISMÈNE.

Et vous aussi, madame? Hélas! c'est trop de peines.

ZÉNOBIE.

Non, ce n'est point mon sang qui coule dans tes veines;
Je ne t'ai point portée, ingrate, dans ce sein,
Et tu n'as, en naissant, sucé qu'un lait romain.
Sont-ce là ces transports de haine et de vengeance
Dont j'ai toujours pris soin de nourrir ton enfance?
Est-ce moi qui t'appris à trahir en un jour
Les intérêts du sang, et les droits de l'amour?
Réponds-moi; parle.

ISMÈNE.
Hélas!

ZÉNOBIE.
Insensible! inhumaine!
Tu soupires! Voilà les transports de ta haine,
Fille indigne d'un nom que tu ne peux porter!

AURÉLIEN.

Madame, jusqu'à quand voulez-vous m'insulter?
N'avez-vous pas assez lassé ma patience?
Dois-je encor porter loin l'excès de ma constance?
Mais parmi ces discours, dont je dois être las,

Vous m'instruisez, madame; et je ne savois pas
Qu'en répandant sur vous un rayon de ma gloire,
Je misse à votre front une tache si noire;
Et qu'un sceptre romain, par ma main présenté,
Fût un crime pour vous à la postérité :
S'il faut même le dire, avec un œil sévère
Ma fierté dès long-temps avoit vu le contraire;
Et, soigneux de mon nom, j'ai craint jusqu'à ce jour
D'intéresser ma gloire en ce fatal amour.
Mais, madame, aujourd'hui plus sensible à ma flamme,
L'amour, de son côté, vient entraîner mon âme.
Je n'examine point ici qui de nous deux
Hasarde plus sa gloire un jour chez nos neveux :
Quoi qu'il en soit enfin, quoi qu'on en puisse dire,
Je le veux, je l'ordonne, et cela doit suffire;
Dussé-je me couvrir d'un affront éternel,
Je conduis dans ce jour votre fille à l'autel.

(à Ismène.)

Vous, madame, arrêtez l'effet de ma puissance;
Mon amour est encor plus fort que ma vengeance.
Tenez votre promesse : ici tout m'obéit;
Ces murs me rediront ce que vous aurez dit.

SCÈNE V.

ZÉNOBIE, ISMÈNE, THÉONE.

ZÉNOBIE.

Enfin voilà l'abîme où j'étois attendue!
Dieux cruels, voyez-moi, suis-je assez confondue?

Je verrai donc ma fille, amenée aux autels,
Avouer sa foiblesse aux pieds des immortels !
Mes yeux seront témoins....

####### ISMÈNE.

Ah ! de grâce, madame,
De reproches affreux n'accablez point mon âme;
Victime infortunée, un destin malheureux,
M'entraînant à l'autel, triomphe de mes vœux :
Plaignez plutôt mon sort ; pour sauver ce que j'aime,
J'immole mon amour, je m'immole moi-même ;
Sans ce dur sacrifice et cet hymen, hélas !
Ce jour est pour Sapor celui de son trépas.

####### ZÉNOBIE.

Le jour de son trépas ! dieux ! quelle tyrannie !

####### ISMÈNE.

Au dépens de l'amour, il faut sauver sa vie.

####### ZÉNOBIE.

Le barbare !

####### ISMÈNE.

Ah, madame ! arrêtons son courroux.

####### ZÉNOBIE.

Ah ! périssons, ma fille, et Sapor avec nous.
D'un indigne attentat sauvons notre mémoire ;
Nous ne vivons déjà que trop pour notre gloire.
Tout est ici soumis à la loi du trépas :
Nous vivons pour mourir, mais nous ne naissons pas
Avec un cœur exempt et de tache et d'offense,
Pour en trahir jamais la sévère innocence :
C'est pour tous les mortels un dépôt précieux,

Qu'ils doivent rendre tel qu'ils l'ont reçu des dieux.
ISMÈNE.
Quels combats !

SCÈNE VI.

ZÉNOBIE, SABINUS, ISMÈNE, THÉONE.

SABINUS, à Zénobie.

Je vous cherche, et ma flamme outragée
Vous promet tout, madame ; oui, vous serez vengée ;
Un mouvement secret dans le fond de mon cœur
Accuse ma foiblesse et blâme ma lenteur :
Je venge mes délais par mon impatience ;
Vos beaux yeux dans mon cœur excitent la vengeance ;
Ce cœur d'aucun remords ne se sent combattu ;
Et vous servir, madame, est servir la vertu.
ZÉNOBIE.
Quel changement soudain ! Qui cause dans votre âme
Ce retour dans mon cœur ?....
SABINUS.
L'ignorez-vous, madame ?
On vous aime, on me tue aujourd'hui dans ces lieux.
J'en frémis ; l'empereur vous épouse à mes yeux ;
Lui-même il m'a chargé de l'éclat de la fête.
Détournons les éclats de ce coup sur sa tête ;
Prévenons ses desseins, détruisons ses projets ;
Changeons, par un seul coup, ses lauriers en cyprès ;
Que les flambeaux ardents de cet hymen célèbre

Éclairent les moments de sa pompe funèbre ;
Qu'il périsse à vos yeux.

ZÉNOBIE.

Prince, je vous entends ;
Ce soin de me venger, ces nobles sentiments,
Ces transports, ces fureurs dont votre âme est saisie,
Je les dois à l'amour moins qu'à la jalousie.

SABINUS.

Et qu'importe, madame, à qui vous les deviez,
Pourvu que le tyran tombe mort à vos pieds ?
Ce généreux courroux, confondu dans mon âme
Avec l'emportement de l'ardeur qui m'enflamme,
Ne vous marque que trop l'amour que j'ai pour vous :
Mon cœur est amoureux autant qu'il est jaloux.

ZÉNOBIE.

Il faut vous détromper ; l'éclat de cette fête,
L'hymen que dans ces lieux par votre ordre on apprête,
Ces flambeaux dont votre âme a conçu tant d'effroi,
Tout ce que vous voyez, ne se fait pas pour moi.

SABINUS.

Ne se fait pas pour vous ! Et pour qui donc, madame?
Quel autre objet ici peut exciter sa flamme ?

ZÉNOBIE.

Voilà l'objet fatal, et les coupables yeux
Où l'empereur a pris cet amour odieux,
Amour, plus que mes fers, dangereux à ma gloire.

SABINUS.

Vous voulez m'abuser; non, je ne puis vous croire :
Je vous écoute moins que mes transports jaloux ;

Et qui vous voit, enfin, ne peut aimer que vous.
Quoi qu'il en soit, madame, il faut vous satisfaire;
Le dessein en est pris, rien ne m'en peut distraire.
Déjà par tout le camp mes fidèles soldats
Sont, au premier signal, prêts à suivre mes pas.
Le bruit de cet hymen, qui vient de se répandre,
Me fait trouver des cœurs prompts à tout entreprendre :
Sévère, Albin, Plautus, pleins d'une noble ardeur,
Des moments retardés accusent la lenteur.
Allons, madame, allons, volons à la vengeance.
Déjà plein des transports de mon impatience,
J'ai couru chez Sapor en venant dans ces lieux;
Le succès du complot est écrit dans ses yeux.
Je vais tout préparer pour ce grand sacrifice,
Et contraindre le ciel à nous être propice.

ZÉNOBIE.

Ah ! suivez les transports dont vous êtes épris,
Et songez que mon cœur en doit être le prix.

FIN DU TROISIÈME ACTE.

ACTE QUATRIÈME.

SCÈNE I.

ISMÈNE, THÉONE.

ISMÈNE.

Où vais-je ? où suis-je ? Hélas ! où courons-nous, Théone ?
Ma raison me trahit, ma vertu m'abandonne ;
Mon cœur est dévoré des plus cruels ennuis ;
Je cours dans ce palais sans savoir où je suis ;
Je crains d'y rencontrer un malheureux que j'aime ;
Je me dérobe au jour ; je me cache à moi-même ;
Je me fuis, mais en vain ; et tout ce que je voi
Me reproche mon crime et s'arme contre moi.
De quel front, de Sapor soutiendrai-je la vue,
Si, de ma trahison déjà trop confondue,
Je n'ose regarder ce palais odieux,
Où le sang de mon père est fumant à mes yeux ?
Dieux ! que deviendra-t-il, quand ma bouche cruelle
Lui marquera l'état de mon cœur infidèle ;
Quand il m'entendra dire, interdit et confus,
« Prince, je vous aimois, je ne vous aime plus ;
« Je ne suis plus à vous ; à l'autel entraînée,
« Avec votre rival j'unis ma destinée ;

« Cet hymen se célèbre à vos yeux dans ce jour,
« Et je vais vous trahir par un effort d'amour?»
Ah! plutôt que lui faire un aveu si terrible,
Fuyons, fuyons, Théone, au sein d'un antre horrible;
Cachons-nous dans l'horreur des plus sauvages lieux;
Renonçons pour jamais à la clarté des cieux.
Viens, Théone, suis-moi. Mais quelle erreur m'emporte!
Ne me souvient-il plus de ces fers que je porte?
Où puis-je aller, grands dieux! quels chemins sont ouverts?
Hélas! je ne peux plus me cacher qu'aux enfers.

THÉONE.

Madame, à quelques maux que le destin me livre,
Ordonnez de mon sort, je suis prête à vous suivre :
Prompte à briser mes fers, je marche sur vos pas,
Sous un climat brûlant, ou sous de froids climats;
Soit qu'en ce jour fatal votre ombre fugitive
Descende pour jamais sur la funeste rive,[1]
J'irai....

ISMÉNE.

Non, demeurons. En quel affreux séjour
Ne porterois-je pas ma honte et mon amour,

---

[1] Ce vers et les trois précédents sont conformes à l'édition de 1731. Voici les quatre vers que l'éditeur de 1820 rapporte d'après l'édition de 1731 qu'il a consultée; il suffiroit de cette seule citation pour apprécier le degré de confiance que mérite cette autre édition de 1731.

> Prompte à briser mes fers, je marche sur vos pas,
> *Soit* un climat brûlant, ou sous de froids climats,
> *Soit* que l'astre du jour votre ombre *fugitive*
> Descende pour jamais sur la funeste rive....

(G. A. C.)

Après avoir conçu le dessein téméraire
D'épouser en ce jour l'assassin de mon père?
Il suffit que mon crime étonne l'univers,
Sans en aller si tôt infecter les enfers.

THÉONE.

Madame, jusqu'ici votre innocente vie
D'aucune tache encor ne se trouve ternie;
Et frustrant l'empereur du don de votre main,
Qui peut vous reprocher....

ISMÈNE.

Quel horrible dessein!
Voilà de tes conseils l'ordinaire injustice.
Et que t'a fait Sapor pour vouloir qu'il périsse?
Que t'ai-je fait, grands dieux! par quel affreux courroux
Veux-tu que contre lui je tourne encor mes coups?
C'est donc peu contre lui que la rage et l'envie;
L'amour, pour l'opprimer, se met de la partie.

SCÈNE II.

SAPOR, ISMÈNE, THÉONE.

ISMÈNE.

Mais, dieux! je l'aperçois; il tourne ici ses pas.
Dans le trouble où je suis ne m'abandonne pas.

SAPOR.

Enfin le ciel, madame, à mes vœux moins contraire,
Luit d'un rayon plus pur; il permet que j'espère,
Il va m'ouvrir bientôt, en signalant mes coups,

ACTE IV, SCENE II.

Le moyen de mourir ou de vivre pour vous.
Sabinus, dans l'armée excitant sa puissance,
Des Romains courroucés irrite la vengeance ;
Tout le camp mutiné s'arme en notre faveur,
Et mon cœur tout entier se livre à la fureur.
Mais que vois-je, grands dieux ! et quel sombre nuage
Vient obscurcir l'éclat de votre beau visage !
Quel changement ! Pourquoi détournez-vous vos yeux ?
Depuis quel temps vous suis-je un objet odieux ?
C'est Sapor qui vous parle. Ah ! ma chère princesse,
Jetez les yeux sur moi. Quel sombre ennui vous presse ?
Vous ne me dites rien ? Ciel ! que je sens d'effroi !
Serois-je donc trahi ? par qui ? comment ? pourquoi ?
L'aurois-je pu penser ? Quel amour ! quelle glace !
Est-ce ainsi que vos yeux enflamment mon audace,
Ces yeux où je venois prendre toute l'ardeur
Qui devoit animer et mon bras et mon cœur !
Je vais vous arracher....

ISMÈNE.
Hélas ! qu'allez-vous faire ?
SAPOR.
Pour vous dans les hasards je cours en téméraire ;
Je me livre au destin ; quel que soit le danger,
Sur les pas de la mort je vole vous venger.
Mon courage inquiet depuis long-temps murmure
De n'avoir du destin pu réparer l'injure ;
Et je suis criminel aux yeux de l'univers,
De vous avoir laissée un moment dans les fers.
Cet univers saura que ce temps, ce silence,

Servoient à méditer une illustre vengeance,
Et que, tout malheureux et tout abandonné,
J'étois digne du cœur que vous m'avez donné.

ISMÈNE.

Hélas!

SAPOR.

Vous soupirez, je vois couler vos larmes.
Et pourquoi verse-t-on du sang avec ces armes?
Cédons à la fureur.

ISMÈNE.

Tournez vos premiers coups
Contre ce cœur ingrat qui ne peut être à vous.

SAPOR.

Qui ne peut être à moi! Ciel! que viens-je d'entendre?
Quelle secrète horreur dans moi va se répandre!
L'ai-je bien entendu, grands dieux! J'en doute encor.
Est-ce Ismène qui parle, ou bien suis-je Sapor?
Qui ne peut être à moi! C'en est donc fait, madame?
L'amour, ce tendre amour, est banni de votre âme;
Vos sens d'une autre ardeur sont enfin prévenus;
Vous m'aimiez autrefois, et vous ne m'aimez plus.
Ne craignez point ici que ma bouche rebelle
Vous accable des noms d'ingrate, d'infidèle,
Vous fasse souvenir des serments et des pleurs
Dont il vous plut jadis irriter mes ardeurs:
Non, pour vous reprocher votre injustice extrême,
Je ne veux exciter contre vous que vous-même;
Au lieu de condamner votre esprit inconstant,
Je vous pardonne tout, si j'en puis faire autant.

Vous me quittez, madame, et je me rends justice,
De mes cruels malheurs je suis le seul complice;
Indigne de vous plaire et de vous posséder,
Méritois-je ce cœur que je n'ai pu garder?
Devois-je me flatter, puisqu'il faut vous le dire,
Que, toujours insensible aux charmes d'un empire,
Votre amour s'irritant au milieu des malheurs,
Vous oublîriez pour moi le trône et ses grandeurs?
Espérois-je en effet que, malgré mille obstacles,
Le ciel en ma faveur prodiguât des miracles?
Croyois-je que toujours.... Ah! trop long-temps déçu,
Malheureux que je suis! je ne l'ai que trop cru;
Je me suis trop flatté d'une fausse promesse,
Et du charme imposteur d'une feinte tendresse;
Ma raison prévenue, et mon cœur enchanté....
Non, je n'étois point fait pour tant de cruauté.

ISMÈNE.

Étois-je faite aussi pour être si cruelle?

SAPOR.

Vous étiez faite, hélas! pour n'être pas fidèle:
Vous m'avez abusé d'un espoir trop flatteur;
Je me croyois aimé, j'adorois mon erreur:
Ne pouviez-vous encor quelque temps vous contraindre?

ISMÈNE.

Hélas! connoissez mieux en quel temps je veux feindre.

SAPOR.

Je ne veux rien connoître; assuré de mon sort,
Mes vœux les plus ardents m'entraînent à la mort;
J'y vais avec plaisir : il faut du sang, madame,

Pour achever d'éteindre une importune flamme;
J'y cours....

ISMÈNE.

Que dites-vous? Ah! quelle aveugle erreur
Vous fait chercher la mort avec tant de fureur?
Vivez : si vous mourez, il faut que je vous suive.

SAPOR.

Hé! pourquoi voulez-vous maintenant que je vive?
Abandonné, trahi, désespéré, vaincu,
Madame, en cet état j'ai déjà trop vécu.

ISMÈNE.

Quel trouble me saisit! Je tremble, je frissonne.
Ah, Théone! fuyons. La force m'abandonne.
Fuyons....

SAPOR.

Vous me fuyez dans ce moment fatal;
Vous courez vous jeter dans les bras d'un rival!
Est-ce ainsi qu'autrefois, sensible à mes alarmes,
Vous me voyiez courir dans les périls des armes,
Lorsque, nous séparant par de tendres adieux,
Vous me suiviez long-temps et du cœur et des yeux?
Me fuyiez-vous ainsi, quand ma main fortunée
Tenoit à mes drapeaux la victoire enchaînée;
Quand, revenant vainqueur, j'étalois à vos pieds
Le débris de l'orgueil des rois humiliés,
Des javelots brisés, des aigles menaçantes,
Du sang des ennemis encore dégouttantes,
Des faisceaux arrachés, mille et mille étendards,
Dignes fruits d'un héros, cueillis au champ de Mars?

ACTE IV, SCENE II.

Tout couvert de lauriers, et tout brillant de gloire,
Je ne me réservois, pour prix de la victoire,
Que le plaisir charmant de vous la raconter,
Et vous, madame, et vous, celui de l'écouter.
Pour qui donc ai-je mis tant de villes en cendre?
Pour qui couloit le sang que l'on m'a vu répandre?
Vous ne l'ignorez pas, j'allois de vos parents
Apaiser, par mon sang, les mânes murmurants.
Ce n'étoit pas assez qu'aux plaines de Larisse
Mon bras leur eût offert un sanglant sacrifice,
Et que vous eussiez vu leurs sillons désolés
Blanchir des ossements dont ils étoient comblés :
C'étoit peu que, traînant les horreurs de la guerre,
De vastes flots de sang j'eusse inondé la terre ;
Il me falloit encor, par de plus grands travaux,
Changer l'ordre du ciel, faire rougir les eaux,
Leur apprendre à couler par des routes nouvelles.
Vous le savez, vos yeux sont des témoins fidèles :
L'Oronte a vu deux fois ses flots précipités,
De cadavres romains dans leur cours arrêtés,
Remonter vers leur source, et cherchant un passage,
S'égarer dans les champs voisins de son rivage.
Quel fruit de mes travaux, grands dieux ! N'en parlons plus ;
Mes regrets aussi-bien seroient-ils superflus.
O ciel ! tu me devois un destin moins barbare.
Mais calmons la fureur qui de mon cœur s'empare.
Oui, madame, trahi, percé de mille traits,
Je sens que je vous aime encor plus que jamais.

ISMÈNE.
Vous m'aimeriez encor! Non, je suis trop coupable.
SAPOR.
Pour ne me plus aimer, êtes-vous moins aimable?
ISMÈNE.
Vengez-vous par la haine, armez votre courroux.
SAPOR.
Pour me venger, hélas! quel chemin m'ouvrez-vous?
ISMÈNE.
Je le dirai pourtant : du destin poursuivie,
Je devrois être plainte, et non être haïe.
Vous le saurez un jour.
SAPOR.
Ah! dans mon désespoir,
Votre bouche déjà m'en a trop fait savoir,
Ne m'apprenez plus rien : je n'ai rien à vous dire,
Je ne vous retiens plus, allez chercher l'empire;
Tandis que d'autre part, en proie à ma fureur,
Je vais, pour me venger, chercher un empereur.
Qu'il me tarde de voir mon bras, de sang avide,
Se perdre dans le sein du traître, du perfide!
Lorsque dans les combats je signalois mes coups,
Je n'étois qu'amoureux, je n'étois point jaloux;
Par les coups de l'amour j'ai commencé ma vie,
Faisons sentir ici ceux de la jalousie;
Le champ nous est ouvert; il faut s'y signaler.
Cruel, tu périras, et ton sang va couler!
ISMÈNE.
Ah, dieux! que dites-vous?

ACTE IV, SCÈNE II.

SAPOR.

En vain votre tendresse,
Tremblante pour ses jours, dans son sort s'intéresse;
Il mourra de mes coups, j'irai chercher son cœur.
Mais, hélas ! pardonnez à ma juste fureur,
Si, pressé du transport d'une jalouse rage,
Je ne respecte point votre divine image ;
Si je perce ce cœur pour effacer des traits,
Ailleurs que dans le mien, infidels, imparfaits,
Et si, l'amour rendant ma fureur légitime,
J'immole, en me frappant, une double victime.

ISMÈNE.

Sortons d'ici, Théone, je me sens accabler ;
Je tremble, je chancelle, et je ne puis parler.

SCÈNE III.

SAPOR, seul.

Enfin dépouillons-nous d'une feinte apparence ;
Déchirons maintenant ce voile de constance
Où ma foiblesse a su si long-temps se cacher ;
Il n'est plus de témoins pour nous la reprocher.
Ouvrons enfin la scène, exposons à la vue
Les sentiments secrets d'une âme toute nue.
Éclatez, mes regrets trop long-temps retenus ;
Je vais mourir bientôt, je ne me plaindrai plus.
Voilà pour quel usage on me laissoit la vie !
Ciel, tu me réservois à cette perfidie !

Hé bien ! es-tu content ? La fortune et l'amour
M'ont-ils assez joué l'une et l'autre à leur tour ?
O trop flatteur espoir, détruit dans sa naissance !
A quel point se réduit toute mon espérance !
Je vais mourir ; et pour comble d'horreur, hélas !
Ismène est infidèle et ne me plaindra pas.
Je ne vous verrai plus, ingrate ! encore aimable
Je ne vous verrai plus ! quel mot épouvantable !
Je tremble, je frémis, je sens couler mes pleurs !
Ah ! qui peut exciter ces indignes terreurs ?
Est-ce la mort, grands dieux ! qui cause mes alarmes ?
Est-ce l'amour trahi qui m'arrache des larmes ?
Je ne sais ; mais, hélas ! renonce-t-on au jour,
Quand on ne peut encor renoncer à l'amour ?
Qui pourra vous aimer autant que je vous aime,
Quand, de vos cruautés m'étant puni moi-même,
Je serai descendu dans l'infernale horreur ?
Mais quel transport jaloux s'élève dans mon cœur ?
Quoi ! l'on vous aimera (j'en frémis quand j'y pense),
Et je ne vivrai plus pour venger cette offense !
Ah ! de quels soins cruels viens-je ici m'affliger ?
Ismène encor vivra, c'est trop pour me venger.
Elle a pu me trahir, l'ingrate ! sera-t-elle
Pour un nouvel amant plus que pour moi fidèle ?
Non, je serai vengé dans le sein du trépas.
Mais, tandis que je vis, vengeons-nous par mon bras.
Quel autre mieux que moi puniroit cet outrage ?
Que l'amour dans mon cœur se convertisse en rage :
D'un orgueilleux rival allons percer le flanc,

Et noyons son amour dans les flots de son sang.
Courons, qu'attendons-nous ? qu'il périsse !...

SCÈNE IV.

SAPOR, ZÉNOBIE.

SAPOR.

Ah ! madame,
Venez voir le désordre et l'horreur de mon âme ;
Venez, considérez l'état où l'on m'a mis :
Vous ne direz jamais quels sont mes ennemis.
Le jour m'est à présent une peine cruelle ;
Je suis trahi, madame ; Ismène est infidèle,
Ismène, votre fille ! et dans quel temps, grands dieux !
Lorsque je vais verser tout mon sang à ses yeux ;
Et que mon bras, armé pour se rendre justice,
Des destins ennemis va dompter la malice.
Ah ! que ne suivoit-elle encor quelques moments
Le cours toujours trompeur de ses déguisements ?
Par pitié, pour le moins, que ne me laissoit-elle
Dans l'erreur où j'étois de la croire fidèle ?
Que ne se faisoit-elle encore un peu d'effort ?
Les dieux n'alloient-ils pas ordonner de ma mort ?
J'aurois abandonné ma languissante vie
Avecque plus d'amour et moins d'ignominie.

ZÉNOBIE.

Prince, calmez l'excès de vos ressentiments ;
Le temps attend de vous d'autres emportements.

D'un tyrannique amour déplorable victime,
Ma fille est malheureuse, et voilà tout son crime :
Son infidélité, dans ce jour malheureux,
Bien plus que sa constance, a fait briller ses feux.
D'amour et de terreur son âme combattue
A de tendres frayeurs s'est à la fin rendue;
Une loi trop cruelle arrachoit un discours
Qu'elle ne prononçoit que pour sauver vos jours.
Non que je veuille ici, trop pleine de tendresse,
Faire grâce à l'amour, et cacher sa foiblesse.
Si de meilleurs conseils avoient été suivis,
Ma fille, vous et moi, nous serions tous péris,
Plutôt qu'un lâche aveu fût sorti de sa bouche;
Mais enfin, plus sensible à l'ardeur qui la touche,
Ismène a consenti, dans ce funeste jour,
Pour sauver son amant, d'immoler son amour!

SAPOR.

Ah ! que me dites-vous ? Est-il bien vrai, madame ?
A ce flatteur espoir puis-je livrer mon âme?
Quoi ! malgré ses froideurs, Ismène, dans son cœur,
Auroit désavoué ce discours imposteur ?
Ces sentiments trompeurs, arrachés par la feinte,
N'étoient que des effets d'amour et de contrainte ?
Ah ! pardonnez, Ismène, à mon aveuglement;
Pardonnez aux transports d'un trop crédule amant;
Je vous crois criminelle, et je suis seul coupable :
Vous ne serez jamais à mes yeux plus aimable,
Maintenant que je sais le prix de vos combats,
Que quand vous me direz que vous ne m'aimez pas.

Mais peut-être, madame, une pitié secrète,
Plus que la vérité, dans mon malheur vous jette :
Car enfin deux amants, en cette extrémité,
De la feinte aisément percent l'obscurité.
Hélas ! d'un seul soupir elle eût calmé l'orage,
Dissipé mes frayeurs, rassuré mon courage.
Eh ! contrainte à tenir un discours odieux,
Son cœur ne pouvoit-il s'exprimer par ses yeux ?

ZÉNOBIE.

Tout mentoit dans Ismène ; et ses regards timides
Craignoient d'en trop apprendre à des témoins perfides :
On l'observoit.

SAPOR.

Madame, ah ! que m'apprenez-vous ?
On l'observoit, grands dieux ! Ah ! courons, hâtons-nous :
Nos projets sont détruits ; tout est perdu, madame.
Hélas ! dans les transports qui déchiroient mon âme,
Je n'aurai pu me taire ; on saura.... j'aurai dit....
Je sens que dans mon cœur l'espoir s'évanouit.
Tout est perdu, madame, et je vous ai trahie.
Quel malheur ! quel revers ! dieux ! quelle est donc ma vie ?
Tous mes moments ne sont qu'un éternel retour
De la crainte au dépit, de la rage à l'amour.
Allons, courons finir mes jours et ma misère.
Ciel, je ne serai plus l'objet de ta colère :
Il ne te reste plus contre moi qu'un seul trait ;
Je l'attends : tonne, frappe, et je suis satisfait.

ZÉNOBIE.

Il n'est plus temps ici de se répandre en plaintes ;

Défendez votre cœur contre ces vaines craintes ;
Que ce nouveau malheur, et peut-être incertain,
Ne serve qu'à hâter les coups de votre main.
Dans mon appartement Sabinus va se rendre ;
De ses soins empressés nous devons tout attendre.
Nous avons des amis touchés de nos malheurs,
Et la pitié n'est pas éteinte en tous les cœurs.
Enflammé par l'amour, animé par la gloire,
Prince, je crois vous voir voler à la victoire.

SAPOR.

Allons, madame, allons, le succès est certain,
Si je puis seulement avoir le fer en main.

FIN DU QUATRIÈME ACTE.

ACTE CINQUIÈME.

SCÈNE I.

ZÉNOBIE, ISMÈNE, THÉONE.

ZÉNOBIE.

Non, non, vous n'irez point : qu'il vienne ici, s'il l'ose,
Achever cet hymen que son cœur se propose,
Vous arracher des bras d'une mère en fureur.
Il est plus d'un chemin pour aller à son cœur ;
Mon bras, mieux que vos yeux....

ISMÈNE.

L'ardeur de la vengeance
Est un foible secours contre tant de puissance.
Que pourront nos efforts ?

ZÉNOBIE.

Hé bien, cours à l'autel ;
Va verser sur ton front un opprobre éternel ;
Mais, avant de partir, vois ces voûtes sanglantes,
Du meurtre de ton père encor toutes fumantes ;
Vois ce palais rempli du nom de tes aïeux :
Tout reproche ton crime à tes perfides yeux.
Si de ces monuments exposés à ta vue,
Ton âme, en ce moment, n'est assez confondue,

S'il te faut des objets empruntés chez les morts
Pour aller dans ton cœur exciter des remords,
Ombre de mon époux[1]. . . . .
. . . .

SCÈNE II.

ZÉNOBIE, ISMÈNE, SAPOR, THÉONE.

SAPOR.

Je cède enfin, madame, à mon impatience ;
Les moments sont trop lents, je cours à la vengeance.
Sabinus ne vient point, il faut l'aller chercher ;
C'est trop long-temps ici l'attendre et se cacher ;
Il est temps maintenant que le ciel se déclare.
Quel que soit le trépas que le sort me prépare,
Je mourrai satisfait, si d'un coupable cœur,
En versant tout mon sang, je puis laver l'erreur.
Dans le temps que pour moi votre tendresse éclate,
Je vous crois infidèle, et je vous nomme ingrate :
Dans ce moment pourtant, vos yeux en sont témoins,
J'étois plus malheureux, je n'en aimois pas moins ;
Et, n'accusant que moi d'une fausse inconstance,
Je vous gardois toujours un reste d'innocence ;
Non que par ces raisons je veuille m'excuser ;

---

[1] On a cherché vainement dans les ouvrages manuscrits de M. Regnard ce qui manque en cet endroit ; et, ne l'ayant pu recouvrer, on a été obligé de laisser la scène telle qu'elle est. (*Note de l'édition de* 1731.)

ACTE V, SCENE II.

Peut-être qu'un moment j'ai pu vous accuser ;
Et ce cruel moment, dont le retour m'accable,
A vos yeux pour toujours doit me rendre coupable.
Ah! périsse un soupçon né de mon désespoir,
Et le crédule cœur qui le peut concevoir!
Je vole l'en punir. Vous m'aimez, je vous aime;
Rien ne peut mieux venger l'amour que l'amour même :
Je m'arrache à vos yeux, vous ne me reverrez
Que triomphant, ou mort.

ISMÈNE.

Ah, prince! demeurez;
Je tremble pour vos jours. Aux coups de la tempête
Laissez-moi présenter une moins chère tête.
Si je vous exposois aux horreurs du danger,
Ce seroit me punir bien plus que me venger;
Et, quoique vos périls m'apportassent des charmes,
Je serois mal payée encor de mes alarmes;
D'autres me vengeront.

SAPOR.

Madame, à cet emploi
Que vous me refusez, qui destinez-vous?

ISMÈNE.

Moi.
Dans les nobles transports du courroux qui m'anime,
Si je vais à l'autel, ce n'est plus en victime;
J'y cours pour immoler un tyran odieux;
Et mon bras va venger le crime de mes yeux.

SAPOR.

Je renonce, à ce prix, madame, à la vengeance :

Vous allez à l'autel flatter son espérance;
Ah! quand il y devroit expirer de vos coups,
Mon cœur de son bonheur seroit encor jaloux.
Non, laissez-moi, madame, achever mon ouvrage:
Moi seul j'espère tout du feu de mon courage;
Et, si je ne remets l'Orient sous vos lois,
Je dispense les dieux d'appuyer mes exploits.

SCÈNE III.

AURÉLIEN, ZÉNOBIE, ISMÈNE, SAPOR,
THÉONE, FIRMIN, Gardes.

ZÉNOBIE.
Quel coup de foudre affreux! dieux! quel revers funeste!
ISMÈNE.
Ciel! conservez Sapor, j'abandonne le reste.
AURÉLIEN.
Non, prince, il n'est pas temps encore de partir,
Sabinus doit ici vous venir avertir:
Je viens vous en porter les dernières nouvelles;
Son supplice déjà sert d'exemple aux rebelles,
Et le vôtre bientôt instruira l'univers
Qu'il n'est que ce chemin pour sortir de mes fers.
Et vous, madame, et vous, l'objet de ma foiblesse,
Voilà donc de quel prix vous payez ma tendresse!
A cet illustre emploi vous destiniez ses jours,
Quand vos larmes tantôt m'en demandoient le cours:
Ah! c'est trop sous l'amour faire gémir la gloire.

SAPOR.

Par quel aveuglement aurois-tu donc pu croire
Que Sapor pût jamais former d'autre dessein
Que de briser ses fers et te percer le sein?
Je te le dis encor, pour assurer ta vie,
Il faut qu'auparavant la mienne soit ravie.
Quels que soient mes destins, libre ou chargé de fers,
Je prétends te haïr, même au fond des enfers.
Que tardes-tu, barbare, à m'y faire descendre?
Tes bourreaux sont-ils prêts? Tu risques trop d'attendre :
Crains, tant que je respire, un coup mal arrêté.

AURÉLIEN.

Ainsi bientôt mes jours seront en sûreté.

SAPOR.

Le plus affreux trépas n'a rien dont je pâlisse.

ISMÈNE.

Et vous pouvez, seigneur, commander qu'il périsse?
Il n'est point criminel ; c'est moi qui dois périr.

SAPOR.

Pourquoi m'enviez-vous la gloire de mourir ?
Accordez à mes vœux cette grâce, madame;
C'est tout ce que j'attends pour le prix de ma flamme :
Et mourant en ce jour, à vos yeux et pour vous,
Quel autre sort ailleurs pourroit m'être plus doux ?
Je triomphe : un rival à mon sort porte envie.
Tout le regret que j'ai d'abandonner la vie
Vient de t'y voir encor : c'est un crime pour moi
D'en sortir sans punir un tyran tel que toi.

AURÉLIEN.

C'est trop d'un orgueilleux suspendre le supplice.
Tes jours sont à leur fin. Gardes, qu'on le saisisse.
Firmin, obéissez.

ISMÈNE.

Ah! s'il meurt aujourd'hui,
Seigneur, ordonnez donc que je meure avec lui.
Sapor.... Mais il me quitte, hélas!

SAPOR.

Vous soupirez!
Vous m'aimez, et je meurs; je meurs, et vous pleurez.
Trop heureux en mourant de causer vos alarmes!
Et mon sang est cent fois trop payé de vos larmes.
Adieu, belle princesse, adieu.

SCÈNE IV.

AURÉLIEN, ZÉNOBIE, ISMÈNE, THÉONE,
Suite.

ISMÈNE.

Quelle injustice
Sapor, vous me quittez pour courir au supplice.
Arrête, cher amant, je vole sur tes pas,
M'unir à toi du moins dans le sein du trépas :
Tu ne mourras pas seul. Retirez-vous, perfides;
Laissez-moi l'arracher à des mains parricides,
Et vous offrir un cœur que vous puissiez percer.
Traîtres, éloignez-vous. Mais je ne puis passer.

ACTE V, SCENE IV.

Ce n'est donc que pour moi qu'on devient pitoyable :
On punit l'innocent, on pardonne au coupable.
Ah! seigneur, suspendez un arrêt plein d'horreur :
Ordonnez de ma main, disposez de mon cœur.
Par ces sacrés genoux que je tiens, que j'embrasse,
Détournez sur moi seule un coup qui le menace ;
Au nom de ce qui fut le plus cher à vos yeux,
Au nom de notre hymen, seigneur, au nom des dieux !

ZÉNOBIE.

Finissez un discours dont ma fierté murmure,
Ma fille : une faveur est pour nous une injure,
Lorsque notre ennemi la dispense à nos soins ;
Nous pourrions, vous et moi, l'en haïr un peu moins,
Et les jours de Sapor, quelque amour qui nous presse,
Seroient trop achetés d'une telle foiblesse.

ISMÈNE.

Madame, en ce moment, peut-être ce héros
Rend les derniers soupirs sous le fer des bourreaux.
Ah, cruels ! de quel sang arrosez-vous la terre !
Barbares, redoutez les éclats du tonnerre ;
Suspendez vos couteaux, désarmez vos fureurs.
Ah, seigneur ! Mais je vois vos secrètes horreurs.
Non, vous ne voulez point que ce héros périsse ;
Votre cœur désavoue une telle injustice :
Je le sais, je le vois. Ah ! partez, courez tous,
Allez vous opposer à ces indignes coups ;
L'empereur vous l'ordonne, allez, j'y cours moi-même.
Seigneur....

SCÈNE V.

FIRMIN, AURÉLIEN, ZÉNOBIE, ISMÈNE, THÉONE.

ISMÈNE.

Mais, dieux! Firmin.... Mon horreur est extrême.
(à Firmin.)
Ah, barbare! c'est vous dont les secours trop lents....
C'est vous... Sapor est mort. O ciel! il n'est plus temps!
Hélas!

AURÉLIEN.

Quelle raison près de moi te rappelle?
Le camp a-t-il déjà vu le sang d'un rebelle?
Sapor vit-il encor? Quelqu'un m'a-t-il trahi?
Explique-toi.

FIRMIN.

Seigneur, vous êtes obéi,
Et sa mort dans ces lieux est déjà répandue.
Sapor s'étoit soustrait à peine à votre vue,
Que brûlant d'arriver au lieu de son trépas,
Son ardeur devant nous précipitoit ses pas;
Quand, bientôt parvenu sous ces pompeux portiques
Où des rois ses aïeux sont les bustes antiques :
« Arrêtons-nous ici, dit-il; c'est dans ces lieux
« Qu'à ces bustes chéris j'expose mes adieux.
« Vous, héros, qui couverts d'une éternelle gloire,
« M'avez vu, comme vous, suivi de la victoire;
« Offert à vos regards, il doit m'être bien doux

« De répandre le sang que j'ai reçu de vous,
« Ne l'ayant pu verser dans le sein de la guerre. »
Aussitôt, d'un effort plus prompt que le tonnerre,
Nous le voyons saisi du fer d'un des soldats :
« Lâches, retirez-vous ; qu'on ne m'approche pas,
« Dit-il ; je veux ici vous épargner un crime,
« Et porter seul des coups dignes de la victime ! »
A ces mots se taisant, d'une intrépide main
Il enfonce le fer promptement dans son sein ;
Il se perce, son sang par deux canaux bouillonne.
Ce spectacle sanglant n'offre rien qui l'étonne ;
Il sent glisser en lui la mort, sans se troubler ;
Et lui seul, sans effroi, voit tout son sang couler :
Mais bientôt, d'un visage où la mort étoit peinte,
Le regard languissant, et la voix presque éteinte :
« Je meurs, enfin, dit-il, et les dieux l'ont permis ;
« Aurélien peut vivre, il n'a plus d'ennemis.
« Vous, Ismène.... » A ce mot, qu'à peine il a pu dire,
Ce prince s'affoiblit, chancelle, tombe, expire :
Je l'ai laissé, seigneur, sans forces, étendu
Parmi les flots de sang qu'il avoit répandu ;
Il ne vit plus enfin.

AURÉLIEN.
          Le trépas d'un seul homme
Affermit pour jamais la puissance de Rome :
Je n'ai plus rien à craindre, enfin ; et, dans ce jour,
J'assure, d'un seul coup, mon trône et mon amour.

ISMÈNE.
Il est mort ; et je vis ! et je respire encore !

Et je te vois, cruel! Tu m'aimes, je t'abhorre!
Ce n'est qu'avec le fer que tu touches un cœur,
Monstre que les enfers ont produit en fureur!
Éloigne-toi, barbare; évite ma présence;
Crains que Sapor ne vive encore en ma vengeance :
J'aurois déjà puni tes lâches attentats,
Si de ton sang impur j'osois souiller mon bras :
Dans les frémissements de mon horreur extrême,
Je n'ose t'approcher pour te percer moi-même;
Je réserve ma main pour un plus noble emploi :
Lâche, voilà le coup que je gardois pour toi.

(Elle se tue.)

ZÉNOBIE.

Que vois-je? juste ciel!

AURÉLIEN.

Quel spectacle effroyable!

ZÉNOBIE.

L'aurois-je dû penser! Quel coup épouvantable!

AURÉLIEN.

Ismène, hélas! Ismène....

ISMÈNE.

Ah! ne m'approche pas;
J'irai, sans ton secours, dans la nuit du trépas:
Je te laisse, en mourant, un noble exemple à suivre.
J'aimois, j'aimois Sapor, je n'ai pu lui survivre :
Si tu m'aimes, suis-moi dans le séjour affreux;
Viens m'y voir dans les bras de ton rival heureux.
Mais que dis-je? grands dieux! égarée, éperdue....
Ah! n'y suis point mes pas, n'y souille point ma vue;

ACTE V, SCENE V.

Si tu t'y présentois, je voudrois le quitter :
Barbare, je ne meurs qu'afin de t'éviter.

ZÉNOBIE.

Ma fille, vous mourez ! Ce coup est mon ouvrage.
O mère infortunée ! étoit-ce à cet usage
Que ce fer malheureux dans vos mains étoit mis ?

ISMÈNE.

Madame, je fais plus que je n'avois promis,
Je meurs.

AURÉLIEN.

O coup fatal !

ZÉNOBIE.

O ma fille !

THÉONE.

Elle expire !

(Elle emporte Ismène.)

SCÈNE VI.

AURÉLIEN, ZÉNOBIE, FIRMIN.

ZÉNOBIE.

Oui, barbare, à tes yeux, je veux bien te le dire,
C'est moi, c'est ma fureur qui lui mit dans la main
Ce poignard tout sanglant pour t'en percer le sein.
Elle est morte, et son bras a trahi son courage :
Mais je vis, et le mien achèvera l'ouvrage.
Tu m'as ravi, perfide, empire, enfants, époux ;
Mais il me reste un bien, et plus cher et plus doux

Que ne furent jamais époux, enfants, empire :
C'est une horreur de toi que je ne saurois dire.
J'aime mieux voir ma fille, avançant son trépas,
Dans le sein de la mort, cruel! que dans tes bras.

(Elle sort.)

SCÈNE VII.

AURÉLIEN, seul.

Je saurai prévenir les effets de sa haine ;
Je crains peu son courroux. Firmin, suivez la reine :
Qu'on la garde. Je perds le fruit de mes exploits,
Si Rome ne la voit avec les autres rois ;
C'est le seul prix qui reste à marquer ma victoire.
Un amour outragé rend l'éclat à ma gloire ;
Et l'honneur d'un triomphe offert à mon retour,
Me récompense assez des pertes de l'amour.

FIN DE SAPOR.

LE CARNAVAL

DE VENISE,

BALLET EN TROIS ACTES,

AVEC UN PROLOGUE;

Représenté par l'Académie royale de Musique,
en mai 1699.

PERSONNAGES.

UN ORDONNATEUR.
MINERVE.
UN SUIVANT DE LA DANSE.
UN SUIVANT DE LA MUSIQUE.
CHOEUR D'OUVRIERS.
TROUPE DE GÉNIES qui président aux arts.

PROLOGUE

DU

CARNAVAL DE VENISE.

Le théâtre représente une salle où l'on doit donner un spectacle : tout y est encore en désordre; le lieu est plein de morceaux de bois et de décorations imparfaites; et l'on y voit quantité d'ouvriers qui travaillent pour mettre tout en état.

SCÈNE I.

UN ORDONNATEUR, CHŒUR D'OUVRIERS.

L'ORDONNATEUR.

Hatez-vous, préparez ces lieux;
Ne perdez pas des moments précieux.

LE CHŒUR.

Hâtons-nous, préparons ces lieux;
Ne perdons pas des moments précieux.

L'ORDONNATEUR.

Redoublez vos efforts, dépêchez, le temps presse;
Tout accuse votre lenteur;
On ne peut travailler avec assez d'ardeur,
Quand au plaisir on s'intéresse.

Hâtez-vous, préparez ces lieux;
Ne perdez pas des moments précieux.
LE CHOEUR.
Hâtons-nous, préparons ces lieux;
Ne perdons pas des moments précieux.
L'ORDONNATEUR.
Quelle divinité s'empresse
A descendre des cieux?
Minerve paroît à nos yeux.

SCÈNE II.

MINERVE, L'ORDONNATEUR,
CHOEUR D'OUVRIERS.

MINERVE.
Je quitte sans regret la demeure immortelle,
Pour venir en ce jour,
Dans une aimable cour,
Partager les plaisirs d'une fête nouvelle.

Mais quel désordre affreux règne de toutes parts?
Quelle main téméraire
Ote à ces lieux leur éclat ordinaire?
Est-ce ainsi qu'on prétend mériter mes regards?
L'ORDONNATEUR.
Par nos soins empressés, par notre diligence,
Nous allons satisfaire à votre impatience.
Hâtez-vous, préparez ces lieux;

SCENE I.

Ne perdez pas des moments précieux.

LE CHOEUR.

Hâtons-nous, préparons ces lieux;
Ne perdons pas des moments précieux.

MINERVE.

Pour attirer les yeux d'un grand prince que j'aime,
Vos soins me paroissent trop lents.
Retirez-vous, ministres négligents,
Je prétends m'employer moi-même.

Accourez, dieux des arts; embellissez ces lieux;
Qu'à ma voix votre ardeur réponde;
Servez le fils du plus grand roi du monde;
C'est un emploi digne des dieux.

SCÈNE III.

Les divinités qui président aux arts, la Musique, la Danse, la Peinture, l'Architecture, etc. viennent à la voix de Minerve, avec leurs suivants, et élèvent un théâtre magnifique.

LE CHOEUR.

Servons le fils du plus grand roi du monde;
C'est un emploi digne des dieux.

(Entrée des Génies qui président aux arts.)

UN SUIVANT de la Musique.

Qu'Amour dans nos fêtes
Fasse des conquêtes :
Où ce dieu n'est pas
Trouve-t-on des appas?

Venez, cœurs sensibles,
Dans ces lieux paisibles;
Il garde pour vous
Les plaisirs les plus doux.

Qu'Amour, etc.

Il cause des larmes,
Des soins, des alarmes;
Mais ses biens parfaits
Nous vengent de ses traits.

Qu'Amour, etc.

L'ORDONNATEUR.

Les dieux seuls en ce jour auront-ils l'avantage
De divertir le maître de ces lieux?
Entre les mortels et les dieux,
Il faut que ce bien se partage.

L'ORDONNATEUR, UN SUIVANT de la Musique
et UN SUIVANT de la Danse, ensemble.

Joignons nos voix, nos jeux et nos désirs;
Que l'on donne aux mortels le soin de ses plaisirs,
Et dans le temple de Mémoire
Les dieux prendront soin de sa gloire.

(Les Génies des arts recommencent leur danse.)

MINERVE.

Jeunes cœurs, échappés à la fureur de Mars,
Venez, venez de toutes parts
Faire au champ de l'Amour les moissons les plus belles;

SCENE III.

Venez vous délasser de vos travaux guerriers;
Faites ici des conquêtes nouvelles :
Les myrtes quelquefois valent bien des lauriers.

Célébrez un roi plein de gloire;
Ses travaux nous ont fait un repos précieux :
Mille exploits éclatants consacrent sa mémoire;
Il sait à ses drapeaux enchaîner la victoire;
La Paix descend pour lui des cieux.

LE CHOEUR.

Célébrons un roi plein de gloire;
Ses travaux nous ont fait un repos précieux;
Mille exploits éclatants consacrent sa mémoire;
Il sait à ses drapeaux enchaîner la Victoire;
La Paix descend pour lui des cieux.

MINERVE.

Vous qui suivez mes pas, remplissez mon attente;
Montrez, par les attraits d'un spectacle pompeux,
Tout ce que Venise a de jeux
Dans la saison la plus charmante.

FIN DU PROLOGUE.

PERSONNAGES.

LÉANDRE, cavalier françois, amoureux d'Isabelle.
ISABELLE, Vénitienne, amante de Léandre.
LÉONORE, Vénitienne, amante de Léandre.
RODOLPHE, noble Vénitien, amoureux d'Isabelle.
TROUPE DE BOHÉMIENNES, D'ARMÉNIENS ET D'ESPAGNOLS.
LA FORTUNE.
TROUPE DE JOUEURS de différentes nations, suivants de la Fortune.
TROUPE DE CASTELLANS ET DE BARQUEROLLES.
LE CARNAVAL.
TROUPE DE MASQUES.

LE CARNAVAL DE VENISE,

BALLET.

ACTE PREMIER.

Le théâtre représente la place Saint-Marc de Venise.

SCÈNE I.

LÉONORE, seule.

J'ai fait l'aveu de l'ardeur qui m'enflamme,
L'Amour a vaincu la fierté ;
Cet aveu, qui m'a tant coûté,
D'un nouveau trouble agite encor mon âme.

Amour, toi qui peux tout charmer,
Pourquoi faut-il, sous ton empire,
Qu'on ait tant de plaisir d'aimer,
Et qu'on souffre tant à le dire ?

Je cherche en vain de toutes parts,

Léandre ne vient point s'offrir à mes regards.
Depuis qu'il connoît ma foiblesse,
Je ne vois plus le même empressement.
Hélas! ce qui devroit animer un amant,
Fait bien souvent expirer sa tendresse.

Amour, toi qui peux tout charmer,
Pourquoi faut-il, sous ton empire,
Qu'on ait tant de plaisir d'aimer,
Et qu'on risque tant à le dire?

Isabelle paroît; un soudain mouvement
Augmente ma crainte fatale.
Ciel! n'est-ce point une rivale?
Ah! qu'un cœur amoureux est jaloux aisément!

SCÈNE II.

ISABELLE, LÉONORE.

ISABELLE.

Dans ces beaux lieux, où tout enchante,
Je viens donner quelques moments
Aux jeux, aux spectacles charmants
Qu'ici la saison nous présente.

LÉONORE.

Dans ces spectacles, dans les jeux,
Ce n'est point cet éclat pompeux

ACTE I, SCENE II.

Qui toujours nous attire;
Sous ce prétexte, dans ces lieux
L'Amour prend soin de nous conduire,
Pour y voir quelque objet qui nous plaît encor mieux.

ISABELLE.

Je ne veux point faire un mystère
De l'amour qui peut m'engager:
J'aime un jeune étranger,
Et je cherche en ces lieux l'objet qui m'a su plaire.

LÉONORE.

A vous faire un pareil aveu
Cette confidence m'engage;
Et pour un étranger j'ai senti naître un feu
Que son cœur avec moi partage.
De ses tendres regards je me sens enchanter.

ISABELLE.

A ses discours flatteurs je n'ai pu résister.

LÉONORE.

Il m'aime d'une ardeur extrême;
Il m'a juré de m'aimer constamment.

ISABELLE.

Le tendre amant que j'aime
M'a fait cent fois même serment.

LÉONORE.

Apprenez-moi le nom de cet amant fidèle.

ISABELLE.

Nommez-moi cet objet de votre amour nouvelle.

(Ensemble.)

C'est Léandre. Qu'entends-je? ô dieux!

LÉONORE.

Le perfide!

ISABELLE.

L'ingrat!

LÉONORE.

Il faut briser nos nœuds;
Que mon dépit fasse éclater le vôtre;
Il nous abuse l'une ou l'autre.

ISABELLE.

Peut-être que l'ingrat nous trompe toutes deux.

LÉONORE.

Il vient; pénétrons dans son âme
Le secret de sa flamme.

SCÈNE III.

LÉANDRE, ISABELLE, LÉONORE.

ISABELLE, à Léandre.

Puis-je croire que votre cœur
Pour une autre que moi soupire?

LÉONORE, à Léandre.

Ingrat, ne m'as-tu pas mille fois osé dire
Que tu brûlois pour moi d'une sincère ardeur?

LÉANDRE.

Quand je vous vois ensemble,
L'Amour, qui dans vos yeux tous ses charmes rassemble,
Est également triomphant;
Entre deux beaux objets, qui tous deux savent plaire,

ACTE I, SCENE III.

Le choix est difficile à faire,
Et l'un de l'autre me défend.

LÉONORE, à Léandre.

Explique-toi sans artifice.

ISABELLE, à Léandre.

Il est temps enfin de parler.

LÉONORE, à Léandre.

Il ne faut plus dissimuler.

LÉANDRE.

Quelle contrainte! quel supplice!
De vos tendres regards j'ai senti les attraits;
Je vous aimai, charmante Léonore;
Mais des yeux plus puissants encore
Ont soumis mon cœur à leurs traits;
C'est Isabelle que j'adore,
Pour ne changer jamais.

LÉONORE.

Ciel! que viens-je d'entendre? et que ma peine est rude
Oses-tu déclarer ton infidélité?

ISABELLE.

En amour bien souvent un peu d'incertitude
Flatte plus que la vérité.

LÉONORE.

Jouis de ta victoire, orgueilleuse rivale;
Insulte encore à mon malheur :
Et toi, perfide amant, crois-tu voir dans mon cœur
Dissiper en regrets ma tendresse fatale?
Non, ingrat! je prétends que mon courroux égale
Et surpasse encor mon ardeur;

Je veux qu'à ma vengeance offert en sacrifice,
L'un ou l'autre périsse;
J'en atteste le ciel, en ce funeste jour
La haine vengera l'amour.

(Elle sort.)

SCÈNE IV.

LÉANDRE, ISABELLE.

LÉANDRE.
Que ces vains projets de vengeance
Ne servent qu'à serrer nos nœuds.

De divers étrangers une troupe s'avance ;
Écoutons leurs concerts, prenons part à leurs jeux.

SCÈNE V.

Une troupe de Bohémiennes, d'Arméniens et d'Esclavons, avec des guitares, vient dans la place Saint-Marc prendre part aux plaisirs du Carnaval.

UNE BOHÉMIENNE.

Amor, amor, tel giuro a fè,
Tuo crudo strale non fa più per me.

LE CHOEUR répète ces deux vers, et les reprend à chaque couplet.

UN ESCLAVON.

Lungi da me, vaga Beltà;
Non mi giova la crudeltà.
   Chi vuol sospirar,
   Può s'innamorar :
Amor, non la voglio con te;
Lascia, mio core in libertà.

LE CHOEUR.

Amor, etc.

L'ESCLAVON.

Grata mercè di costante fè
Indarno vien a consolar me :
Col foco non voglio più scherzar;
Amor per me gioco non è;
Voglio ridere, non avvampar.

LE CHOEUR.

Amor, etc.

SCÈNE V.

TRADUCTION DES VERS ITALIENS.

UNE BOHÉMIENNE.
Amour, je t'en donne ma foi,
Tes traits ne sont plus faits pour moi.

LE CHOEUR.
Amour, etc.

UN ESCLAVON.
Loin de moi, sévère beauté;
Je renonce à la cruauté;
Qui voudra soupirer, s'enflamme :
Plus de commerce, Amour; fuis : laisse dans mon âme
Et le calme et la liberté.

LE CHOEUR.
Amour, etc.

L'ESCLAVON.
En vain, pour me flatter un peu,
La constance me montre un prix que je désire :
L'on ne badine point en vain avec le feu;
L'Amour pour moi n'est pas un jeu;
Je ne veux point brûler, si je puis; je veux rire.

LE CHOEUR.
Amour, etc.

La troupe continue les jeux, et danse la Villanelle.

UNE MUSICIENNE *de la troupe.*

Formons, s'il est possible,
 Les plus doux concerts ;
Ce séjour est paisible
 Dans le sein des mers.

LE CHOEUR *répète les quatre vers précédents à chaque couplet.*

LA MUSICIENNE.

Neptune, plus tranquille,
 Pour flatter nos vœux,
Sert, dans ce doux asile,
 De théâtre aux jeux.

LE CHOEUR.

Formons, s'il est possible, etc.

LA MUSICIENNE.

Nous ressentons dans l'onde
 Le flambeau d'Amour ;
Il est plus cher au monde
 Que celui du jour.

LE CHOEUR.

Formons, s'il est possible, etc.

On recommence la danse.

UNE BOHÉMIENNE.

Tout plaît, tout rit dans ce beau séjour ;
Vénus y tient sa brillante cour.

LE CHOEUR *répète ces deux vers à chaque couplet.*

UN ARMÉNIEN.

Dans ces beaux lieux remplis d'attraits,
 L'Amour n'a que d'aimables traits ;

ACTE I, SCENE V.

Tout vient, jeunes cœurs, flatter vos désirs ;
Si l'hiver chasse les zéphyrs,
Il vous ramène les doux plaisirs.

LE CHOEUR répète :

Tout plaît, tout rit, etc.

L'ARMÉNIEN.

Malgré la glace et les noirs frimas,
Nous ressentons des feux pleins d'appas,
Et les jeux suivent partout nos pas.
Quel printemps fait de plus beaux jours ?
Au lieu de fleurs il naît des Amours.

LE CHOEUR répète :

Tout, plaît, tout rit ; etc.

SCÈNE VI.

LÉANDRE, ISABELLE.

LÉANDRE.

Vous brillez à mes yeux d'une grâce nouvelle,
Et je brûle pour vous d'une nouvelle ardeur :
La mère des Amours ne fut jamais si belle ;
Tout le feu de vos yeux a passé dans mon cœur.

ISABELLE.

Je crains une rivale, et mon ardeur fidèle
Me fait sentir de mortelles terreurs.

LÉANDRE.

Ne craignez rien de ses fureurs.

ISABELLE.

Je crains plus de votre inconstance.

LÉANDRE.

Ah! que cette crainte m'offense!

ISABELLE.

Pourquoi vous offenser de la juste frayeur
Dont je sens les atteintes?
Les troubles et les craintes
Sont les premiers effets d'une naissante ardeur.

LÉANDRE.

De ce tendre discours que mon âme est ravie!

ISABELLE.

D'un jaloux odieux je crains la barbarie :
Si notre amour éclatoit à ses yeux,
Rien ne pourroit calmer ses transports furieux.

LÉANDRE.

L'Amour, armé de la constance,
Ne craint ni rivaux, ni jaloux;
Si nos cœurs sont d'intelligence,
Rien n'est à redouter pour nous.
D'un jaloux importun tromper la vigilance,
C'est goûter par avance
Ce que l'amour a de plus doux.

ISABELLE.

Brûlerez-vous pour moi d'une flamme sincère?

LÉANDRE.

Pouvez-vous vous connoître, et me le demander?

ISABELLE.

La conquête d'un cœur est plus aisée à faire
Qu'elle n'est facile à garder.

ACTE I, SCENE VI.

LÉANDRE.

Bannissez ces alarmes,
Rendez le calme à votre cœur;
Vos beaux yeux et vos charmes
Vous répondront de mon ardeur.

Ensemble.

Goûtons, sans nous contraindre,
Les plaisirs les plus doux.
Ah! que pouvons-nous craindre,
Si l'Amour est pour nous?

FIN DU PREMIER ACTE.

ACTE SECOND.

Le théâtre représente la salle des Réduits de Venise, qui est un lieu destiné pour le jeu pendant le carnaval.

SCÈNE I.

RODOLPHE, seul.

Vous qui ne souffrez point les peines
Qui déchirent les cœurs jaloux,
Quel que soit le poids de vos chaînes,
Amants, que votre sort est doux!

Deux tyrans dans mon cœur exercent leur furie;
L'amour, le tendre amour
Y fait naître la jalousie;
Et mes jaloux transports, par un cruel retour,
Y font mourir l'amour qui leur donna la vie.

Vous qui ne souffrez point les peines
Qui déchirent les cœurs jaloux,
Quel que soit le poids de vos chaînes,
Amants, que votre sort est doux!

SCÈNE II.

LÉONORE, RODOLPHE.

LÉONORE.
Malgré toute l'ardeur qui règne dans votre âme,
On vous séduit, on trahit votre flamme.

RODOLPHE.
Ah! je m'en doutois bien; et mes soupçons jaloux
M'en avoient instruit avant vous.

LÉONORE.
Un autre amant, sans résistance,
Remporte le prix le plus doux
Que méritoit votre constance.

RODOLPHE.
Nommez-moi seulement le rival qui m'offense,
Et laissez agir mon courroux.

LÉONORE.
L'affront est égal entre nous,
Je veux partager la vengeance.
Un ingrat me juroit de vivre sous mes lois,
Je me flattois de ce bonheur extrême;
On se laisse aisément tromper par ce qu'on aime,
Lorsque l'on est trompé pour la première fois.
A ce perfide amant Isabelle a su plaire,
Et Léandre à ses yeux....

RODOLPHE.
O ciel! que dites-vous?

Ensemble.

Que l'amour dans nos cœurs se transforme en colère ;
Vengeons-nous, hâtons nos coups ;
La vengeance qu'on diffère
Perd ce qu'elle a de plus doux.

LÉONORE, à part.

Et toi, sors de mon cœur, indigne et foible reste
D'une impuissante ardeur ;
Ne me parle plus en faveur
D'un perfide que je déteste.

RODOLPHE, à part.

J'étoufferai la voix d'une pitié funeste
Qui crie en vain dans le fond de mon cœur.

Ensemble.

Que l'amour dans nos cœurs se tranforme en colère :
Vengeons-nous, hâtons nos coups ;
La vengeance qu'on diffère
Perd ce qu'elle a de plus doux.

RODOLPHE.

Rien ne peut s'opposer à mon impatience ;
Allons, courons à la vengeance.

SCÈNE III.

LA FORTUNE paroît, suivie d'une troupe de Joueurs de toutes nations.

CHOEUR de suivants de la Fortune.

Suivons tous, d'une ardeur fidèle :
C'est la Fortune ici qui nous appelle ;
Son pouvoir peut combler nos vœux.
Tous les biens volent autour d'elle ;
C'est elle qui nous rend heureux.

LA FORTUNE.

Je suis fille du Sort, inconstante et légère,
Tout fléchit sous ma loi.
De tous les dieux que le monde révère,
Quel autre a plus d'encens que moi ?

Je traîne à mon char la victoire ;
Je brise, quand je veux, des trônes éclatants ;
Et je puis, à tous les instants,
Par quelque événement éterniser ma gloire.

Venez implorer mon secours,
Amants qu'un triste sort accable ;
Je fais naître à mon gré le moment favorable
Que, sans moi, l'on attend toujours.

(Entrée de suivants de la Fortune.)

UN MASQUE.

De tes rigueurs,
Ni de tes faveurs,
Fortune inconstante,
Je ne crains rien, rien ne me tente;
Tout ton pouvoir
Ne fait ni ma crainte ni mon espoir.

Le bien qui peut enchanter mon âme,
Est de brûler d'une constante flamme,
Et d'allumer de semblables feux.
Deux yeux
Touchants,
Charmants,
Élèvent mon sort aux cieux;
Sans cesse je les implore,
Je les adore;
Ce sont mes rois, ma fortune, et mes dieux.

SCÈNE IV.

Le théâtre change, et représente une vue de plusieurs palais ou balcons. Le reste de l'acte se passe pendant la nuit.

RODOLPHE, seul.

DE ses voiles épais la nuit couvre les cieux.
Je sais que mon rival, dans l'ardeur qui le presse,
Doit ici, par ses chants, exprimer sa tendresse;
Pour l'observer, cachons-nous en ces lieux.

(Il se retire dans un coin du théâtre.)

SCÈNE V.

LÉANDRE conduit une troupe de Musiciens, pour donner une sérénade à Isabelle.

LÉANDRE.

Doux charme des ennuis et des peines pressantes,
    Favorable divinité,
    Sommeil, qui, dans la fausseté
    De tes illusions charmantes,
    Nous fais goûter la vérité
    De cent douceurs des plus touchantes,
    Viens verser sur cette beauté
De tes pavots les vapeurs les plus lentes;
    Et fais que son cœur enchanté
Jouisse du repos que ses yeux m'ont ôté.

    (Les Musiciens se joignent à Léandre, et chantent le trio italien qui suit.)

TRIO ITALIEN.

Luci belle, dormite;
Deh! per pietà, un momento cessate,
Con i dardi
De' vostri sguardi,
Di rinnovar al cor le mie ferite.

LÉANDRE, *apercevant quelqu'un au balcon d'Isabelle.*
L'Amour me favorise, et je vois dans ces lieux
Une clarté nouvelle;
N'en doutez point, mes yeux,
C'est l'Aurore, ou c'est Isabelle.

SCÈNE VI.

ISABELLE, *sur le balcon.*

Mi dice la speranza
Ch' il tormento
In contento
Si cangerà.
Tra le spine nascosa
Si trova la rosa;
Frà le pene Amor trionfera.

TRADUCTION DU TRIO ITALIEN.

Dormez, beaux yeux, dormez sans craintes;
Et cessez un moment, avec vos traits vainqueurs,
De renouveler les atteintes
Dont vous percez les cœurs.

TRADUCTION DE L'AIR ITALIEN.

L'espérance me dit que nos peines mortelles
Se changeront en des plaisirs charmants.
Parmi les épines cruelles
On voit les roses les plus belles;
L'Amour doit triompher au milieu des tourments.

LÉANDRE.

Quelle félicité peut égaler la mienne!

Il faut quitter ce lieu charmant;
Un jaloux s'endort avec peine,
Mais il se réveille aisément.

SCÈNE VII.

RODOLPHE, sortant du lieu où il étoit caché.

Je me suis fait trop long-temps violence,
Je ne puis plus cacher mes transports furieux.
Où donc est cet audacieux?
Mais il fuit en vain ma présence;
Avant que le soleil paroisse dans ces lieux,
Les ministres de ma vengeance
Éteindront dans son sang des feux injurieux.

SCÈNE VIII.

ISABELLE, RODOLPHE.

ISABELLE, croyant parler à Léandre.

Je cède à mon impatience;
Et tandis que la nuit triomphe encor du jour,
Cher Léandre, je viens, conduite par l'amour,
Vous dire de mes feux toute la violence.

Quel plaisir de tromper et les soins et les yeux

D'un jaloux importun qui m'obsède en tous lieux !

Que je le hais ! que son amour me gêne !
Rien n'est comparable à la haine
Que je ressens pour ce jaloux,
Que l'amour violent dont je brûle pour vous.

RODOLPHE.

Ingrate !

ISABELLE.

Ah, ciel !

RODOLPHE.

Ma voix t'étonne.
Je sais les trahisons où ton cœur s'abandonne.

ISABELLE.

Si le sort trahit votre espoir,
C'est à vous qu'il faut vous en prendre ;
Pourquoi cherchez-vous à savoir
Ce qu'on ne veut pas vous apprendre ?

RODOLPHE.

O dieux !

ISABELLE.

Ne m'aimez plus, rompez, rompez des nœuds
Qui ne sauroient vous rendre heureux.

RODOLPHE.

Puis-je briser la chaîne qui m'accable ?
Mon cœur par vos attraits s'est trop laissé charmer ;
Si vous ne voulez pas m'aimer,
Souffrez du moins que je vous trouve aimable.
Je veux vous adorer malgré moi, malgré vous ;

J'espère que le temps rendra mon sort plus doux.

ISABELLE.

Dans mes yeux vous avez pu lire
Le sort que vous gardoit mon cœur :
Jamais d'aucun regard flatteur
Ai-je entrepris de vous séduire?
Ah! quand on ressent quelque ardeur,
Les yeux sont-ils si long-temps à le dire?

RODOLPHE.

Pour rendre le calme à mes sens,
Et pour payer l'amour dont mon âme est atteinte,
Dites que vous m'aimez, trompez-moi, j'y consens;
Cette fausse pitié, cette cruelle feinte,
Peut-être calmeront les douleurs que je sens.

ISABELLE.

C'est une peine, quand on aime,
D'avouer un penchant qu'on trouve plein d'appas;
Ce seroit un supplice extrême
De déclarer des feux que l'on ne ressent pas.

RODOLPHE.

Mon tendre amour, de votre haine
Ne sera-t-il jamais victorieux?
Vous gardez le silence; insensible! inhumaine!

ISABELLE.

L'aurore va paroître, il faut quitter ces lieux.

SCÈNE IX.

RODOLPHE, seul.

Pour trouver un amant qu'en vain ton cœur adore,
  La nuit n'a point d'horreur pour toi;
    Et tu crains avec moi
    Le retour de l'aurore!
  Va, cours chercher ce rival odieux
    Qui de ton cœur s'est rendu maître;
    Tes mépris trop injurieux
Étouffent tout l'amour que j'ai pris dans tes yeux :
Mais mon juste dépit te fera bien connoître
Que, si je sais aimer, je hais encore mieux.

FIN DU SECOND ACTE.

ACTE TROISIÈME.

Le théâtre représente une place de Venise, environnée de palais magnifiques, où se rendent quantité de canaux couverts de gondoles.

SCÈNE I.

LÉONORE, seule.

Transports de vengeance et de haine,
Succédez à l'amour qui régnoit dans mon cœur;
Mon ingrat va périr, et sa mort est certaine;
Peut-être en ce moment une main inhumaine....
 Je tremble.... je frémis d'horreur.
Barbares.... arrêtez.... votre fureur est vaine;
L'ingrat que vous percez cause encor ma langueur.
 Transports de vengeance et de haine,
Ne chassez point l'amour qui flatte encor mon cœur.

Mais il vit pour une autre! une pitié soudaine
Doit-elle s'opposer à mon dépit vengeur?
Ministres qui servez le courroux qui m'entraîne,
Frappez.... et qu'en mourant, cet infidèle apprenne
 Que je l'immole à ma fureur.

Transports de vengeance et de haine,
Succédez à l'amour qui régnoit dans mon cœur.

SCÈNE II.

RODOLPHE, LÉONORE.

RODOLPHE.

A la fin vous êtes vengée :
J'ai servi le juste transport
De notre tendresse outragée :
Votre ingrat ne vit plus, et mon rival est mort.

LÉONORE.

Il est mort, justes dieux! ma bouche impitoyable
A prononcé l'arrêt de son trépas.
Qu'ai-je fait, malheureuse ? hélas !

RODOLPHE.

Il ne vit plus ; et le ciel redoutable,
S'il respiroit encor, ne le sauveroit pas.

LÉONORE.

Tu l'as souffert, ô ciel ! et ta main équitable
Ne punit point ces attentats!
Que fais-tu? qui retient ton bras ?
Lance ta foudre épouvantable ;
Sur ce traître ou sur moi fais voler ses éclats,
Tu ne saurois manquer de frapper un coupable.

Ensemble.
LÉONORE.
C'est toi qui lui perces le cœur.
RODOLPHE.
C'est vous qui lui percez le cœur.

LÉONORE.

Cruel, dis-moi quel est son crime.

RODOLPHE.

Vous demandiez une victime.

Ensemble.
> LÉONORE.
> Devois-tu croire mon ardeur ?
> RODOLPHE.
> Deviez-vous armer ma fureur ?
> LÉONORE.
> C'est toi qui lui perces le cœur.
> RODOLPHE.
> C'est vous qui lui percez le cœur.

RODOLPHE.

Calmez les déplaisirs dont votre âme est saisie.
Pour oublier leur perfidie,
Aimons-nous, unissons nos cœurs ;
Et qu'un amour formé de nos communs malheurs
Soit le fruit de la jalousie.

LÉONORE.

Que je m'unisse à toi,
Monstre sorti de l'infernal empire !
Va.... fuis.... je frémis d'effroi,
Que le jour que je voi,
Que l'air que je respire
Me soient communs avec toi.

SCÈNE III.

RODOLPHE, seul.

Laissons de ses regrets calmer la violence.
(On entend un bruit de réjouissances.)
Mais le parti victorieux
Du combat que le peuple a donné dans ces lieux
Vient montrer sa réjouissance.

Allons faire savoir à l'objet qui m'offense
Un trépas dont son cœur sera saisi d'effroi ;
Je perds le prix de ma vengeance,
Si l'ingrate l'apprend d'un autre que de moi.

SCÈNE IV.

Divertissement de Castellans et de Barquerolles, avec le fifre et le tambourin.

Les Castellans et les Nicolotes sont deux partis opposés dans Venise, qui donnent pendant le carnaval, pour divertir le peuple, un combat à coups de poing pour se rendre maîtres d'un pont. Le parti victorieux se promène dans toute la ville, avec des cris de joie et des acclamations publiques.

UN CHEF DE CASTELLANS.

Nous triomphons sur les eaux, sur la terre ;
Nous mêlons dans nos jeux l'image de la guerre :
Mêlons aussi dans ce beau jour
Qui nous comble de gloire,
Des chansons d'amour

Aux chants de victoire,
Des chansons d'amour
Au son du tambour.

LE CHOEUR.

Nous triomphons sur les eaux, sur la terre;
Nous mêlons dans nos jeux l'image de la guerre:
Mêlons aussi dans ce beau jour
Qui nous comble de gloire,
Des chansons d'amour
Aux chants de victoire,
Des chansons d'amour
Au son du tambour.

(Des Castellans et des Castellanes témoignent, par leur danse, la joie qu'ils ont de leur victoire.)

UNE CASTELLANE.

Entre la crainte et l'espérance,
Sur le sein de Neptune, on est à tous moments;
L'empire de l'Amour n'a pas plus de constance,
Et l'on y voit flotter sans cesse les amants
Entre la crainte et l'espérance.

(Le parti victorieux recommence la danse.)

UN BARQUEROLLE.

Embarquez-vous,
Amants, sans faire résistance;
Embarquez-vous,
L'empire de l'Amour est doux.
C'est une mer toujours sujette à l'inconstance,
Que quelque orage à tout moment vient agiter;
Malgré ces maux, le calme de l'indifférence

Est encor plus cent fois à redouter.

(*Entrée de gondoliers et de gondolières.*)

LE CHOEUR.

Tout rit à nos désirs,
Ne songeons qu'aux plaisirs;
Que le vent gronde,
Que la mer soulève les flots,
Que le ciel en feu leur réponde,
Nous goûtons ici le repos.

SCÈNE V.

ISABELLE, seule.

Mes yeux, fermez-vous à jamais,
Ou ne vous ouvrez plus que pour verser des larmes.

Le jour est pour moi désormais
Un sujet de peine et d'alarmes.

Mes yeux, fermez-vous à jamais,
Ou ne vous ouvrez plus que pour verser des larmes.

Je suis coupable de vos charmes,
J'ai trop fait briller vos attraits;
Et je veux, par les mêmes armes,
Me punir des maux que j'ai faits.

Mes yeux, fermez-vous à jamais,
Ou ne vous ouvrez plus que pour verser des larmes.

Mais que servent, hélas! ces regrets superflus?
    Cher Léandre, tu ne vis plus.
Quand tu descends pour moi dans la nuit éternelle,
Doit-il m'être permis de voir encor le jour?
Non, non : pour me rejoindre à cet amant fidèle,
La plus affreuse mort me paroîtra trop belle,
Et ce fer doit ouvrir un chemin à l'amour.

        (Elle tire son stylet pour s'en frapper.)

SCÈNE VI.

LÉANDRE, ISABELLE.

LÉANDRE, lui arrêtant le bras.

Ciel! que voulez-vous entreprendre?

ISABELLE.

Dois-je en croire mes yeux? est-ce vous, cher Léandre?

LÉANDRE.

Quelle aveugle fureur vous arrache le jour?

ISABELLE.

Le bruit de votre mort causoit seul mes alarmes;
    Mon sang versé, mieux que mes larmes,
    Vous alloit prouver mon amour.

LÉANDRE.

Quoi! vous mouriez pour moi! dieux! quelle barbarie
    De votre sort hâtoit le cours?
      Hélas! toute ma vie
    Ne vaut pas un seul de vos jours.
    Un jaloux, que la rage anime,

ACTE III, SCENE VI.

Vient de faire éclater son barbare courroux;
Il a porté les mains sur une autre victime,
Et la nuit et l'Amour m'ont sauvé de ses coups.

ISABELLE.

Je revois enfin ce que j'aime;
L'excès de mon bonheur se peut-il concevoir?
Je crains que le plaisir extrême
Que je sens à vous voir
Ne fasse sur mes jours l'effet du désespoir.

LÉANDRE.

Vivons pour nous aimer, vivons, malgré l'envie;
Nous triomphons des jaloux et du sort.
Que notre crainte soit suivie
Du plus tendre transport.
Aimez-moi, tout vous y convie :
Si vous vouliez donner votre sang à ma mort,
Hélas! que pourriez-vous refuser à ma vie?

(Ensemble.)

Suivons nos doux emportements,
Aimons-nous d'une ardeur nouvelle;
Quand l'Amour au jour nous rappelle,
Nous lui devons tous nos moments.

LÉANDRE.

Fuyons un lieu funeste à de tendres amants.

ISABELLE.

Je fais mon bonheur de vous suivre.
Je vous allois chercher dans le sein du trépas;
Lorsque pour moi l'amour vous fait revivre,
Qui pourroit m'empêcher de voler sur vos pas?

LÉANDRE.

On doit donner au peuple, en ce jour favorable,
Un spectacle où d'Orphée on retrace la fable ;
 Un bal pompeux doit suivre ces plaisirs ;
Le tumulte et la nuit serviront nos désirs.
  Je vais en ce lieu vous attendre :
Un vaisseau par mes soins dans le port va se rendre,
 Pour nous porter en des climats plus doux,
Où nous pourrons braver la fureur des jaloux,
Et goûter les douceurs de l'hymen le plus tendre.

(Pendant que les violons jouent l'entre-acte, on voit descendre un théâtre fermé d'une toile, qui occupe toute l'étendue du premier. Ce qui reste d'espace jusqu'à l'orchestre, contient plusieurs rangs de loges pleines de différentes personnes placées pour voir un opéra.)

FIN DU TROISIÈME ACTE.

ORFEO
NELL' INFERNO,
OPERA.

PERSONAGGI.

PLUTONE.
ORFEO.
EURIDICE.
UN' OMBRA.
CORO DI NUMI INFERNALI.
CORO DI FOLLETTI.

ORPHÉE
AUX ENFERS,
OPÉRA.

PERSONNAGES.

PLUTON.
ORPHÉE.
EURYDICE.
UNE OMBRE.
TROUPE DE DIVINITÉS INFERNALES.
TROUPE D'ESPRITS FOLLETS.

ORFEO
NELL' INFERNO,
OPERA.

Il teatro rappresenta la reggia di Plutone.

SCENA I.

PLUTONE, fra Numi infernali.

Tartarei numi, all' armi!
CORO.
All' armi! all' armi!
PLUTONE.
Un mortal insolente,
Al dispetto della sorte,
Passa vivo nel regno della Morte,
Per turbarmi.
All' armi!

Freme il Tartaro,
Geme l' Erebo,
Stride Cerbero.
Tartarei numi,
All' armi!

ORPHÉE AUX ENFERS,

OPÉRA.

Le théâtre représente le palais de Pluton.

SCÈNE I.

PLUTON, au milieu d'une troupe de Divinités infernales.

Dieux des enfers, aux armes !
LE CHŒUR.
Aux armes ! aux armes !
PLUTON.
Un mortel insolent, malgré la loi du sort,
Dans les royaumes de la Mort
Descend encor vivant, et cause mes alarmes.
Aux armes ! aux armes !

Le Tartare frémit,
L'Érèbe gémit,
Cerbère mugit.
Dieux des enfers, aux armes !

CORO.

All' armi! all' armi!

(Si sente sinfonia pianissima.)

PLUTONE.

Ma qual nuova armonia!
Qual soave sinfonia
Dal cor di Plutone
L'ira depone!

SCENA II.

ORFEO, PLUTONE.

ORFEO.

Dominator dell' Ombre,
Al tuo soglio Amor m'invita:
Euridice è morta,
Ahi! dure pene!
O toglimi la vita,
O rendimi il mio bene.

PLUTONE.

Troppo da te si prega;
Ma, se Amore lo vuol, Pluto nol nega.
Parti, ma con tal patto,
Che non miri Euridice,
Sin ch' al regno del giorno
Il varco ti sia fatto.

SCÈNE I.

LE CŒUR.

Aux armes ! aux armes !

(On entend une symphonie très douce.)

PLUTON.

Mais quels chants remplis de douceur !
Quelle douce harmonie
Chasse la barbarie
D'un cœur comme le mien, ouvert à la fureur !

SCÈNE II.

ORPHÉE, PLUTON.

ORPHÉE.

Puissant maître des Ombres,
A ton trône enflammé l'Amour conduit mes pas :
La charmante Eurydice, hélas !
A passé les rivages sombres ;
Rends-moi cet objet plein d'appas,
Ou, par pitié, donne-moi le trépas.

PLUTON.

Plus loin que ton espoir tu portes ta demande ;
Mais Pluton y consent, si l'Amour le commande.
Pars ; sors du ténébreux séjour :
Mais je prétends qu'une loi s'accomplisse ;
Ne regarde point Eurydice,
Que tu ne sois rendu dans l'empire du jour.

SCENA III.

ORFEO.

Vittoria, mio cuore:
Ha vinto Amore.

Il riso, il canto,
Al duol succede:
Al dolce incanto,
D'un vago ciglio l' Inferno cede.

(Segue il ballo de' Numi infernali e Spiriti folletti.)

SCENA IV.

UN' OMBRA fortunata.

All' lampo
D' un bel volto resista chi può;
Penetra il ciel un vago sembiante,
E dell' inferno stesso apre le porte.

(Si ricomincia il ballo.)

SCENA V.

EURIDICE.

Per piacer al mio ben,
Amori, volatemi in sen;

SCÈNE III.

ORPHÉE.

Mon cœur, chantez votre victoire,
L'Amour est couronné de gloire.

Les ris et les chants
A la douleur succèdent,
Les enfers cèdent
Aux charmes de deux yeux touchants.

(Entrée de Divinités infernales et d'Esprits follets.)

SCÈNE IV.

UNE OMBRE heureuse.

Soutienne qui pourra les traits et les éclairs
Qu'on voit partir d'un beau visage ;
La beauté dans les cieux trouve un aisé passage,
Et se fait même ouvrir les portes des enfers.

(On recommence la danse.)

SCÈNE V.

EURYDICE, seule.

Pour plaire à l'objet qui m'enflamme,
Amours, volez tous dans mon âme ;

Fuggite, martiri;
Fuggite, sospiri;
Non turbate dell'alma il bel seren.

(Da capo.)

SCENA VI.

ORFEO, EURIDICE.

(Orfeo passa senza mirar Euridice.)

EURIDICE.
Deh! per pietà mira, Orfeo, chi t'adora.
ORFEO, riguardando Euridice.
Euridice, mio ben, ti vedo ancora!

SCENA VII.

PLUTONE, ORFEO, EURIDICE.

PLUTONE.
Fuggi, temerario,
Già che del decreto mio
Violasti la fè;
Quì rimanga Euridice.

ORFEO.
O Dio!
PLUTONE.
Su, ch'un diligente stuol

SCENE V.

Fuyez, peines, soupirs, ne revenez jamais
De mon cœur amoureux interrompre la paix.

(On recommence.)

SCÈNE VI.

ORPHÉE, EURYDICE.

(Orphée passe sans regarder Eurydice.)

EURYDICE.

Jette, Orphée, un regard sur celle qui t'adore.

ORPHÉE, *regardant Eurydice.*

Chère Eurydice, enfin, je vous revois encore !

SCÈNE VII.

PLUTON, ORPHÉE, EURYDICE.

PLUTON.

Va, fuis loin de mes yeux,
Mortel trop téméraire,
Puisque des dieux
Tu violes l'arrêt sévère ;
Qu'Eurydice reste en ces lieux.

ORPHÉE.

O dieux !

PLUTON.

Qu'une troupe rapide

Porti quel perfido
A riveder il suol;
Così Pluto lo vuol.

ORFEO.

O rigor! o crudeltà!

EURIDICE.

Colpa d'amore merta pietà.

(Demoni portano Orfeo.

SCENA VIII.

PLUTONE.

Voi, per fugar sua noja,
Spirti d'Averno, mostrate la gioja.
Si canti, si goda,
Si balli, si rida;
Non si parli di dolor
Dove splende la face d'Amor.

CORO.

Si canti, si goda,
Si balli, si rida;
Non si parli di dolor
Dove splende la face d'Amor.

SCENE VII.

De démons empressés
Dans l'empire des airs reporte ce perfide.
Pluton commande, obéissez.

ORPHÉE.

Quelle rigueur impitoyable !

EURYDICE.

Un crime de l'amour n'est-il point pardonnable ?

(Des Démons enlèvent Orphée.)

SCÈNE VIII.

PLUTON.

Esprits infernaux, en ce jour,
Pour chasser le chagrin qui la presse,
Riez, chantez, dansez, montrez votre allégresse ;
Qu'on ne parle plus de tristesse
Où brille le flambeau d'Amour.

LE CHOEUR.

Rions, chantons, dansons, montrons notre allégresse ;
Qu'on ne parle plus de tristesse
Où brille le flambeau d'Amour.

SCÈNE IX.

LÉANDRE, ISABELLE.

LÉANDRE.

Il est temps de partir, l'occasion est belle ;
Tout conspire pour nous, et la mer, et les vents ;
Profitons bien de ces heureux moments,
Allons où l'Amour nous appelle.

~~~~~~

LE BAL,

DERNIER DIVERTISSEMENT.

Le théâtre représente une salle magnifique, préparée pour donner le bal.

LE CARNAVAL paroît, conduisant avec lui une troupe de masques de différentes nations.

LE CARNAVAL.

L'hiver a beau s'armer d'aquilons furieux,
Et fixer des torrents la course vagabonde ;
En vain ses noirs frimas, pour attrister le monde,
Dérobent le flambeau qui brille dans les cieux ;
Sitôt que je parois, je bannis la tristesse ;

BALLET.

J'ouvre la porte aux jeux, aux festins, à l'amour :
    A mon départ le plaisir cesse ;
Et, pour mieux s'y livrer, on attend mon retour.

Vous qui m'accompagnez, montrez votre allégresse ;
Par vos jeux, par vos chants, célébrez ce beau jour.

    (Les Masques commencent un bal sérieux.)

LE CARNAVAL.

Je veux joindre à ces jeux une nouvelle danse ;
    Venez, aimables enjoûments ;
Redoublez en ces lieux notre réjouissance
    Par de nouveaux déguisements.
En ce temps de plaisir le plus sage s'oublie,
    Et permet un peu de folie.

(On tire un rideau, et l'on voit arriver du fond du théâtre un char magnifique traîné par des Masques comiques, et rempli de figures de même caractère, qui se mêlent en dansant avec les Masques sérieux.)

LE CARNAVAL.

Chantez, dansez, profitez des beaux jours ;
L'heureux temps des plaisirs ne dure pas toujours.

LE CHOEUR.

Chantons, dansons, profitons des beaux jours ;
L'heureux temps des plaisirs ne dure pas toujours.

LE CARNAVAL.

La raison vainement voudroit vous interdire
    Des passe-temps si doux ;
    Les moments que l'on passe à rire
    Sont les mieux employés de tous.

LE CHOEUR.
Les moments que l'on passe à rire
Sont les mieux employés de tous.

FIN DU CARNAVAL DE VENISE.

POÉSIES DIVERSES.

POÉSIES DIVERSES.

ÉPITRE I.

A M. LE MARQUIS DE....

Ariste, en vains discours tu t'échauffes la bile ;
Réserve tes conseils pour un cœur plus docile :
Tes avis sont fort bons, on en doit faire cas ;
Mais, pour t'en parler net, je ne les suivrai pas.
Tel qu'un marchand avide, arraché du naufrage,
Des périls échappé je perds toute l'image ;
Un fier démon m'agite et m'oblige à souffrir.
Ce démon, quel est-il ? c'est l'ardeur de courir.
Trop gras d'un plein repos, je pars pour l'Italie.
Je suis fou, diras-tu. Qui n'a pas sa folie ?
La nature en naissant, jalouse de son droit,
Marque l'homme à son coin par quelque foible endroit.
Souvent notre bon sens malgré nous s'évapore,
Et nous aurions besoin tous d'un peu d'ellébore.
Pour surcroît de malheur, prévenus follement,
Nous nous applaudissons dans notre égarement.
Moi, vous dira***, que, d'une main profane,
Pour trois fois mille écus je vende mon Albane !
J'aurois perdu l'esprit ; non, je n'en ferai rien.

Mais, monsieur... Non, vous dis-je... Il est beau, j'en convien ;
Jamais l'art triomphant, avec tant de noblesse,
N'insulta la nature et montra sa foiblesse :
Mais, s'il vous en souvient, depuis un lustre entier,
En cuillères d'étain, en fourchettes d'acier,
Vous mangez, le dimanche, une fort maigre soupe,
Un pot cassé vous sert de bouteille et de coupe ;
Et vous, et votre sœur, sans habits et sans bois,
Ne vous chauffez l'hiver qu'en soufflant dans vos doigts.
Voilà d'un fou parfait la parlante peinture,
Dit aussitôt André, qui, docteur en usure,
Compte déjà combien neuf mille francs par mois,
Placés modestement, rendent au denier trois.
Il est fou. Qui le nie ? Êtes-vous donc plus sage,
O vous qui, possédant tous les trésors du Tage,
Vous laissez consumer et de soif et de faim,
Plutôt que d'y porter une coupable main ?
Oronte, pâle, étique, et presque diaphane
Par les jeûnes cruels auxquels il se condamne,
Tombe malade enfin ; déjà de toutes parts
Le joyeux héritier promène ses regards,
D'un ample coffre-fort contemple la figure,
En perce de ses yeux les ais et la serrure.
Un nouvel Esculape, en cette extrémité,
Au malade aux abois assure la santé,
S'il veut prendre un sirop que dans sa main il porte.
Que coûte-t-il ? lui dit l'agonisant. — Qu'importe ?
— Qu'importe ? dites-vous. Je veux savoir combien.
Peu d'argent, lui dit-il. — Mais encor ? — Presque rien,

Quinze sous. — Juste ciel! quel brigandage extrême,
On me tue, on me vole : et n'est-ce pas le même,
De mourir par la fièvre, ou par la pauvreté?
Non, je n'achète point à ce prix la santé.
Damon est agité d'une fureur contraire;
Et, dissipant tout l'or qui fit damner son père,
Il fait, en moins d'un an, passer par un cornet
Cinquante mille écus d'un bien acquit et net.[1]
Qui des deux est plus fou, le prodigue, ou l'avare?
Tous deux de leurs erreurs sont le jouet bizarre.
Que sert donc aux mortels cette droite raison
Que le ciel leur donna comme un sûr cavesson,
Si rien ne peut brider leur fougue et leur audace?
Toujours dans les excès nous donnons tête basse;
Le mal est qu'habillant nos vices en vertus,
Notre erreur est toujours ce qui nous plaît le plus.
En dépit d'Apollon, Despréaux veut écrire :
Son frère en vain l'exhorte à quitter la satire,
Il ne veut point changer de style ni de ton;
Il sait que, bien payé de vingt coups de bâton,
Il gagna plus cent fois, en dépit de l'envie,
Qu'il n'a fait tout l'hiver avec sa comédie.
Laissons donc cet auteur, qui met tout à profit,
Aux dépens de son corps égayer son esprit.
Gillot, depuis vingt ans, à plaider se tourmente;
De trente-neuf procès il en perdroit quarante;
Tout maigre et gueux qu'il est, il veut encor plaider;
L'exemple de Dandin ne sauroit le brider.

[1] Conforme à l'édition de 1731. (G. A. C.)

Voici le fait. Dandin, pour partager sa vie,
Avoit pris femme laide et servante jolie :
Conduite par l'esprit du démon du Palais,
Chacune un beau matin lui suscite un procès :
La femme demandoit que, pour fait d'impuissance,
De permuter d'époux on lui donnât licence ;
La servante vouloit que Dandin fût tenu
D'alimenter l'enfant qu'elle avoit de son cru.
Dandin prenoit en paix la bizarre aventure,
Et se flattoit du moins dans cette procédure,
Malgré tous les détours d'un Maurice importun,
Que de ces deux procès il en gagneroit un :
Il les perdit tous deux ; et, dans la même affaire,
Par un arrêt nouveau fut impuissant et père.
Il n'est point de cerveau qui n'ait quelque travers.
Saint-Jean ne sait pas lire, et veut faire des vers.
Sur un patin de liége élevant sa chaussure,
Lise veut être grande en dépit de nature.
Damis avoit pour vivre huit mille écus par an,
Hors la main du ministre ; il se fait partisan.
Enfin, chaque homme est fou, tout m'oblige à le dire ;
Et, si ce n'est assez, je veux encor l'écrire.
Tout beau, me diras-tu, prédicateur en vers ;
Pour trois ou quatre esprits mal timbrés, de travers,
N'allez pas, emporté d'une critique vaine,
Faire ici le procès à la nature humaine.
Je sais bien, cher marquis, que tu n'as aucun trait
De ces fous dont ma plume a tracé le portrait :
Mais toi, qui fais ici le sage de la Grèce,

Ton cœur n'a-t-il jamais ressenti de foiblesse?
Ce fier tyran de l'âme, Amour, ce doux poison,
Dis-moi, n'a-t-il jamais attaqué ta raison?
Si l'on me voit encore aux pieds de la cruelle,
Dit un amant piqué des rigueurs d'une belle,
Que l'enfer.... Doucement.... Que la foudre.... Eh! de grâce,
Suspendez vos serments. Le premier jour se passe;
L'amant, comme un reclus, s'enferme en son logis;
Il sort le jour suivant malgré tous ses dépits;
Il va, revient, s'approche, observe la fenêtre
Où sa maîtresse exprès affecte de paroître.
Qu'arrive-t-il enfin? Deux mots dans un billet
Rengagent de nouveau l'oiseau dans le filet.
Plein des nouveaux transports de son amour sincère,
En cent mille façons il s'efforce de plaire :
Malgré son aigre voix, qui fait grincer les dents,
Il apprend de Lambert les airs les plus touchants :
Quoique d'un âge mûr, tourné vers les cinquante,
Pécourt tous les matins lui montre la courante :
Il use chaque jour de parfums sur son corps
Autant qu'il en faudroit pour embaumer deux morts :
Martyr des nouveautés, pour plaire à sa maîtresse,
Des marchands du Palais il épuise l'adresse;
Changeant, à ses genoux, de geste et de maintien,
Cent fois plus que Baron il est comédien.
Si Célimène rit, à rire il s'évertue :
Est-elle triste, il pleure; a-t-elle chaud, il sue;
Se plaint-elle du froid dans le cœur du mois d'août,
Ce Protée aussitôt s'affuble d'un surtout.

Ce procédé, marquis, te paroît-il bien sage?
De l'homme cependant voilà la vive image.
Mais je te veux prouver que l'homme est mille fois
Plus dépourvu de sens que les hôtes des bois.
Est-il rien, réponds-moi, de plus cher que la vie?
Dans chaque être ici-bas cette ardeur réunie
Nous apprend qu'il n'est point de bien plus précieux;
Cependant l'homme seul, bravant ce don des cieux,
A ses jours tant chéris fait sans cesse la guerre;
Il cherche à se détruire; et, craignant que sur terre
Il ne manquât de place à creuser des tombeaux,
Il va, bravant Neptune, en chercher sur les eaux.
Ce débauché, fumant de vin et de crapule,
Met lui-même en son sein le poison qui le brûle.
Ceux que la gloire enchaîne à son char éclatant,
Séduits du faux appât d'un espoir décevant,
Ces guerriers si hardis, vrais enfants d'Alexandre,
Qu'un point d'honneur expose et ne sauroit défendre,
Combien de fois le jour, pleins d'un noble transport,
Pour vivre en l'avenir, courent-ils à la mort!
Tant qu'à la fin d'un plomb la blessure soudaine
D'une confession leur épargne la peine,
Et paie un créancier par un trépas d'éclat,
Aussi-bien que *** par des lettres d'état.
O siècles fortunés, où la forge innocente,
Ne brûlant que pour rendre une moisson moins lente,
Enfantoit seulement des socs et des râteaux!
Elle ne creusoit point ces terribles métaux
Dont on voit les mortels, insultant à la foudre,

Faire voler la mort avec trois grains de poudre.
On ne faisoit amas que de blés et de vins;
Mars n'avoit point encor bâti ses magasins,
Ces affreux arsenaux, réservoirs de la guerre,
D'où l'enfer entretient commerce avec la terre.
Voilà l'homme pourtant; et ces folles erreurs
Sont les égarements dignes des plus grands cœurs.
Et tu veux, cher marquis, que je sois le seul sage,
Que je me sauve seul dans un commun naufrage!
Non, non; conviens plutôt que par mille raisons,
Tous les fous ne sont pas aux Petites-Maisons.
Je m'appliquerois mieux au soin de la sagesse,
S'il se trouvoit encore un seul sage en la Grèce.
Mais enfin, puisqu'ici tous les hommes sont fous,
Ce n'est pas un grand mal, hurlons avec les loups.

ÉPITRE II.

A M. L'ABBÉ DE BENTIVOGLIO.

Favori d'Apollon, toi qui sur le Parnasse,
D'un vol rapide et fier, suis de si près le Tasse ;
Toi, dont les vers galants et libres dans leur cours,
Semblent être en tout temps dictés par les Amours ;
A qui, dans mes transports, je fais gloire de plaire ;
Cher abbé, j'ai besoin d'un conseil salutaire.
Je sais que je ne puis mieux m'adresser qu'à toi.
Voici quel est le fait : de grâce, écoute-moi.
Un démon, ennemi du repos de ma vie,
De rimer, en naissant, m'inspira la folie ;
Et je n'eus pas encore assemblé douze hivers,
Qu'errant sur l'Hélicon, je composois des vers.
Depuis ce temps fatal, ma vie infortunée
Aux fureurs d'Apollon fut toujours condamnée.
Le fantasque qu'il est m'agite à tout propos,
Et se fait un plaisir de troubler mon repos.
Quand, retiré chez moi, que, d'un sommeil tranquille,
Je devrois à mon aise, ainsi que Génonville,
Entre deux draps bien blancs, jusqu'à midi ronflant,
Attendre le retour d'un dîner succulent ;

Bientôt ce dieu fougueux, me tirant par l'oreille,
S'empare de mes sens, me travaille, m'éveille,
M'arrache de mon lit, et fait tant qu'il m'assied,
Ainsi qu'un criminel, sur le sacré trépied.
Avec l'aide d'un fer le cailloux étincelle,
Le feu prend; j'entrevois, j'allume ma chandelle;
Je prends la plume en main, j'écris, et quelquefois,
Pour faire quatre vers, je me mange trois doigts :
Je monte, je descends; sur le bruit que je mène,
On croit, dans la maison, que c'est une âme en peine;
La servante, en frayeur, se jette à bas du lit,
Et pour le lendemain me promet un obit,
Avec des oraisons de cent ans d'indulgence :
Mais déjà pour un temps ma pauvre âme en silence
Cherche, travaille, sue, efface, ajoute, écrit,
A la torture met son corps et son esprit.
Encor si quelquefois mon indulgente veine,
De mes premiers efforts se contentant sans peine,
A quelque foible endroit vouloit faire quartier,
Je pourrois aisément, comme l'abbé Gontier,
Seul content des transports de ma veine facile,
Fatiguer de mes vers et la cour et la ville :
Mais, hélas! par malheur, Abbé, le croiras-tu?
Je ne te dirai point si c'est vice ou vertu,
Il me semble toujours, lorsque je viens d'écrire,
Que tout ce que j'ai dit, on le pourroit mieux dire;
Qu'un tel vers, à mon sens, est languissant et froid;
Que ce mot n'est pas bien placé dans son endroit;
Là, que le bon sens souffre, et qu'ici la pensée

De ténèbres encor se trouve embarrassée.
Ainsi, toujours chagrin, agité de remords,
Si j'en croyois la voix de mes justes transports,
Je cacherois bientôt, sous de sages ratures,
De mes vers mal polis les honteuses mesures;
Ou bien, écoutant mieux la voix de la raison,
Le feu me vengeroit des froideurs d'Apollon.
Mais, malgré tous les maux où ma verve m'engage,
Abbé, vois, je te prie, à quel point va ma rage :
Comme si de ce dieu tous les trésors divers
Ne s'ouvroient que pour moi, je veux faire des vers.
J'ai beau, dans mon bon sens, blâmant mon imprudence,
De mes astres malins accuser l'influence ;
Sitôt que mon démon vient m'offrir son secours,
Il faut, comme un torrent, que ma veine ait son cours.
Je me rejette en mer sans crainte de l'orage ;
Et, tout humide encor de mon dernier naufrage,
J'aime mieux mille fois m'abandonner aux flots,
Qu'aux charmes indolents d'un ennuyeux repos.
Je serois trop heureux, si d'une autre manie
Le ciel ne prenoit soin de traverser ma vie ;
Je ne me trouverois à plaindre qu'à demi,
Si je n'avois, Abbé, que ce seul ennemi ;
De quelque adroit poison dont il vînt me surprendre,
Je crois que je pourrois quelquefois m'en défendre :
Mais un dieu plein de haine est venu dans un jour
Souffler dedans mon cœur tous les feux de l'amour.
Depuis le triste instant qui vit finir ma joie,
Mon cœur de deux bourreaux est devenu la proie ;

Et l'un n'a pas plus tôt suspendu sa fureur,
Que l'autre arme sa rage et déchire mon cœur :
Car sitôt qu'Apollon souffre que je respire,
L'amour vient sur ses pas exercer son empire,
Et m'offrir un objet qui fut fait par les dieux
Pour le tourment des cœurs et le plaisir des yeux.
Que ce plaisir fatal m'a fait verser de larmes !
Qu'il en coûte à mon cœur d'avoir vu tant de charmes !
Et qu'il s'en faut, grands dieux ! dans cet engagement,
Que le plaisir, hélas ! égale le tourment !
Je veux à chaque instant m'échapper de ma chaîne ;
J'appelle à mon secours le dépit et la haine,
La raison, ses froideurs, les maux que j'ai soufferts ;
Mais, toujours malgré moi retenu dans mes fers,
Plus je forme d'efforts, plus ma rebelle flamme,
S'irritant par mes soins, s'allume dans mon âme.
Trop heureux Q.... qui peux en un seul jour
Changer trois fois d'habit, de cheval, et d'amour ;
Qui peux facilement, d'une flamme légère,
Passer du blond au brun, de la fille à la mère !
Pour le premier objet ton cœur est toujours prêt :
Tes plaisirs, il est vrai, sont sans goûts, sans attraits ;
Mais tu fais cependant, quoiqu'on en veuille rire,
L'amour sans rien souffrir, et même sans rien dire.
Que je serois heureux, si le ciel, en naissant,
M'eût donné, comme à toi, ce merveilleux talent !
Ou, comme à Robineau, qu'il eût mis dans ma bouche
Ces accents doucereux, ce langage qui touche,
Cet air tendre et flatteur, et ce discours concis

Qui fait qu'avec deux mots un cœur se trouve pris!
Mais, hélas! je n'ai rien de ce qu'il faut pour plaire;
Je ne puis bien parler, et ne saurois me taire.
Je me consolerois, si, comme au siècle d'or,
Les amants d'aujourd'hui faisoient l'amour encor.
La bouche étoit du cœur la fidèle interprète:
On n'appréhendoit point alors qu'une coquette
Apprît à ses soupirs quand ils devoient sortir,
Et que même les fleurs servissent [1] à mentir;
Qu'une fausse bonté, succédant à la haine,
Vînt arrêter un cœur prêt à rompre sa chaîne:
On ignoroit encor l'art de dissimuler;
Qui plus avoit d'amour, mieux en savoit parler;
Dès que l'on aimoit bien, on étoit sûr de plaire:
Aussi par un retour et juste et nécessaire,
Il arrivoit toujours que le plus amoureux,
Malgré tous ses rivaux, étoit le plus heureux.
Ce beau temps est passé; tout a changé de face;
Et l'amour aujourd'hui ne se fait qu'en grimace.
Il faut être bourru, chagrin, fâcheux, jaloux,
Et plus prompt que Rodrigue à se mettre en courroux.
Moi-même le premier je sens cette foiblesse:
Qu'une mouche bourdonne autour de ma maîtresse,
Et vienne impudemment sur ses lèvres s'asseoir,
Ou qu'un zéphyr fripon lui lève son mouchoir,

---

[1] Ce vers est conforme à l'édition de 1731. Dans la contrefaçon on lit:

Et que même les fleurs *fussent faits* à mentir.

(G. A. C.)

Soudain j'entre en fureur, je pâlis, je frissonne,
Et je crois avoir vu mon rival en personne :
Je languis, je me plains, quand je vois ses appas ;
Je ne souffre pas moins quand je ne les vois pas.
Ainsi, toujours fâcheux, odieux à moi-même,
Je passe tous mes jours dans une horreur extrême.
Je m'ennuie étant seul, le monde me déplaît,
Et ne puis dire enfin si mon cœur aime ou hait.
Voilà depuis cinq ans la vie que je mène :
Mais enfin il est temps que je sorte de peine ;
Et je viens dans ces vers, Abbé, te consulter.
De deux rudes métiers lequel dois-je quitter ?
Cesserai-je d'aimer, ou bien d'être poète ?
Tu vas me conseiller, en personne discrète,
De laisser l'un et l'autre, et les vers et l'amour.
Il est vrai : mais c'est trop entreprendre en un jour.
Et tu seras encore un saint d'un grand mérite,
Si tu peux, par conseils, par art, par eau bénite,
Exorciser en moi l'un de ces deux démons :
Abbé, je t'en conjure ; et si par tes sermons
Apollon et l'Amour peuvent quitter la place,
S'il en rentre en mon cœur jamais la moindre trace,
Je consens que mon bras, chargé de nouveaux fers,
De l'Ottoman encor fasse écumer les mers ;
De n'aller qu'en béquille, ou sur une civière ;
De ne faire concert qu'avecque Goupillière ;
Et, pour comble à la fin d'ennuis et de tourment,
De ne voir de trois mois la belle Lallemant.

ÉPITRE III.

A M. QUINAULT,

AUDITEUR EN LA CHAMBRE DES COMPTES, L'UN DES QUARANTE DE L'ACADÉMIE FRANÇOISE, ET DE CELLE DES INSCRIPTIONS ET BELLES-LETTRES.

FAVORI des neuf Sœurs, toi que l'Amour fit naître
Pour être en l'art d'aimer et le guide et le maître,
Et dont les vers galants, tendres et pleins d'attraits,
Fournissent à ce dieu les plus sûrs de ses traits;
Toi qui connois si bien le cœur et la tendresse,
Quinault, souffre aujourd'hui qu'à toi seul je m'adresse
Pour châtier des vers, enfants d'un noble feu
Qui n'avoit d'Apollon peut-être aucun aveu :
Juge sévère et juste, ajoute, change, efface;
Viens des vers trop pompeux humilier l'audace;
Fais à de languissants prendre un plus noble essor;
Sous tes critiques mains tout va devenir or.
Si mon foible travail s'attire quelque gloire,
Je te la devrai plus qu'aux Filles de Mémoire;
Et pour élève enfin si tu veux m'avouer,
C'est par cet endroit seul qu'il faudra me louer :
Car enfin, de tes traits admirateur fidèle,
Où trouverai-je ailleurs un plus parfait modèle,

Soit que ma muse un jour donne à Lulli des vers,
Soupire d'un cœur tendre et digne de ses airs ;
Soit que je veuille encor, d'une plus forte haleine,
Pour le cothurne altier faire couler ma veine,
Ou qu'un plus noble feu m'emportant vers les cieux,
Je chante d'un héros les exploits glorieux ?
En effet, qui sait mieux dans les plus froides âmes
Allumer les brasiers des amoureuses flammes ?
On diroit que l'Amour t'a remis son carquois,
Qu'il frappe par tes coups et touche par ta voix.
Si tu chantes Louis que l'univers révère,
Tu cesses d'être Ovide, et prends le ton d'Homère.
Quelle gloire pour toi, que tes illustres vers
Ayent donné matière à ces nobles concerts
Qui vont porter son nom du midi jusqu'à l'Ourse,
Et du couchant, aux lieux où le jour prend sa source !
A l'ombre de ce nom, cher Quinault, ne crains pas
D'être soumis aux lois d'un injuste trépas :
A l'injure des ans ta gloire est arrachée,
Puisqu'elle est pour jamais à Louis attachée.
Heureux, si, comme toi, plein de divins transports,
Je lui pouvois un jour consacrer mes efforts !
Mais foible et vain désir ! quelle muse assez fière
Osera maintenant entrer dans la carrière ?
Campistron m'apprend trop, dans de pareils combats,
Les dangers que l'on court en marchant sur ses pas.
Je repousse bien loin de flatteuses amorces,
Et sais mieux mesurer mes desseins à mes forces.
Que d'autres, plus hardis, dans ces nobles travaux,

S'efforcent d'imiter Racine et Despréaux ;
Mais moi, je n'irai point, trop altéré de gloire,
Honorer le triomphe acquis à leur victoire ;
Content de t'admirer dans un vol glorieux,
Je te suivrai, Quinault, et du cœur et des yeux.

ÉPITRE IV.

A M. DU VAULX.

Toi que, pour un faux pas, un sort trop inhumain
Attache sur un lit avec des clous d'airain,
Quel que soit le chagrin dont ton âme est saisie,
Du Vaulx, le croirois-tu ? ton sort me fait envie ;
Non que j'ignore à quoi doivent aller tes maux :
De longs frémissements troubleront ton repos ;
Une maligne humeur sur ta jambe épandue,
Par cent élancements cherchera son issue :
Je sais que trente fois, dans son char radieux,
Le soleil fournira la carrière des cieux,
Avant que, pleinement remis de ta disgrâce,
Ton pied dans tes vergers laisse après toi ta trace,
Ou que, voulant tromper les hivers et les vents,
Tes chevaux à Paris te mènent à pas lents.
Si cet éloignement, à ton humeur trop rude,
Des maux que tu ressens aigrit l'inquiétude,
Que dans nos sentiments nous différons tous deux !
Car c'est par cet endroit que je te trouve heureux.
Tu vis tranquille aux champs, tandis qu'en cette ville
Rien ne s'offre à mes yeux qui n'échauffe ma bile.

Pendant un mois au moins les tiens ne verront pas
Mille objets de chagrin qu'on trouve à chaque pas.
Un*** embrassant l'une et l'autre portière
Du char dont autrefois il ornoit le derrière,
Traîné par des coursiers qui, d'un pas menaçant,
Font trembler les pavés, et gronder le passant.
Tu n'es point obligé, tout dégouttant de boue,
De serrer les maisons de peur qu'on ne te roue,
Et, demeurant long-temps contre le mur collé,
De voir encor passer le train de Champmêlé.
Tu ne crains point, du Vaulx, qu'au détour d'une rue
Dainville vienne à toi, malgré sa courte vue,
Et, vomissant des vers fades et mal tournés,
N'infecte ton esprit encor plus que ton nez.
Tu ne vois point d'un fat l'ennuyeuse figure,
Bouffi du vain orgueil de sa magistrature,
Insulter au bon sens, et n'offrir, pour vertus,
Que trois laquais en jaune, et cent fois mille écus.
Pour moi, qui cède au cours d'une humeur incertaine,
Et qui vais jour et nuit où le plaisir m'entraîne,
Quelque soin que je prenne à détourner mes yeux,
Les sots ou les fripons me cherchent en tous lieux.
Je rencontre Alidor, dont la haute impudence
Croit duper jusqu'à Dieu par sa sainte apparence,
Et qui, sous un dehors charitable et pieux,
Cache un franc usurier : Bernard, Portail, Brieux,
Ont gémi sous le poids des intérêts qu'il tire ;
Et c'est le.... enfin, puisqu'il faut te le dire.
Le....! me diras-tu ; parlez mieux, s'il vous plaît ;

Le.... est honnête homme. Il est vrai qu'il connoît
Combien sur un billet par mois on doit rabattre,
Et ce que cent écus rendent au denier quatre ;
Mais du pauvre en revanche il fournit aux besoins,
Et l'on voit l'Hôtel-Dieu prospérer par ses soins.
Je me tais : car enfin je vois, plus j'examine,
Qu'être honnête homme ici, c'est en avoir la mine.
Damon, midi sonnant, vêtu d'un habit noir,
Un dimanche, dans l'œuvre, au sermon vient s'asseoir ;
D'un gros livre, à l'instant, que son bras porte à peine,
Il parcourt les feuillets, et les lit d'une haleine.
Tu croirois, à le voir, que le ciel en courroux
Suspend, en sa faveur, tous ses carreaux sur nous.
Mais prends garde à ce fourbe ; et, par trop d'imprudence,
Ne va pas d'un dépôt charger sa conscience ;
Tu le verrois bientôt, avec un front d'airain,
Nier d'avoir reçu ce qu'il prit de ta main ;
Et, par mille serments, au mépris du tonnerre,
Attester hautement et le ciel et la terre.
Mais je t'entends déjà, d'un ton de défenseur,
Blâmer les traits aigus de mon esprit censeur ;
Et, lâche adulateur, t'élever, et me dire
Que ces emportements sont bons pour la satire ;
Qu'on peut trouver encor quelque honnête homme ici,
Et que tous ne sont pas faits comme....
Ariste, diras-tu, n'est-il pas un modèle
D'un homme plein d'honneur, et d'un ami fidèle ?
N'est-il pas doux, sincère, obligeant, généreux ?
D'accord : mais, entre nous, il n'est pas malheureux

D'avoir pu se purger, quoi que dans lui l'on vante,
De maints fâcheux griefs sus dans la chambre ardente.
Tout mortel porte un fond corrompu, vicieux ;
Le plus saint est celui qui le cache le mieux :
Et la vertu qu'on voit, si l'on en voit quelqu'une,
N'est qu'un effet de l'art ou bien de la fortune.

D'un intrépide cœur Crispin, plus de vingt fois,
A frustré dans Paris le gibet de ses droits ;
Cependant aujourd'hui le premier à l'église,
Le ciel ne fait de bien que par son entremise :
Il est dévot, pieux ; et, pour n'en dire rien,
C'est qu'il a pris assez pour être homme de bien ;
Que de mille orphelins il a fait des victimes,
Et ses vertus ne sont que le fruit de ses crimes.
Sans les coups imprévus d'un outrageant cornet,
Ou les revers affreux d'un maudit lansquenet,
Verroit-on d'O... plein d'une ardeur nouvelle,
Servir les hôpitaux, prier Dieu d'un grand zèle ?
Non ; autour d'une table, assis en quelque lieu,
De tout autre manière il parleroit à Dieu.
Mais je m'emporte trop, et ma mordante veine
Des esprits mal tournés va m'attirer la haine.
Et que veux-je de plus ? Si tu m'aimes, du Vaulx,
Je suis assez vengé de la haine des sots.
Démocrite, après tout, l'estima-t-on moins sage,
Lorsque d'un ris moqueur il châtioit son âge,
Et que, las des lombards qu'il trouvoit en tous lieux,
Pour n'en plus voir enfin il se creva les yeux ?

Cependant, de son temps, voyoit-on dans Abdère
Un Pécourt de ses airs insulter le parterre?
Voyoit-on la.... sous un dais de velours?
La.... d'un duc devenir les amours,
Après que chacun sait qu'autrefois de chez elle
On ne faisoit qu'un saut chez Bessière ou Morelle?
Il ne rencontroit point alors en son chemin
Une mule à pas lents traînant un médecin,
Et n'auroit jamais cru qu'en ce temps où nous sommes,
On eût mis à profit l'art de tuer les hommes.
Que diroit-il, grands dieux! si sur les fleurs de lis
Il voyoit au Palais un magistrat assis,
Qui, malgré les clameurs de Maurice en furie,
Se dédommage à fond d'une longue insomnie,
Et, n'ayant pas du fait entendu quatre mots,
Pour donner un arrêt, se réveille en sursaut;
S'il voyoit des repas dont la folle dépense
Des eaux et des forêts épuise l'abondance;
S'il voyoit un sénat de cuisiniers fameux
Pour quelque nouveau mets tenir conseil entre eux,
Donner des lois au goût, et, pour le satisfaire,
Y décider en chef des points de bonne chère?

Mais voilà bien prêcher, me dira Daigremont,
Qui, comme moi, souvent bâille et dort au sermon.
A quoi bon ces chagrins? quel démon vous agite?
En vain contre les mœurs la raison vous irrite;
Par quatre méchants vers, peut-être déjà dits,
Croyez-vous changer l'homme et redresser Paris?

Non; je sais que vouloir réformer cette ville,
C'est tracer sur le sable un sillon inutile;
Que Bourdaloue et moi, nous prêcherions mille ans,
Avant que la Dussé se passât de galants.
Je sais que Saint O.... quoi qu'on fasse et qu'on die,
Sera fripon au jeu tout le temps de sa vie.
Mais du moins je fais voir que, marchant loin des sots,
Je sépare souvent le vrai d'avec le faux.
Je distingue.... d'avec un homme sage,
Et ne suis point enfin la dupe de mon âge.

ÉPITRE V.

Quoi! toujours prévenu des sentiments vulgaires,
Ne sortiras-tu point des routes ordinaires?
Et veux-tu, te laissant entraîner au torrent,
Toujours dans tes erreurs suivre un peuple ignorant?
Ne pourrai-je à la fin te mettre dans la tête
Que ces opinions où le peuple s'arrête
Sont ces faux loups-garoux, ces masques effrayants,
Ces spectres dont ici l'on fait peur aux enfants?
Ne sais-tu point encor, par ton expérience,
Que tout ce qu'ici-bas on appelle science
N'est qu'un abîme obscur, où nous trouvons enfin
Qu'il n'est rien de si sûr que tout est incertain;
Qu'une femme en sait plus que toute la Sorbonne [1].
Tu ris! qu'a donc, dis-moi, ce discours qui t'étonne?
Je ne veux que deux mots pour te pousser à bout.
Qu'est-ce que le savoir? L'art de douter de tout.
Ignorer ou douter étant la même chose,
Un simple esprit, certain de ce qu'on lui propose,
N'est-il pas, réponds-moi, mille fois plus savant
Dans ses égarements, que ce docte ignorant,

[1] Les trois derniers mots de ce vers sont restés en blanc dans toutes les éditions. La Harpe le cite en entier dans son *Cours de Littérature*. (G. A. C.)

Lequel, interrogé si le soleil éclaire,
Répond, je n'en sais rien ; j'en doute ; il se peut faire.
Mais il faut s'égayer ; et, sur le même ton,
Après t'avoir prouvé par plus d'une raison
Que l'homme ne sait rien qu'à force d'ignorance,
Sceptique dangereux, je dis plus, et j'avance
Que le bien et le mal n'est qu'en opinion ;
Que faire l'un ou l'autre, est faire une action
Que la loi seulement défend, ou rend licite,
Et qui ne porte en soi ni crime ni mérite ;
Que l'un dans l'autre enfin est si fort confondu,
Que le bien est un mal, le crime une vertu.
Ma doctrine n'est pas tout-à-fait orthodoxe,
J'en conviens, et je sais qu'un pareil paradoxe
Du portique incertain a toujours pris l'essor.
Mais il faut le prouver comme l'autre : d'accord.
Le bien dont nous parlons n'est-il pas d'une essence
Qui ne prend que de soi toute son excellence ;
Qui, recherché de tous, et toujours précieux,
N'emprunte sa valeur ni du temps ni des lieux?
Le mal est, d'autre part, ce qu'une voix tacite
Nous dit être mauvais, et que chacun évite.
Or, dis-moi, quelle chose est d'un goût général
Ici-bas reconnue, ou pour bien ou pour mal ?
Chaque peuple à son gré, conduit par ses caprices,
N'a-t-il pas ordonné des vertus et des vices?
Et, sans de la raison écouter trop la voix,
Ce qui fut mal en soi fut fait bien par les lois.
Chacun, dans ses erreurs, ou fâcheux, ou commode,

S'établit une loi purement à sa mode.
Ainsi l'on vit du Nil les brûlés habitants
Peindre les anges noirs, comme les démons blancs.
Le porc est chez l'hébreu le morceau détestable,
Le porc chez les chrétiens est l'honneur de la table;
Et sur le même mets nous voyons attaché,
Pour les uns du plaisir, pour d'autres du péché.
L'Ottoman ne sauroit boire du vin sans crime ;
Le Germain, s'il n'en boit, ne peut être en estime;
Et c'est une vertu, sur les rives du Rhin,
De perdre la raison pour faire honneur au vin.
On a, dans mille lieux, vingt femmes de réserve;
Deux suffisent ici pour aller droit en Grève;
Même les plus sensés, craignant le nom de sot,
Ont jugé sainement qu'une étoit encor trop.
Un mari, redoutant les coups de la tempête
Dont le musqué blondin vient menacer sa tête,
Croit qu'il n'est point au monde un plus sensible affront
Que celui qui, sans bruit, le peut marquer au front,
Et qu'il n'est devant Dieu d'actions plus énormes
Que ces crimes féconds qui font pousser les cornes.
Il n'en est pas de même en ces tristes pays
Que sous d'âpres glaçons l'Aquilon tient transis.
Qui le sait mieux que moi ? La froide Laponie
De ces sottes erreurs ignore la manie :
Pour honorer son hôte, il faut (me croiras-tu ?)
Prendre le soin fâcheux de le faire cocu.
Cocu ! Vous vous moquez. Bon ! il n'est pas possible.
Et pourquoi non ? Qu'a donc ce mot de si terrible ?

Les femmes n'en ont pas, comme toi, tant de peur.
Cela fut bon jadis. Voyez le grand malheur,
Quand ton nom des cocus grossira le volume,
Si ton front à la chose aisément s'accoutume !
Eh ! pourquoi, sans raison, du seul mot s'effrayer ?
Je le dis entre nous, il faut que ce métier
Ne soit pas, après tout, un si rude exercice,
Puisqu'on voit tous les jours dedans cette milice
Des flots d'honnêtes gens venir prendre parti.
Mais je reviens au point duquel je suis sorti,
Et je dis qu'il n'est point de vertu ni de vice
Qui ne change de nom suivant notre caprice,
Et que tout ici-bas est diversement pris
Par les gens plus sensés et les plus beaux esprits.

Ces lieux si décriés, que ces femmes humaines
Tiennent pour soulager les amoureuses peines,
Ces temples de Vénus, où l'on voit si souvent
Le commissaire en robe appuyé du sergent ;
Ces lieux contre lesquels le dévot voisinage
Va déchaîner son zèle et déployer sa rage,
Sont détestés en France, et bénis au Levant,
Où l'on voit tous les jours le pieux musulman
Fonder sur les chemins, par un excès de zèle,
Ainsi qu'un hôpital ou bien une chapelle,
De ces lieux que l'on trouve ici si dangereux,
Pour les pressants besoins du passant amoureux.
Cependant, à nous voir, nous sommes les seuls sages ;
Rien ne fut mieux conçu que nos lois, nos usages.

Il est vrai : mais bientôt, par de bonnes raisons,
L'Indien va nous placer aux Petites-Maisons.
En effet, dira-t-il, quelle fureur extrême
De mettre en terre un corps qu'on chérit, que l'on aime,
Pour être indignement la pâture des vers !
Qu'avec plus de raison, en cent ragoûts divers
Le fils mangeant le père, il lui rend en partie
Ce qu'il reçut de lui quand il vint à la vie ;
Et, ranimant sa chair, et réchauffant son sang,
Il lui fait de son corps un sépulcre vivant !
Quelle horreur ne font pas ces sentiments bizarres ?
Mais pourtant dans ces lieux si cruels, si barbares,
Nous-mêmes nous passons pour des gens sans amour,
Ingrats, dénaturés, et peu dignes du jour.
Je le dirai : non, non, il n'est point de folie
Qui ne soit ici-bas en sagesse établie,
Point de mal qui pour bien ne puisse être reçu,
Et point de crime enfin qu'on n'habille en vertu.
Un voleur par la ville, en pompeuse ordonnance,
Est du fond d'un cachot conduit à la potence :
La raison, l'équité, la coutume, les lois,
Pour demander sa mort, tout, élève sa voix.
En jugiez-vous ainsi jadis, Lacédémone,
Quand, par votre ordre exprès, une illustre couronne
Venoit ceindre le front du plus adroit voleur,
Qu'on renvoyoit comblé de présents et d'honneur ?
Cependant les décrets que vous sûtes écrire
Furent reçus dans Rome, et ce fameux empire,
Qui prescrivoit des lois à l'univers jaloux,

Se fit toujours honneur d'en recevoir de vous.
Mais pourquoi s'étonner que des lois étrangères
Soient, suivant le caprice, aux nôtres si contraires ?
Nous-mêmes, sans raison, à nous-même opposés,
Nous punissons des faits par nous-même encensés ;
Et, sans avoir pour nous des raisons légitimes,
Le succès fait toujours nos vertus ou nos crimes.
Il est vrai, j'en conviens, nous voyons parmi nous
Les suivants de Thémis, de leur pouvoir jaloux,
Contre des malheureux déchaîner leur colère.
Mais ces voleurs fameux de la première sphère,
Ces riches partisans, ces heureux scélérats,
Malgré tous leurs forfaits, ne les voyons-nous pas,
A force d'entasser injustices sur crimes,
Se tracer une route aux rangs les plus sublimes ?
Voler au coin d'un bois pour éviter la faim,
C'en est trop pour mourir d'un supplice inhumain ;
Mais, sous le faux semblant de l'intérêt du prince,
Désoler en un an la plus riche province,
Faire gémir le peuple, accabler l'équité,
Se faire une vertu de son iniquité,
Immoler tous les jours d'innocentes victimes,
Et remporter enfin, pour le fruit de ses crimes,
Le repos malheureux de n'en connoître plus ;
Voilà, voilà des faits dont se sont prévalus
Ceux qu'on a vus par là mériter l'alliance
D'un duc et pair, ou bien d'un maréchal de France.
Par cent bouches d'airain mettre une ville à bas,
Ravir une province, enlever des états,

Déposséder des rois affermis sur le trône,
Leur ôter en un jour la vie et la couronne,
Précipiter enfin cent peuples dans les fers,
Et porter l'épouvante aux coins de l'univers,
N'est-ce pas là courir de victoire en victoire,
Et faire des exploits d'éternelle mémoire?
Répandre un peu de sang, c'est être un assassin,
C'est être d'un gibet l'honneur et le butin :
Mais de ruisseaux de sang inonder les campagnes,
De morts et de mourants élever des montagnes,
Immoler l'univers à toute sa fureur;
A force de trépas, de carnage et d'horreur,
Obliger le soleil à rebrousser sa course,
Et révolter les eaux contre leur propre source :
Que fîtes-vous jamais, illustres conquérants,
Pour mériter le nom d'invincibles, de grands,
Que ces fameux forfaits que l'univers admire?
N'est-ce pas à ce prix qu'on achète un empire?
Et vous eût-on jamais élevé des autels,
Si vous n'eussiez été qu'à demi criminels?
Pourquoi commandes-tu que je perde la vie?
Dit ce corsaire un jour au vainqueur de l'Asie;
Ce fut toi qui m'appris, en pillant l'univers,
Le métier malheureux de voler sur les mers :
Nous exerçons tous deux le même art de pirate;
En cela différents, que toi dessus l'Euphrate
Tu ravis tous les jours des empires nouveaux,
Et que moi je ne prends sur mer que des vaisseaux.
N'avoit-il pas raison? car si, pour le bien prendre,

Le corsaire eût été plus voleur qu'Alexandre,
Par un fâcheux revers alors on auroit vu
Le premier sur le trône, et le second pendu.

La plus belle action n'est bien souvent qu'un vice.
Romains, vous l'enseigniez, quand du dernier supplice
Vous punissiez vos fils en criminels d'état,
Quand ils avoient vaincu sans l'ordre du sénat.
De si hautes vertus, de si rares maximes,
Par leur trop de hauteur dégénèrent en crimes;
Et le crime élevé, de gloire revêtu,[1]
Perd son nom dans son vol, et se change en vertu.
Que je te plains, hélas! malheureuse duchesse,
D'être du campagnard et du clerc la maîtresse!
Tu vois depuis quinze ans dans ton indigne emploi
Ta honte tous les jours s'élever contre toi.
Si, comme une Laïs, ou comme une Faustère,
Tu pouvois captiver les maîtres de la terre,
Ou, t'élevant enfin par quelque coup d'éclat,
Devenir les amours d'un ministre d'état;
Alors, certes alors, ennoblie, estimée,
Tu verrois de ton sort changer la renommée;
Tu verrois dans l'état tout soumis à tes lois;
Seule tu donnerois les charges, les emplois:
Qui tu voudrois iroit par la ville en carrosse;
Tu verrois à tes pieds et l'épée et la crosse;

---

[1] Conforme à l'édition de 1731. Dans la contrefaçon on lit:
Et le crime élevé, *et* d'éclat revêtu.
(G. A. C.)

Et la France viendroit, ne jurant que par toi,
T'implorer, comme on fait le tout-puissant Louvois.
Plutôt que d'épuiser une telle matière,
Je compterois vingt fois combien au cimetière
Pilon, l'homme aux pardons, a fait porter de corps;
Combien au jeu Robert a perdu de trésors,
Et combien la Milieu, la beauté de notre âge,
A de fois en un an recrépi son visage.

ÉPITRE VI.

A M. ***.

Si tu peux te résoudre à quitter ton logis,
Où l'or et l'outremer brillent sur les lambris,
Et laisser cette table avec ordre servie,
Viens, pourvu que l'amour ailleurs ne te convie,
Prendre un repas chez moi demain, dernier janvier,
Dont le seul appétit sera le cuisinier.
Je te garde avec soin, mieux que mon patrimoine,
D'un vin exquis, sorti des pressoirs de ce moine
Fameux dans Ovilé, plus que ne fut jamais
Le défenseur du clos vanté par Rabelais.
Trois convives connus, sans amour, sans affaires,
Discrets, qui n'iront point révéler nos mystères,
Seront par moi choisis pour orner le festin.
Là, par cent mots piquants, enfants nés dans le vin,
Nous donnerons l'essor à cette noble audace
Qui fait sortir la joie et qu'avoûroit Horace.

Peut-être ignores-tu dans quel coin reculé
J'habite dans Paris, citoyen exilé,
Et me cache aux regards du profane vulgaire.

Si tu le veux savoir, je vais te satisfaire.
Au bout de cette rue où ce grand cardinal,
Ce prêtre conquérant, ce prélat amiral,
Laissa pour monument une triste fontaine,
Qui fait dire au passant, que cet homme, en sa haine,
Qui du trône ébranlé soutint tout le fardeau,
Sut répandre le sang plus largement que l'eau,
S'élève une maison modeste et retirée,
Dont le chagrin surtout ne connoît point l'entrée :
L'œil voit d'abord ce mont dont les antres profonds
Fournissent à Paris l'honneur de ses plafonds ;
Où de trente moulins les ailes étendues
M'apprennent chaque jour quel vent chasse les nues :
Le jardin est étroit ; mais les yeux satisfaits
S'y promènent au loin sur de vastes marais.
C'est là qu'en mille endroits laissant errer ma vue,
Je vois croître à plaisir l'oseille et la laitue ;
C'est là que, dans son temps, des moissons d'artichauts
Du jardinier actif secondent les travaux,
Et que de champignons une couche voisine
Ne fait, quand il me plaît, qu'un saut dans ma cuisine :
Là, de Vertumne enfin les trésors précieux
Charment également et le goût et les yeux.
Dans le sein fortuné de ce réduit tranquille,
Je ne veux point savoir ce qu'on fait dans la ville ;
J'ignore si Paris fait des feux pour la paix ;
Mes yeux n'y voyent point un maudit Bourvalais
Dans un char surdoré jouir avec audace
Des indignes regards dont chacun le menace ;

Je n'entends point crier tant de nouveaux édits[1]
De l'avare cerveau de.... sortis.
Libre d'ambition, d'amour, de jalousie,
Cynique mitigé, je jouis de la vie;
Et, pour comble de bien, dans ce lieu retiré,
Je n'y connus jamais ni M.... ni G....

Dans ce logis pourtant humble, et dont les tentures
Dans l'eau des Gobelins n'ont point pris leurs teintures,
Où Mansard de son art ne donna point les lois,
Sais-tu quel hôte, ami, j'ai reçu quelquefois?
Enghien, qui, ne suivant que la gloire pour guide,
Vers l'immortalité prend un vol si rapide,
Et que Nerwinde a vu, par des faits inouïs,
Enchaîner la Victoire aux drapeaux de Louis.
Ce prince respecté, moins par son rang suprême
Que par tant de vertus qu'il ne doit qu'à lui-même,
A fait plus d'une fois, fatigué de Marly,
De ce simple séjour un autre Chantilly.
Conti, le grand Conti, que la gloire environne,
Plus orné par son nom que par une couronne,
Qui voit, de tous côtés, du peuple et des soldats
Et les cœurs et les yeux voler devant ses pas;
A qui Mars et l'Amour donnent, quand il commande,
De myrte et de laurier une double guirlande;

---

[1] La fin de ce vers est restée en blanc dans toutes les éditions, même dans celle de 1731, quoique le mot *édits* se présentât naturellement. Quant au nom qui manque dans l'autre vers, il appartenoit à l'auteur seul de le divulguer, mais il est facile d'y suppléer. (G. A. C.)

Dont l'esprit pénétrant, vif et plein de clarté,
Est un rayon sorti de la Divinité,
A daigné quelquefois, sans bruit, dans le silence,
Honorer ce réduit de sa noble présence.
Ces héros, méprisant tout l'or de leurs buffets,
Contents d'un linge blanc et de verres bien nets,
Qui ne recevoient point la liqueur infidèle
Que Rousseau [1] fit chez lui d'une main criminelle,
Ont souffert un repas simple et non préparé,
Où l'art des cuisiniers, sainement ignoré,
N'étaloit point au goût la funeste élégance
De cent ragoûts divers que produit l'abondance,
Mais où le sel attique, à propos répandu,
Dédommageoit assez d'un entremets perdu.

C'est à de tels repas que je te sollicite;
C'est dans cette maison où ma lettre t'invite.
Ma servante déjà, dans ses nobles transports,
A fait à deux chapons passer les sombres bords.
Ami, viens donc demain, avant qu'il soit une heure.
Si le hasard te fait oublier ma demeure,
Ne va pas t'aviser, pour trouver ma maison,
Aux gens des environs d'aller nommer mon nom;
Depuis trois ans et plus, dans tout le voisinage,
On ne sait, grâce au ciel, mon nom ni mon visage:
Mais demande d'abord où loge dans ces lieux
Un homme qui, poussé d'un désir curieux,
Dès ses plus jeunes ans sut percer où l'aurore

---

[1] Marchand de vin du temps.

Voit de ses premiers feux les peuples du Bosphore ;
Qui, parcourant le sein des infidèles mers,
Par le fier Ottoman se vit chargé de fers ;
Qui prit, rompant sa chaîne, une nouvelle course
Vers les tristes Lapons que gèle et transit l'Ourse,
Et s'ouvrit un chemin jusqu'aux bords retirés
Où les feux du soleil sont six mois ignorés.
Mes voisins ont appris l'histoire de ma vie,
Dont mon valet causeur souvent les désennuie.
Demande-leur encore où loge en ces marais
Un magistrat qu'on voit rarement au Palais ;
Qui revenant chez lui lorsque chacun sommeille,
Du bruit de ses chevaux bien souvent les réveille ;
Chez qui l'on voit entrer, pour orner ses celliers,
Force quartauts de vin, et point de créanciers.
Si tu veux, cher ami, leur parler de la sorte,
Aucun ne manquera de te montrer ma porte.
C'est là qu'au premier coup tu verras accourir
Un valet diligent qui viendra pour t'ouvrir :
Tu seras aussitôt conduit dans une chambre
Où l'on brave à loisir les fureurs de décembre.
Déjà le feu, dressé d'une prodigue main,
S'allume en pétillant. Adieu, jusqu'à demain.

STANCES SUR LE MARIAGE.[1]

En ce temps malheureux où tout le genre humain,
  La flamme et le fer à la main,
  Ne travaille qu'à se défaire,
  On ne sauroit trop honorer
  Ceux qui, d'humeur plus débonnaire,
  Ne songent qu'à le réparer.

  L'Hymen, pour repeupler la terre,
Au lieu d'un vain honneur que vous offre la guerre,
  Vous donnera de vrais plaisirs.
On ne trouvera point votre nom dans l'histoire :
  Mais vivre au gré de ses désirs
Vaut bien mieux qu'une mort avec un peu de gloire.

  Ne divertissez point les fonds
Destinés pour la paix de votre mariage :
Encore aurez-vous peine, usant de ce ménage,
  A payer toutes les façons
  Que demande un si grand ouvrage.

---

[1] Quoique ces Stances soient imprimées dans les quatre différentes éditions des Poésies de M. Pavillon, de l'Académie Françoise, on ne pense pas contredire les éditeurs, en attribuant à M. Regnard des vers qu'il a mis au rang de ceux dont il se dit auteur. (*Note de l'édition de* 1731.)

Pour être heureux époux, soyez toujours amant ;
    Que, bien plus que le sacrement,
    L'amour à jamais vous unisse ;
Et pour faire durer le plaisir entre vous,
    Que ce soit l'amant qui jouisse
    De tout ce qu'on doit à l'époux.

Pour vivre sans débat dans votre domestique,
    Vous n'avez qu'un moyen unique ;
    Et je vais vous le découvrir.
Ne vous entêtez point d'être chez vous le maître ;
    Mais, si l'on veut bien le souffrir,
    Contentez-vous de le paroître.

    Quoi qu'on vous vienne débiter,
    Que rien ne vous fasse douter
    Que votre épouse est toujours sage ;
    Car, sans cet article de foi,
Qu'on doit croire toujours, et souvent malgré soi,
    Point de salut en mariage.

SONNET.

Jardin délicieux, que l'art et la nature
S'efforcent d'enrichir par un concours égal,
Où cent jets d'eau divers, élançant leur cristal,
Des couleurs de l'iris retracent la peinture :

Cabinets toujours verts, rustique architecture,
A qui jamais l'hiver ne put faire de mal,
Qui, bordant à l'envi les rives d'un canal,
Répètent dans les eaux leur charmante figure :

Parterres enchantés, lauriers, myrtes, jasmins,
Que Flore prit plaisir de planter de ses mains,
Et qui font l'ornement de la saison nouvelle :

Dans le charmant réduit de tant d'aimables lieux,
Moins faits pour les mortels qu'ils ne sont pour les dieux,
Qu'il est doux à loisir de pousser une selle !

DIVERTISSEMENT

A METTRE EN MUSIQUE.

Une troupe de Joueurs, dont douze habillés comme les figures des cartes, Rois, Dames et Valets, conduits par la Fortune.

MARCHE POUR LES JOUEURS.

LA FORTUNE.

Je suis fille du Sort, inconstante et légère ;
Tout fléchit sous ma loi :
De tous les dieux que l'univers révère,
Aucun n'a plus d'autels ni plus de vœux que moi.

Je donne à mon gré les richesses ;
Tout mortel à me suivre employe tous ses soins :
Je comble souvent de caresses
Ceux qui les attendent le moins.

Vous, qu'une ardeur fidèle
Attache à mes pas chaque jour,
Faites voir ici votre zèle :
Méritez les faveurs qu'on espère à ma cour.

Air pour les Suivants de la Fortune, et pour les Cartes.

LE CHŒUR.

Nous tous, qu'un soin fidèle
Attache à ses pas chaque jour,
Faisons voir ici notre zèle ;
Méritons les faveurs qu'on espère à sa cour.

Airs pour les Suivants de la Fortune, et pour les Joueurs, travestis en figures de cartes.

UN JOUEUR, UN AMANT.

LE JOUEUR.

Vous qui suivez l'Amour, votre joie est commune ;
Le jeu seul peut nous rendre heureux.

L'AMANT.

Infortunés Joueurs, qui suivez la Fortune,
L'Amour seul fait qu'un cœur n'est jamais malheureux.

LE JOUEUR.

Quel plaisir de languir auprès d'une cruelle
Qui vous vend bien cher ses rigueurs ?

L'AMANT.

Quel plaisir de languir auprès d'une infidèle
Dont on doit craindre les faveurs ?

LE JOUEUR.

La Fortune et ses biens flattent notre espérance,
Et peuvent combler nos désirs.

L'AMANT.

L'Amour et ses douceurs auront la préférence ;
Même dans ses chagrins on trouve des plaisirs.

LE JOUEUR.

C'est la Fortune qu'il faut suivre ;
Tôt ou tard elle rend contents.
L'Amour à mille maux nous livre,
Et ses biens trop tardifs s'attendent trop long-temps.

L'AMANT.

C'est l'Amour qu'il faut suivre ;
Tôt ou tard il nous rend contents.

LA FORTUNE.

Votre querelle m'importune ;
La Fortune et l'Amour sont unis en ce jour :
Rarement on est bien avec l'Amour,
Quand on est mal avec la Fortune.

(On recommence l'air des Joueurs déguisés.)

LA FORTUNE.

Vos jeux ont eu pour moi de sensibles appas :
Je reconnoîtrai votre zèle.
Venez, suivez mes pas
Où la Fortune vous appelle.

LE CHOEUR.

Allons, suivons ses pas,
La Fortune nous appelle.

POUR MLLE L^{***}.

Vainement je cherche quel crime
Rend votre courroux légitime ;
L'amour contre vous me défend.
Qu'ai-je dit, ou qu'ai-je pu faire ?
Mais je ne puis être innocent,
Puisqu'enfin j'ai su vous déplaire.

En vain l'amour me justifie ;
Je traîne une odieuse vie :
Heureux si je perdois le jour !
Que me sert-il, dans ma tristesse,
D'être si bien avec l'amour
Et si mal avec ma maîtresse ?

POUR LA MÊME, SUR SA MALADIE.

Elle est en proie à mille peines,
Un feu dévorant dans ses veines
Chaque jour vient s'y réceler :
Une fièvre ardente consume
Celle qui ne devroit brûler
Que des feux que l'Amour allume.

CHANSON

POUR Mlles LOYSON,[1] EN 1702.

Pour la Doguine
Qu'un autre se laisse enflammer :
Si je n'avois point vu Tontine,
Je pourrois me laisser charmer
    Par la Doguine.

Ou brune ou blonde,
Tontine charme également ;
Et, pour contenter tout le monde,
Elle est alternativement
    Ou brune ou blonde.

Sur son visage
Mille petits trous pleins d'appas
Des Amours sont le tendre ouvrage ;
Sans compter ceux qu'on ne voit pas
    Sur son visage.

Sa belle bouche
Est pleine de ris et d'attraits ;

---

[1] Dans leur société, l'aînée s'appeloit Doguine ; la cadette, Tontine.

Elle ne dit rien qui ne touche :
L'Amour a choisi pour palais
    Sa belle bouche.

    Sa gorge ronde
Est de marbre, à ce que je croi ;
Car mortel encor dans le monde
N'a vu que des yeux de la foi
    Sa gorge ronde.

    Qu'elle est charmante
Avec les accents de sa voix ![1]
Ou quand une corde touchante
Parle tendrement sous ses doigts,
    Qu'elle est charmante !

    De la Doguine
Je veux célébrer les attraits ;
Elle est digne sœur de Tontine :
Ami, verse-moi du vin frais
    Pour la Doguine.

    Qu'elle est aimable
Quand Bacchus la tient sous ses lois !
Mais bien qu'elle triomphe à table,
L'Amour ne perd rien de ses droits.
    Qu'elle est aimable !

---

[1] Mademoiselle Tontine étoit grande musicienne ; elle chantoit bien, et jouoit du clavecin parfaitement.

> Tous, à la ronde,
> Vidons ce verre que voilà;
> C'est à cette charmante blonde :[a]
> Peut-être elle nous aimera
> Tous, à la ronde.

AUTRE COUPLET

POUR LES DEUX SOEURS, EN 1702.

Sur l'air de Joconde.

> Chez vous, pour vous faire la cour,
>   Prince et marquis se range;
> N'y pourrai-je point quelque jour
>   Voir le prince d'Orange?
> Le roi, pour finir nos malheurs,
>   Met la taxe par tête;
> Mais vous la mettez sur les cœurs :
>   L'impôt est plus honnête.

[a] L'aînée étoit blonde, la cadette étoit brune.

CHANSON

FAITE A GRILLON, POUR Mlles LOYSON,
EN 1703.

Pour passer doucement la vie
Avec mes petits revenus,
Ici je fonde une abbaye,
Et je la consacre à Bacchus.

Je veux qu'en ce lieu chaque moine
Qui viendra pour prendre l'habit,
Apporte, pour tout patrimoine,
Grande soif et bon appétit.

Les vœux qu'en ce temple on doit faire
Ne peuvent point nous alarmer :
Long repas et courte prière,
Chanter, dormir, et bien aimer.

Renaud nous chantera matine,
Très courte, de peur d'ennuyer :
Je donne à Duché [1] la cuisine ;
D'Avaux prendra soin du cellier.

[1] M. Duché, auteur d'*Absalon*; mort en 1704.

Pour empêcher que les richesses
Ne tentent le cœur de quelqu'un,
L'argent, le vin et les maîtresses,
Tous les biens seront en commun.

Chacun aura sa pénitente,
Conforme à ses pieux desseins;
Et, telle qu'une jeune plante,
La cultivera de ses mains.

Si la belle a quelque scrupule,
Le sage directeur pourra
La mener seule en sa cellule,
Lui lever les doutes qu'elle a.

Afin qu'aucun frère n'en sorte,
Et fasse sans peine ses vœux,
Il sera gravé sur la porte :
ICI L'ON FAIT CE QUE L'ON VEUT.

L'Amour, jaloux de la victoire
Que Bacchus remporte en ce jour,
Veut aussi partager sa gloire,
Et fonder un temple à son tour.

Pour abbesse il vous a choisie;[1]
La lettre est écrite en vos yeux :
Pour être avec plaisir suivie,
Pouvoit-il jamais choisir mieux?

[1] Mademoiselle Loyson l'aînée, née à Paris en 1667, morte en novembre 1717, âgée de cinquante ans.

Si nous recevons dans la troupe
D'aussi belles sœurs[1] désormais,
Je jure, en vidant cette coupe,
L'ordre ne finira jamais.

Vous, ma sœur[2], qui, pleine de zèle,
Parmi nous voulez bien venir,
L'amour en ce lieu vous appelle :
L'amour vous y doit retenir.

En regardant ce beau visage,
Qui comme une fleur doit passer,
N'en présumez pas davantage ;
Songez seulement d'en user.

L'on reçoit ici la licence
De donner tout à ses désirs ;
Et l'on n'y fait d'autre abstinence
Que de chagrins et de soupirs.

Aimer, boire, point de contraintes,
Chérir ses frères comme soi ;
Voilà nos maximes succinctes,
Nos prophètes et notre loi.

[1] Les deux demoiselles Loyson.
[2] Mademoiselle Loyson la cadette, née à Paris en 1668, morte en mars 1757, âgée de quatre-vingt-dix ans.

ÉPIGRAMME[1]

SUR UN AUTEUR DONT QUELQUES OUVRAGES POSTHUMES ÉTOIENT FORT PIQUANTS ET FORT SATIRIQUES.

Dans ces vers beaux à merveille,
Qui semblent venir du ciel,
On sent la douceur du miel
Et l'aiguillon de l'abeille ;
Mais si l'abeille toujours
Trouve la fin de ses jours
Dans sa piqûre caustique,
Damon, dis-moi par quel sort
Ici ton aiguillon pique
Seulement après ta mort ?

[1] Ces vers, attribués à Regnard, sont insérés dans un recueil de poésies, en deux volumes *in-*12, imprimé à La Haye, chez Henri Van-Bulderen, en 1715, page 198, tome II.

SATIRE
CONTRE LES MARIS.

PRÉFACE.

Quelque chose que je dise contre le mariage, mon dessein n'est pas d'en détourner ceux qui y sont portés par une inclination naturelle; mais seulement de faire voir que les dégoûts et les chagrins qui en sont presque inséparables, viennent pour l'ordinaire plutôt du côté des maris que de celui des femmes, contre le sentiment de M. Despréaux. J'espère qu'en faveur de la cause que j'entreprends, on excusera les défauts qui se trouveront dans cette Satire : je me flatte du moins que les dames seront pour moi; et, à l'abri d'une si illustre protection, je ne crains point les traits de la critique la plus envenimée.

SATIRE
CONTRE LES MARIS.

Non, chère Eudoxe, non, je ne puis plus me taire ;
Je veux te détourner d'un hymen téméraire :
D'autres filles, sans toi, vendant leur liberté,
Se chargeront du soin de la postérité ;
D'autres s'embarqueront sans crainte du naufrage :
Mais toi, voyant l'écueil, sans quitter le rivage,
Tu n'iras point, esclave asservie à l'amour,
Sous le joug d'un époux t'engager sans retour,
Ni, d'un servile usage approuvant l'injustice,
De tes biens, de ton cœur lui faire un sacrifice ;
Abandonner ton âme à mille soins divers,
Et toi-même, à jamais, forger tes propres fers.

Ne t'imagine pas que l'ardeur de médire
Arme aujourd'hui ma main des traits de la satire,
Ni que par un censeur le beau sexe outragé
Ait besoin de mes vers pour en être vengé :
Ce sexe plein d'attraits, sans secours et sans armes,
Peut assez se défendre avec ses propres charmes ;
Et les traits d'un critique affoibli par les ans
Sont tombés de ses mains sans force et languissants.
Mon esprit autrefois, enchanté de ses rimes,

Lui comptoit pour vertus ses satiriques crimes,
Et livroit avec joie à ses nobles fureurs
Un tas infortuné d'insipides auteurs;
Mais je n'ai pu souffrir qu'une indiscrète veine
Le forçât, vieux athlète, à rentrer dans l'arène;
Et que, laissant en paix tant de mauvais écrits,
Nouveau prédicateur, il vînt, en cheveux gris,
D'un esprit peu chrétien, blâmer de chastes flammes,
Et, par des vers malins, nous faire horreur des femmes.
Si l'hymen après soi traîne tant de dégoûts,
On n'en doit imputer la faute qu'aux époux;
Les femmes sont toujours d'innocentes victimes,
Que des lois d'intérêt, que de fausses maximes
Immolent lâchement à des maris trompeurs.
On ne s'informe plus ni du sang ni des mœurs.

Crispin, roux et Manceau, vient d'épouser Julie;
Il est du genre humain et l'opprobre et la lie:
On trouveroit encore, à quelque vieux pilier,
Son dernier habit vert pendu chez le fripier.
Par ses concussions, fatales à la France,
Il a déjà vingt fois affronté la potence;
Mais cent vases d'argent parent ses longs buffets;
Avec peine un milan traverse ses guérets:
Que faut-il davantage? aujourd'hui la richesse
Ne tient-elle pas lieu de vertu, de noblesse;
Et pour faire un époux, que voudroit-on de plus
Que dix terres en Beauce, avec cent mille écus?
Regarde Dorilas, cet échappé d'Ésope,

Qu'on ne peut discerner qu'avec un microscope,
Dont le corps de travers et l'esprit plus mal fait,
D'un Thersite à nos yeux retrace le portrait :
Que t'en semble, dis-moi ? penses-tu qu'une fille
Qui n'a vu cet amant qu'à travers une grille,
Et qui, depuis dix ans, nourrie à Port-Royal,
A passé du parloir dans le lit nuptial,
Puisse garder long-temps une forte tendresse
En faveur d'un mari d'une si rare espèce,
Quand la ville et la cour présentent à ses yeux
Des flots d'adorateurs qui la méritoient mieux ?

Mais je veux que du ciel une heureuse influence
Rassemble en ton époux et mérite et naissance :
Infortuné joueur, il perdra tous tes biens,
Qu'un contrat malheureux confond avec les siens.

Entrons dans ce brelan, où s'arrête à la porte
Des laquais mal payés la maligne cohorte.
Vois les cornets en l'air jetés avec transport,
Qu'on veut rendre garants des caprices du sort;
Vois ces pâles joueurs, qui, pleins d'extravagance,
D'un destin insolent affrontent l'inconstance,
Et sur trois dés maudits lisent l'arrêt fatal
Qui les condamne enfin d'aller à l'hôpital.
Pénétrons plus avant. Vois cette table ronde,
Autel que l'avarice éleva dans le monde,
Où tous ces forcenés semblent avoir fait vœu
De se sacrifier au noir démon du jeu.

Vois-tu sur cette carte un contrat disparoître ?
Sur cette autre un château prêt à changer de maître ?
Quel soudain désespoir saisit ce malheureux,
Que vient d'assassiner un coupe-gorge affreux ?
Mais fuyons : sous ses pieds tous les parquets gémissent ;
De serments tout nouveaux les plafonds retentissent ;
Et, par le sort cruel d'une fatale nuit,
Je vois enfin Galet à l'aumône réduit.
Sa femme cependant, de cent frayeurs atteinte,
Boit chez elle à longs traits et le fiel et l'absynthe ;
Ou, traînant après soi d'infortunés enfants,
Va chercher un asile auprès de ses parents.

Harpagon est atteint de tout autre folie.
Le ciel l'avantagea d'une femme accomplie :
Il reçut pour sa dot plus d'écus à la fois
Qu'un balancier n'en peut réformer en six mois.
Sa femme se flattoit de la douce espérance
De voir fleurir chez elle une heureuse abondance :
Elle croyoit au moins que deux ou trois amis
Pourroient, soir et matin, à sa table être admis ;
Mais Harpagon, aride, et presque diaphane
Par les jeûnes cruels auxquels il se condamne,
Ne reçoit point d'amis aux dépens de son pain :
Tout se ressent chez lui des langueurs de la faim.
Si, pour fournir aux frais d'un habit nécessaire,
Sa femme lui demande une somme légère,
Son visage soudain prend une autre couleur ;
Ses valets sont en butte à sa mauvaise humeur :

CONTRE LES MARIS. 413

L'avarice bientôt au teint livide et blême,
Sur son coffre de fer va s'asseoir elle-même.
Pour ne le point ouvrir, il abonde en raisons :
Ses hôtes, sans payer, ont vidé ses maisons;
D'un vent venu du nord la maligne influence
A moissonné ses fruits avec son espérance;
Ou de fougueux torrents, inondant ses vallons,
Ont noyé, sans pitié, l'honneur de ses sillons.
Ainsi toujours rétif, rien ne fléchit son âme.
Pour avoir un habit, il faudra que sa femme
Attende que la mort, le mettant au cercueil,
Lui fasse enfin porter un salutaire deuil.

Mais pourquoi, diras-tu, cette injuste querelle?
Les époux sont-ils faits sur le même modèle?
Alcippe n'est-il pas exempt de ces défauts
Que tu viens de tracer dans tes piquants tableaux?
D'accord. Il est bien fait, généreux, noble et sage;
Mais à se ruiner son propre honneur l'engage.

Sitôt que la victoire, un laurier à la main,
Appellera Louis sur les rives du Rhin;
Que des zéphyrs nouveaux les fécondes haleines
Feront verdir nos bois, et refleurir nos plaines;
Ses mulets importuns, bizarrement ornés,
Et d'un airain bruyant partout environnés,
Sous des tapis brodés se suivant à la file,
A pas majestueux traverseront la ville.
Tout le peuple, attentif au bruit de ces mulets,

Verra passer au loin surtout, fourgons, valets,
Chevaux de main fringants, insultant à la terre,
Pompe digne en effet des enfants de la guerre !
Mais, pour donner l'essor à ce noble embarras,
Combien chez le notaire a-t-il fait de contrats ?
Les joyaux de sa femme ont été mis en gage ;
D'un somptueux buffet le pompeux étalage,
Que du débris commun il n'a pu garantir,
Rentre chez le marchand d'où l'on l'a vu sortir.
Pour assembler un fonds de deux mille pistoles,
Combien, nouveau protée, a-t-il joué de rôles !
Combien a-t-il fait voir que le plus fier guerrier
Est bien humble aujourd'hui devant un usurier !
Il part enfin, et mène avec lui l'abondance ;
Tout le camp se ressent de sa noble dépense :
Des cuisiniers fameux, pour lui fournir des mets,
Épuisent tous les jours les mers et les forêts.

Que fait sa femme alors ? Dans le fond d'un village
Elle va, sans argent, déplorer son veuvage,
Dans ses jardins déserts promener sa douleur,
Et des champs paresseux exciter la lenteur.
On voit, six mois après, tout ce train magnifique,
Réduit à la moitié, revenir foible, étique :
On voit sur les chemins l'équipage en lambeaux,
Des mulets décharnés, des ombres de chevaux,
Qui, dans ce triste état n'osant presque paroître,
S'en vont droit au marché chercher un nouveau maître.
Cependant au printemps il faut recommencer ;

Il faut sur nouveaux frais emprunter, dépenser.
Mais nous verrons bientôt une liste cruelle
Du trépas de l'époux apporter la nouvelle :
Et, pour payer enfin de tristes créanciers,
Il ne laisse après lui qu'un tas de vains lauriers.

Il est d'autres maris volages, infidèles,
Fatigants damerets, tyrans nés des ruelles,
Qu'on voit malgré l'hymen et ses sacrés flambeaux,
S'enrôler chaque jour sous de nouveaux drapeaux ;
Qui d'un cœur plein de feux à leur devoir contraires,
Encensent follement des beautés étrangères :
Le soin toujours pressant de leurs galants exploits,
En vingt lieux différents les appelle à la fois.

Agathon dans Paris court à bride abattue :
Malheur à qui pour lors est à pied dans la rue !
D'un et d'autre côté ses chevaux bondissants,
D'un déluge de boue inondent les passants :
Tout fuit aux environs, chacun cherche un asile ;
Avec plus de vitesse il traverse la ville
Que ces courriers poudreux que l'on vit les premiers
Du combat de Nerwinde apporter les lauriers,
Et qui de la Victoire empruntèrent les ailes,
Pour en donner au roi les premières nouvelles.
De cet empressement le sujet inconnu
Quel est-il en effet ? Hé quoi ! l'ignores-tu ?
Il va, fade amoureux, de théâtre en théâtre,
Exposer un habit dont il est idolâtre.

Dans le même moment on le retrouve au Cours ;
Hors la file, au grand trot, il y fait plusieurs tours.
Tout hors d'haleine enfin il entre aux Tuileries,
Cherchant partout matière à ses galanteries.
Il reçoit tous les jours mille tendres billets ;
Ses bras sont jusqu'au coude entourés de portraits ;
On voit briller dans l'or des blondes et des brunes,
Qu'il porte pour garants de ses bonnes fortunes :
Aux yeux de son épouse il en fait vanité.
Il prétend qu'en dépit des lois de l'équité,
Sa femme lui conserve une amour éternelle,
Tandis qu'il aime ailleurs, et court de belle en belle.
D'autres amours encor.... Mais non, d'un tel discours
Il ne m'est pas permis de prolonger le cours :
Ma plume se refuse à ma timide veine.
Eût-on cru que le Tibre eût coulé dans la Seine,
Et qu'il eût corrompu les mœurs de nos François,
Pour consoler le Rhin de leurs fameux exploits ?

Je voudrois bien, Eudoxe, abrégeant la matière,
Calmer ici ma bile, et finir ma carrière ;
Mais puis-je supprimer le portrait d'un époux
Qui, sans cesse agité de mouvements jaloux,
Et paré des dehors d'une tendresse vaine,
Aime, mais d'un amour qui ressemble à la haine ?

Alidor vient ici s'offrir à mon pinceau.
Il est de sa moitié l'amant et le bourreau ;
Partout il la poursuit ; sans cesse il la querelle ;

CONTRE LES MARIS.

Il ne peut la quitter ni demeurer près d'elle.
L'erreur au double front, le dévorant ennui,
Les funestes soupçons volent autour de lui ;
Un geste indifférent, un regard sans étude,
Va de son cœur jaloux aigrir l'inquiétude.
Sans cesse il se consume en projets superflus ;
Il voit, il entend tout, il en croit encor plus ;
Il est, malgré ses soins et ses constantes veilles,
Aveugle avec cent yeux, sourd avec cent oreilles.
Chaque objet de son cœur vient arracher la paix ;
Marbres, bronzes, tableaux, portiers, cochers, laquais,
Ceux même qu'aux déserts de l'ardente Guinée
Le soleil a couverts d'une peau basanée,
Tout lui paroît amant fatal à son honneur ;
Il craint des héritiers de plus d'une couleur.
Qu'un folâtre zéphyr, avec trop de licence,
Des cheveux de sa femme ait détruit l'ordonnance,
Sa main s'arme aussitôt du fer et du poison ;
D'un prétendu rival il veut tirer raison.
Si la crainte des lois suspend sa frénésie,
Pour l'immoler cent fois il lui laisse la vie :
Dans quelque affreux château, retraite des hiboux,
Dont quelque jour peut-être il deviendra jaloux,
Il la traîne en exil comme une criminelle,
Et pour la tourmenter il s'enferme avec elle.
Dans ce sauvage lieu, des vivants ignoré,
D'un fossé large et creux doublement entouré,
Cette triste victime, affligée, éperdue,
Sur les funestes bords croit être descendue,

Lorsque la Parque enfin, répondant à ses vœux,
Vient terminer le cours de ses jours malheureux.
Nomme-moi, si tu peux, quelque mari sans vice,
Ma muse est toute prête à lui rendre justice
Sera-ce Lycidas, qui met avec éclat
Sa femme en un couvent, par arrêt du sénat;
Et qui, trois mois après, devenu doux et sage,
Célèbre en un parloir un second mariage?
Sera-ce Lysimon, qui toujours entêté,
Convoque avec grand bruit toute la Faculté,
Et sur son sort douteux consultant Hippocrate,
Fait qu'aux yeux du public son déshonneur éclate?
Quel champ, si je parlois d'un époux furieux,
Qui, profanant sans cesse un chef-d'œuvre des dieux,
Ose, dans les transports de sa rage cruelle,
Porter sur son épouse une main criminelle!

Mais je te veux encore ébaucher un tableau.
Remontons sur la scène, et tirons ce rideau.
Dieux! que vois-je? En dépit d'une épaisse fumée,
Que répand dans les airs mainte pipe enflammée,
Parmi des flots de vin en tous lieux répandu,
J'aperçois Trasimon sur le ventre étendu,
Qui, tout pâle et défait, rejette sous la table
Les rebuts odieux d'un repas qui l'accable.
Il fait, pour se lever, des efforts violents;
La terre se dérobe à ses pas chancelants;
De mortelles vapeurs sa tête encore pleine,
Sous de honteux débris de nouveau le rentraîne;

CONTRE LES MARIS.

Il retombe, et bientôt l'aurore en ce réduit
Viendra nous découvrir les excès de la nuit :
Bientôt avec le jour nous allons voir paroître
Quatre insolents laquais, aussi soûls que leur maître,
Qui, charmés dans leur cœur de ce honteux fracas,
Près de sa femme, au lit, le portent sous les bras.
Quel charme, quel plaisir pour cette triste femme
De se voir le témoin de ce spectacle infâme,
De sentir des vapeurs de vin et de tabac,
Qu'exhale à ses côtés un perfide estomac !
Tu frémis : toutefois dans le siècle où nous sommes,
Chère Eudoxe, voilà comme sont faits les hommes.
Quel mérite, après tout, quels titres souverains
Rendent donc les maris et si fiers et si vains ?
Osent-ils se flatter qu'un contrat authentique
Leur donne sur les cœurs un pouvoir tyrannique ?
Pensent-ils que, brutaux, peu complaisants, fâcheux,
Avares, négligés, débauchés, ombrageux,
Parés du nom d'époux ils seront sûrs de plaire,
Au mépris d'un amant soumis, tendre, sincère,
Complaisant, libéral, qui se fait nuit et jour
Un soin toujours nouveau de prouver son amour ?
Non, non ; c'est se flatter d'une erreur condamnable :
Et, pour se faire aimer, il faut se rendre aimable.

Après tous ces portraits, bien ou mal ébauchés,
Et tant d'autres encor que je n'ai pas touchés,
Iras-tu, me traitant d'ennuyeux pédagogue,
Des martyrs de l'hymen grossir le catalogue ?

Non : dans un plein repos arrête ton destin ;
C'est le premier des biens de vivre sans chagrin.
Si, dans des vers piquants, Juvénal en furie
A fait passer pour fou celui qui se marie,
D'un esprit plus sensé concluons aujourd'hui
Que celle qui l'épouse est plus folle que lui.

LE TOMBEAU
DE M. BOILEAU DESPRÉAUX.
SATIRE.

Quelle sombre tristesse attaque tes esprits?
Le chagrin sur ton front est gravé par replis!
Qu'as-tu fait de ce teint où la jeunesse brille?
Je te vois plus rêveur qu'un enfant de famille,
Qui, courant vainement, cherche depuis un mois
Quelque honnête usurier qui prête au denier trois;
Ou qu'un auteur tremblant qui voit lever les lustres,
Pour éclairer bientôt ses sottises illustres,
Quand le parterre en main tient le sifflet tout prêt,
Et lui va, sans appel, prononcer son arrêt.

Ma douleur, cher ami, paroît avec justice,
Et n'est point en ce jour un effet du caprice.
Le pompeux attirail d'un funeste convoi
Vient de saisir mon cœur de douleur et d'effroi.
Mes yeux ont vu passer dans la place prochaine
Des menins de la mort une bande inhumaine;
De pédants mal peignés un bataillon crotté
Descendoit à pas lents de l'Université :
Leurs longs manteaux de deuil traînoient jusques à terre;

A leurs crêpes flottants les vents faisoient la guerre ;
Et chacun à la main avoit pris pour flambeau
Un laurier jadis vert pour orner un tombeau.
J'ai vu parmi les rangs, malgré la foule extrême,
De maint auteur dolent la face sèche et blême :
Deux Grecs et deux Latins escortoient le cercueil ;
Et, le mouchoir en main, Barbin menoit le deuil.
Pour qui crois-tu que marche une telle ordonnance,
Ce lugubre appareil, cette noire affluence ?
D'un poète défunt plains le funeste sort :
L'Université pleure, et Despréaux est mort.
Il est mort ! C'en est fait, sa satire nouvelle,
Enfant infortuné d'une plume infidèle,
Dont la ville et la cour ont fait si peu de cas,
L'avoit déjà conduit aux portes du trépas,
Quand les cruels effets d'une jalouse rage,
L'ont fait enfin partir pour ce dernier voyage.
Il croyoit qu'Hippocrène et son plus pur cristal
Ne devoient que pour lui couler à plein canal ;
Mais apprenant qu'un autre, animé par la gloire,
Avoit heureusement dans sa source osé boire,
Il frémit, et, percé du plus cruel dépit,
Par l'ordre d'Apollon il va se mettre au lit.
Tu ris ! De tous les maux déchaînés sur la terre
Pour livrer aux auteurs une cruelle guerre,
Sais-tu bien que l'envie est le plus dangereux ?
Ils n'ont point d'antidote à ce poison affreux.
Un poète aisément, aidé par la nature,
Souffre la faim, la soif, le soleil, la froidure,

Porte sans murmurer dix ans le même habit,
N'a que les quatre murs, l'hiver, pour tour de lit.
D'un grand qui le nourrit il souffre les saccades ;
Son dos même endurci se fait aux bastonnades :
Mais voit-il sur les rangs quelqu'un se présenter,
Et cueillir des lauriers qu'il croit seul mériter,
Au bon goût à venir soudain il en appelle ;
Au siècle perverti sa muse fait querelle ;
A chaque coin de rue il crie : O temps ! ô mœurs !
Le poison cependant augmente ses ardeurs,
Et les dépits cruels, les noires jalousies,
Font à la fin l'effet de vingt apoplexies.
Ainsi finit ses jours le classique héros
Dont un triste cercueil garde à présent les os.
Mais se sentant voisin de l'infernale rive,
Et tout près d'exhaler son âme fugitive,
Il demanda par grâce, et d'une foible voix,
D'embrasser ses enfants pour la dernière fois.
Deux valets aussitôt, ses dignes secrétaires,
Apportent près de lui des milliers d'exemplaires.
Le lit par trop chargé gémit sous les paquets,
Et l'auteur moribond dit ces mots par hoquets :
« O vous, mes tristes vers, noble objet de l'envie ;
« Vous dont j'attends l'honneur d'une seconde vie,
« Puissiez-vous échapper au naufrage des ans,
« Et braver à jamais l'ignorance et le temps !
« Je ne vous verrai plus ; déjà la Mort hideuse
« Autour de mon chevet étend une aile affreuse :
« Mais je meurs sans regret dans un temps dépravé

« Où le mauvais goût règne et va le front levé ;
« Où le public, ingrat, infidèle, perfide,
« Trouve ma veine usée et mon style insipide.
« Moi, qui me crus jadis à Regnier préféré,
« Que diront nos neveux ? Regnard m'est comparé !
« Lui qui, pendant dix ans, du couchant à l'aurore,
« Erra chez le Lapon, ou rama sous le Maure !
« Lui qui ne sut jamais ni le grec, ni l'hébreu,
« Qui joua jour et nuit, fit grand'chère et bon feu !
« Est-ce ainsi qu'autrefois dans ma noire soupente,
« A la sombre lueur d'une lampe puante,
« Feuilletant les replis de cent bouquins divers,
« J'appris, pour mes péchés, l'art de forger des vers ?
« N'est-ce donc qu'en buvant que l'on imite Horace ?
« Par des sentiers de fleurs monte-t-on au Parnasse ?
« Et Regnard cependant voit éclater ses traits,
« Quand mes derniers écrits sont en proie aux laquais !
« O rage ! ô désespoir ! ô vieillesse ennemie !
« Après tant de travaux, sur la fin de ma vie,
« Par un nouvel athlète on me verra vaincu !
« Et je vis ! Non, je meurs ; j'ai déjà trop vécu. »
A ces mots bégayés, que la fureur inspire,
Boileau ferme les yeux, penche la tête, expire.
Le bruit de cette mort dans le pays latin
Se répand aussitôt, et vole chez Barbin.
Là, dans l'enfoncement d'une arrière-boutique,
Sa femme étale en vain un embonpoint antique,
Et, faisant le débit de cent livres mauvais,
Amuse un cercle entier des oisifs du Palais :

Là, le vieux nouvelliste a toujours ses séances :
Là, le jeune avocat vient prendre ses licences ;
Et le blond sénateur, en quittant le barreau,
Vient peigner sa perruque et prendre son chapeau.
C'est là que le chanoine, au sortir du service,
Vient en aumusse encore achever son office,
Et qu'on voit à midi maint auteur demi-nu,
Sur le projet d'un livre emprunter un écu.
Dans ce lycée enfin cette mort imprévue
Fut par les assistants diversement reçue.
Acaste en soupira, le libraire en frémit,
Crispe en eut l'œil humide, et Perrault en sourit.
Pendant qu'on doute encor de la triste nouvelle,
Ariste arrive en pleurs, et sur une escabelle,
Au milieu du perron se plaçant tristement,
Lut au cercle, en ces mots, l'extrait du testament :
« En l'honneur d'Apollon, à jamais je souhaite
« Aux yeux de l'univers vivre et mourir poète ;
« J'en eus toute ma vie et l'air et le maintien :
« Mais désirant mourir en poète chrétien,
« Je déclare en public que je veux que l'on rende
« Ce qu'à bon droit sur moi Juvénal redemande :
« Quand mon livre en seroit réduit à dix feuillets,
« Je veux restituer les larcins que j'ai faits ;
« Si de ces vols honteux l'audace étoit punie,
« Une rame à la main j'aurois fini ma vie.
« Las d'être un simple auteur entêté du latin,
« Pour imposer aux sots, je traduisis Longin ;
« Mais j'avoue, en mourant, que je l'ai mis en masque,

« Et que j'entends le grec aussi peu que le basque.
« Surtout de noirs remords mon esprit agité
« Fait amende honorable au beau sexe irrité :
« Au milieu des pédants nourri toute ma vie,
« J'ignorois le beau monde et la galanterie ;
« Et le cœur d'une Iris pleine de mille attraits,
« Est une terre australe où je n'allai jamais.
« Je laisse à mon valet de quoi lever boutique
« Des restes méprisés d'une ode pindarique
« Qu'on vit dans sa naissance expirer dans Paris ;
« On le verroit bientôt rouler en chevaux gris,
« Si le langage obscur employé dans cette ode
« Pouvoit un jour enfin devenir à la mode.
« *Item*.... » Mais à ce mot, chez l'horloger Le Roux
La pendule se meut, sonne, et frappe dix coups.
Alidor aussitôt, rempli d'impatience,
D'un délai criminel accuse l'assistance ;
Fait voir que le temps presse, et qu'il faut, en grand deuil,
Dans une heure au plus tard escorter le cercueil.
Il dit ; et dans l'instant on vit la compagnie
Se lever brusquement pour la cérémonie.
L'un court chez un ami, l'autre chez un fripier,
Endosser l'attirail d'un nouvel héritier.
Perrin, d'un vieux bahut où pend une serrure,
Tira son justaucorps, fait au deuil de Voiture,
Dont le coude entr'ouvert reçut plus d'un échec,
Et d'un crêpe reteint orna son caudebec.
Pradon, le seul Pradon, eut assez de courage
D'entrer chez un drapier, et d'un humble langage,

Pour quatre aunes de drap estimé vingt écus,
Proposer un billet signé *Germanicus*.
Enfin, midi sonnant, cette lugubre escorte
S'est saisie aujourd'hui du défunt sur sa porte;
Et, promenant ses os de quartier en quartier,
Le conduit au Parnasse à son gîte dernier.
C'est là qu'on va porter ses funèbres reliques,
Dans la cave marquée aux auteurs satiriques.
Là, sur un marbre offert aux yeux de l'univers,
En caractères d'or on gravera ces vers :
« Ci-gît maître Boileau qui vécut de médire,
« Et qui mourut aussi par un trait de satire :
« Le coup dont il frappa lui fut enfin rendu.
« Si par malheur un jour son livre étoit perdu,
« A le chercher bien loin, passant, ne t'embarrasse;
« Tu le retrouveras tout entier dans Horace. »

FIN DES POÉSIES DIVERSES.

TABLE DES PIÈCES

CONTENUES DANS CE VOLUME.

Le Légataire universel, comédie en cinq actes. Page   1
Avertissement sur *le Légataire*..................   3
Avertissement de l'édition stéréotype de 1801....... 15
La Critique du Légataire, comédie en un acte.... 137
Avertissement sur *la Critique du Légataire*......... 139
Les Souhaits, comédie en un acte............... 167
Les Vendanges, ou le Bailli d'Anières, comédie en un acte.. 191
Sapor, tragédie en cinq actes................... 221
Le Carnaval de Venise, ballet en trois actes...... 297
Prologue du Carnaval de Venise................ 299
Orphée aux enfers, opéra..................... 341
POÉSIES DIVERSES........................... 355
Épître I. A M. le marquis de ***............... 357
Épître II. A M. l'abbé de Bentivoglio........... 364
Épître III. A M. Quinault..................... 370
Épître IV. A M. du Vaulx..................... 373
Épître V.................................... 379
Épître VI. A M. ***........................... 388
Stances sur le Mariage....................... 393
Sonnet...................................... 395
Divertissement à mettre en musique............ 396
Pour Mademoiselle L***...................... 399
Pour la même, sur sa maladie................. *ibid.*
Chanson pour mesdemoiselles Loyson............ 400
Autre Couplet pour les deux sœurs............. 402
Chanson faite à Grillon, pour mesdemoiselles Loyson. 403
Épigramme sur un auteur dont quelques ouvrages posthumes étoient fort piquants et fort satiriques... 406
Satire contre les Maris....................... 407
Préface..................................... 408
Le Tombeau de M. Boileau Despréaux........... 421

FIN DU TOME QUATRIÈME.

www.ingramcontent.com/pod-product-compliance
Lightning Source LLC
Chambersburg PA
CBHW050918230426
43666CB00010B/2223